新形态教材

21世纪高等院校国际经济与贸易专业规划教材

福建省一流本科专业建设点教材
福建省本科优秀特色教材奖
福建省精品课程教材

国际结算 第五版

INTERNATIONAL SETTLEMENT 5th Edition

刘卫红 尹晓波 主 编
聂清华 副主编

东北财经大学出版社 Dongbei University of Finance & Economics Press 大连

图书在版编目（CIP）数据

国际结算 / 刘卫红，尹晓波主编．—5版．—大连：东北财经大学出版社，2024.1（2024.8重印）
（21世纪高等院校国际经济与贸易专业规划教材）
ISBN 978-7-5654-5098-3

Ⅰ.国… Ⅱ.①刘… ②尹… Ⅲ.国际结算-高等学校-教材 Ⅳ.F830.73

中国国家版本馆CIP数据核字（2024）第004710号

东北财经大学出版社出版
（大连市黑石礁尖山街217号 邮政编码 116025）
网 址：http://www.dufep.cn
读者信箱：dufep@dufe.edu.cn
大连雪莲彩印有限公司印刷 东北财经大学出版社发行
幅面尺寸：185mm×260mm 字数：410千字 印张：18
2024年1月第5版 2024年8月第2次印刷
责任编辑：蔡 丽 责任校对：一 心
封面设计：原 皓 版式设计：原 皓
定价：52.00元

教学支持 售后服务 联系电话：（0411）84710309

如有印装质量问题，请联系营销部：（0411）84710711

第五版前言

“国际结算”是在总结我国对外贸易实践经验和国际贸易惯例的基础上形成和发展起来的一门课程，是培养国际经济与贸易、国际商务专业学生理论与实践能力的主干课程。随着我国加入WTO，经济生活迅速融入全球经济，对外经济贸易的发展进入了一个崭新的阶段，社会经济对国际贸易专业人才的需求日益增加，对外贸从业人员的综合素质要求也不断提高。为了适应这一新形势的要求，需要加快培养一批有能力、高素质的国际经济与贸易专业人才，这已成为我国高等院校经济管理类专业人才培养的紧迫任务。

鉴于此，我们组织多名长期从事“国际结算”课程教学的具有丰富教学经验的高校教师和一些银行、贸易公司的高级国际商务师，结合教学与实践中积累的经验和体会以及国际结算最新的发展动态，编写了此教材。在编写过程中，我们突出了先进性，总结了我国对外贸易的实践和研究中已趋成熟的理论和实务，吸收了国内外的近期研究成果，反映了国际结算发展的一系列新的特点和发展趋势，以及国际商务运作实践中的新经验，也反映了《跟单信用证统一惯例》（UCP600）对国际结算的新要求和新做法。

本教材以国内外有关国际结算的立法和最新国际惯例为基础，借鉴国内外最新科研成果，运用科学的观点与方法分别阐述了国际结算中的票据、单据和基本形式（包括汇款、托收、信用证、银行保函和备用信用证等业务）、国际结算的新型业务（包括包买票据、国际保理、人民币跨境贸易结算等）、国际结算中的融资方式等内容。本教材全面、系统地介绍了国际结算的基本理论和操作程序与规则，在理论上侧重知识性与系统性，注意吸收国际结算领域最新的研究成果；在实务方面突出实用性和操作性，并注重与我国国际结算业务相结合。

本教材的总体框架和大纲由刘卫红、尹晓波设计和审定，并对全书进行总纂、修改和最终定稿。刘卫红、尹晓波担任主编，聂清华担任副主编。编写本教材的人员聂清华（第二章）、刘卫红（第一、三、四、五、六章）、尹晓波（第七、八章）。

本教材第五版的主要特色是注重思政引领，融入党的二十大精神。党的二十大报告指出：“用社会主义核心价值观铸魂育人，完善思想政治工作体系，推进大中小学思想政治教育一体化建设。坚持依法治国和以德治国相结合，把社会主义核心价值观融入法治建设、融入社会发展、融入日常生活。”本教材第五版更新了部分资料、数据及案例；第四版在增加了二维码形式的“拓展阅读”栏目的基础上，在部分章通过“学思践悟”栏目的形式，结合党的二十大报告内容，引导学生深入社会实践，关注现实问题，使他们加强对专业知识的内化吸收与灵活应用能力，坚定中国特色社会主义道路自信、理论自信、制度自信、文化自信，努力践行习近平新时代中国特色社会主义思想进教材、进课堂、进头脑，达到价值塑造、知识传授、能力培养三位一体的立德树人之效。

本教材配有电子课件、教学大纲、教学日历、学习指南和章后习题参考答案，以满足教学需要，任课教师登录东北财经大学出版社官网（http://www.dufep.cn）免费注册为会员后即可免费下载。

本教材是福建省精品课程建设的成果之一，荣获2017年福建省本科优秀特色教材奖。

在本教材的编写过程中，我们参考了诸多同类教材，在此对这些教材的编者表示由衷的感谢！感谢东北财经大学出版社责任编辑为本教材的策划和出版提出的诸多有益的建议。由于我们编写水平有限，书中难免有不足之处，敬请广大读者和专家批评指正。

编　者

2023年10月

目　录

第一章

国际结算概述

学习目标

掌握国际结算的定义；了解国际结算的发展历程；熟悉国际结算中的往来银行；掌握人民币跨境贸易结算的背景、意义。

❖ **导入案例**

在政府“走出去，引进来”的战略指引和支持下，我国越来越多的企业开始走出国门，参与各种国际经济交往活动。老王的石雕厂也是其中之一。然而在第一次和外商洽谈贸易合同时，对付款方式是采用T/T、D/P还是L/C，老王感到很茫然，因为他只是听说过这些结算方式，对到底采用哪种方式对自己更有利却是一窍不通。

第一节 国际结算的含义

一、国际结算的定义

国际结算（international settlement）是指为清偿由于经济、政治、军事、文化等方面的交往或联系所产生的国际债权和债务关系而发生在不同国家之间的货币收付活动。引发国际债权和债务关系的原因主要有四类：商品贸易、服务贸易、国际资本流动、国际借贷。

国际结算依据产生的原因可分为：

1.贸易结算

贸易结算（trade settlement）也称有形贸易结算，是指由有形贸易活动（商品的进出口）引起的国际债权和债务关系结算业务。其在具体操作中，存在商品和货款的双向交流和交接，手续相对复杂。

2.非贸易结算

非贸易结算（non-trade settlement）也叫无形贸易结算，是指由有形贸易以外的活动（包括国际资本流动、国际借贷、技术转让、劳务输出、侨民汇款、捐赠、利润与利息收支、国际旅游、运输、保险、金融等）引起的国际结算业务。它不涉及货物交接问题，只办理有关资金的转移，手续相对简单。

本书研究的重点是国际贸易结算。

二、国际结算的产生与发展

国际结算是伴着国际贸易的发展而产生并发展起来的。同时，国际结算与各国生产力的发展状况，科学技术水平的提高，金融、运输及保险业务的发展密切相关。纵观国际结算的演变过程，明显地表现出从低级到高级、从简单到复杂、从单一到多元化发展的特点。其具体表现如下：

（一）从现金结算到非现金结算

早期的国际结算采用现金交易。如我国古代陆地上的丝绸之路和对日本及南洋各国的海上交易，除了直接的易货交易外，都长期使用金、银等进行交换和清算。但这种现金结算具有很大的局限性，不仅风险大、成本高，而且在操作上十分不便。15世纪末16世纪初，随着资本主义的发展，国际贸易不断扩大，逐渐形成了区域性的国际商品市场，通过运送金、银来偿债的方式已经不能适应当时贸易发展的需要，于是出现了以商业票据来结算债权和债务的方式。早期的非现金结算局限于商人间的直接结算。其主要局限性有：

（1）两笔交易的金额和付款期限必须完全一致；

（2）当事双方要有密切的业务联系和相互了解的信用基础；

（3）一方要有垫付资金的能力。

在实务中，要同时具备以上三个条件是非常困难的，这些局限性使商人间的直接结算难以推广。

（二）从买卖双方直接结算到通过银行结算

18世纪60年代，随着现代银行业的产生与发展，国际结算成为银行的一项重要业务，国际贸易结算由贸易商之间的直接结算发展为以银行为中介的转账结算。银行业的发展及国际银行网络的普遍形成，使银行能突破时间和地点的限制，利用其特有的条件和先进的手段办理国际结算业务，银行成为国内外结算的中心。银行通过买卖及转让不同货币、不同期限及不同金额的票据，将进出口贸易形成的大量债权和债务关系集中在银行，通过转账结算，最大限度地加以抵销，从而节省了结算时间、费用及利息的支出，也使得买卖双方可以集中精力开展贸易，促进了国际贸易和国际结算的发展。

（三）从凭货付款到凭单付款

随着国际贸易的迅速发展，国际贸易的分工开始出现。船运公司（承运人）为了减少海运风险，又向保险商投保。这样，商业、航运业和保险业就分化成为三个独立的行业，并出现了提单和保险单。提单和保险单条款的逐步定型化，导致提单和保险单的“证券化”，二者成为买卖和抵押的对象，于是买卖双方之间“凭货付款”的交易合同逐渐被“凭单付款”的交易合同所代替。卖方凭单交货，买方凭单付款，银行也可以凭单融通资金；同时，出现了履约证书化，即卖方通过提交相关的单证向买方证明自己已履行合约所规定的己方责任。

货物单据化、履约证书化为银行办理国际结算创造了良好的条件，为银行能够介入买卖双方之间，凭单垫款给卖方，再凭单向买方索取所垫货款提供了可能性和方便。

（四）从人工结算到电子结算

传统的国际结算主要是纸质转账结算，依靠人工进行，在单证的制作、审核、传递等环节需要耗费大量的人力、物力，且结算时间长，效率低。随着科学技术的发展和计算机技术的广泛运用，电子单据逐渐取代纸质单据，电子结算逐渐取代人工结算，加速了资金与单证的流转过程，提高了跨境贸易结算的效率，使得一些国际结算业务在瞬间即可完成。以银行为中心的电子转账划拨系统是国际资金得以安全有效结算的基础，快速、安全、高效地实现国际资金清算已成为当代国际结算的主要课题。

三、国际结算的性质

国际结算是银行的一项重要的中间业务，也是一门以国际贸易、国际金融等为基础的交叉学科。

（一）国际结算是一项银行中间业务

国际结算业务是商业银行重要的中间业务之一，银行通过为客户办理结算业务，从中收取手续费。银行是国际结算不可缺少的主体，不同国家间的债权和债务关系的清偿都是通过银行实现的。在清偿债权和债务的活动中，银行提供服务、承担风险的根本目的是获得一定利润。银行在开展国际结算业务时，有权选择是否接受客户的委托和申请，有权采用某些保障措施来降低所承担的风险，并决定收取一定的费用。总之，银行是按照其经营原则来办理国际结算业务的，有利可图是其基本要求。

（二）国际结算以国际贸易、国际金融等为基础

国际结算的产生和发展与国际贸易、国际金融、国际保险的发展密切相关，国际结算从产生之日起，就以服务国际贸易为宗旨。在国际贸易中，货款收回是卖方的根本目的和最主要的权利，支付货款则是买方最主要的义务，如何完成货款结算是买卖双方洽谈贸易合同时的焦点。在凭单付款结算方式下，运输单据、保险单据等是银行及进口商付款的主要依据，因此国际结算还涉及货物运输、保险等环节。此外，在国际结算中总是要涉及外汇转移、外汇票据的流通、货币兑换、外汇进出入管制、外汇风险等问题，而这些都是国际金融研究的问题，因此国际结算也离不开国际金融。

作为一门课程，国际结算的研究也是以国际贸易、国际金融为基础的，因此掌握国际贸易、国际金融等相关知识是学好国际结算的基础。

（三）国际结算涉及的国际惯例较多，法律性较强

随着国际贸易结算及融资交易量的不断扩大，各种纠纷、矛盾及欺诈等现象不断发生，而各国对国际贸易及国际结算的法律、法规不尽相同，缺乏统一标准，使得国际结算从业人员在进行业务操作时面临着来自不同法律、条例等方面的限制和压力，不利于国际贸易和国际结算的发展。因此，一些国际组织根据国际贸易及国际结算的实践，制定了各种公约和规则，并不断修订完善，最终被世界各国普遍接受，成为各国银行及相关当事人处理国际结算业务时必须共同遵守的准则。

目前在国际结算中涉及的国际惯例主要有《2020年国际贸易术语解释通则》（INCOTERMS 2020）、《托收统一规则》（URC522）、《跟单信用证统一惯例》（UCP600）、《跟单信用证项下银行间偿付统一规则》（URR725）、《国际备用证惯例》（ISP98）、《见索即付保函统一规则》（URDG758）、《国际保理业务通用规则》（GRIF）、《银行付款责任统一规则》（URBPO）等。国际惯例的制定及不断修订完善，规范了国际结算过程，推动了国际结算业务的标准化，促进了国际贸易与国际结算的发展。

四、国际结算的内容

国际结算主要包括以下几方面的内容：

（一）国际结算工具

当代国际结算基本上是非现金结算。为了表明资金的转移收付关系，需要一定的工具，这就是票据。票据在结算中起着流通手段和支付手段的作用，远期票据还能发挥信用工具的作用。国际结算工具主要包括汇票、本票和支票，它们是国际结算的基石。票据的使用和传递使得资金能在全球范围内最大限度地完成转账结算，极大地提高了国际结算的效率，增强了安全程度。为使票据有效地发挥其应有的职能，各国都以法律方式规范票据的形式、内容及各种相关行为，明确票据的性质和特点。随着经济、金融业务和信息传递技术的发展，以及各国间交往的增加，有关票据的规范要求也在不断完善，但各国基本国情的差异又使得各国票据法存在差别。

（二）国际结算方式

国际结算方式是指国际货币收付的手段和渠道，是国际结算的中心内容。在国际贸易中，进出口商要将商定采用的结算方式列入合同的支付条款中并予以执行。经办银行应客户的要求，在某种结算方式下，以票据和各种单据作为结算的重要凭证，最终实现客户委办的国际债权和债务的清偿。

国际结算的基本方式包括汇款、托收和信用证，主要以跨国收付或转移资金为目的。国际结算的附属方式在风险控制和贸易融资等方面为基本方式提供了补充，主要包

括银行保函、备用信用证、国际保理和包买票据等。

（三）国际结算单据

国际结算单据是指国际结算中用于反映和说明货物特征的商业凭证。商品单据化、单据商品化是当代国际贸易基本运作的要求。在国际结算中，单据具有举足轻重的作用，单据的传递和使用是实现国际结算的必备条件之一。国际结算中的单据分为两类：

（1）基本单据，主要包括商业发票、运输单据、保险单据，其中，商业发票和运输单据是出口商在办理货款结算时必须提交的单据。

（2）附属单据，常见的有检验证书、重量单、装箱单、原产地证书、船公司证明等。

（四）国际结算下的融资业务

国际结算下的融资是指银行围绕国际结算的各个环节为进出口商提供资金便利及其他服务，以满足进出口商融资、风险保障、财务管理、信息咨询等多方面的需要。国际结算下的融资业务具有高流动性、短期性和重复性等特点，有利于形成银行和企业之间长期稳定的合作关系，对银行和进出口商均有积极的影响。

国际结算下的融资包括对出口商的融资，如出口押汇、票据贴现、打包放款、出口信用险下的融资等，以及对进口商的融资，主要有进口押汇、开证额度、提货担保等，也是国际结算研究的主要内容。

第二节　我国的国际结算业务

随着我国经济的快速增长及进出口贸易的飞速发展，我国的国际结算业务也呈现出迅猛发展的态势，总体而言，具有以下特点：

一、国际结算业务成为商业银行业务的重要组成部分

随着我国金融体制的改革及金融业的不断开放，办理国际结算业务的银行不断增加，国际结算业务已成为商业银行业务的重要组成部分。据中国银行业协会贸易金融委员会不完全统计，2022年，我国主要商业银行国际结算业务总量为10.60万亿美元，较2021年增加0.51万亿美元，总体增幅为5.05%；我国各主要商业银行国际贸易融资业务量涨跌互现，国际贸易融资业务总量小幅增长5.69%，同时呈现出表内贸易融资业务占比小幅回落、进口贸易融资业务占比大幅回落等特点；我国主要银行国内信用证结算总量为1.99万亿元人民币，同比涨幅达33.16%，增长较快；我国商业银行保理业务持续发展，国内保理业务依旧为主要增长点，占比达92.71%。

1.国际结算业务是商业银行利润的一个重要来源

国际结算业务相对其他银行业务来说成本小、风险低、利润高，只要有足够的业务

空间，就能创造稳定并且丰厚的业务收入。一方面，办理国际结算为银行带来众多手续费收入；另一方面，国际结算带来大量的外汇买卖差价收益。因此，国际结算业务成为各商业银行竞争的焦点。

2.国际结算业务有利于增强银行的营运能力，促进其与国际接轨

国际结算业务是直接与国际惯例接轨的业务，开展国际结算业务需要商业银行内部有一套现代科学的运行机制，不断改善和调整营运机制。此外，开展国际结算业务对业务人员的专业知识水平要求相当高，他们不但要熟悉有关的国际结算知识，了解人民币业务的知识，还要通晓国家的外汇政策和规定，这就要求商业银行尽快培养出一批业务素质和技术水平较高的复合型人才。这能促进银行业务的发展，提高国际竞争力。

3.国际结算业务能够分散商业银行的经营风险

国际结算业务的成本小，不需要运用大量资金，不会形成大的风险，还可带动与国际结算业务相关的打包放款、进口押汇等风险小、收效快的贸易融资业务的发展，进而有助于银行提高资产的质量，降低经营风险。

4.国际结算业务是商业银行稳定和增加存款的重要手段

开展国际结算业务，可以减少客户转出资金到他行办理业务的可能性，稳定了存款，同时能吸引在他行开户的企业来办理业务，增加存款。

二、国际结算业务量不断扩大

自2001年加入世贸组织以来，我国对外贸易额持续大幅度增长。2000年，我国的外贸进出口总额仅为4 742.9亿美元，2007年上升为21 738.3亿美元，成为全球第三大贸易国，仅次于美国与德国，占世界贸易总额的比重提高到7.7%。2009年，受全球金融危机的影响，我国对外贸易受到冲击，外贸进出口总额有所下降。2010年以来，我国对外贸易呈现恢复性快速增长。2013年，我国外贸进出口总额突破了4万亿美元的关口，达到41 603.1亿美元，超越美国成为全球第一大贸易国（见表1-1）。此后在国际市场不景气、世界贸易深度下滑的背景下，我国外贸进出口总额呈现震荡上行走势，在经历了2015—2016年连续两年下滑之后，2017—2018年重回上升通道。我国外贸进出口总额在2013年首次达到4万亿美元后，于2021年跨过5万亿、6万亿美元两大台阶，达到了历史高点。2022年，面对严峻复杂的国内外形势，我国统筹国内、国际两个大局，统筹疫情防控和经济社会发展，外贸进出口规模再上新台阶，质量稳步提升。2022年，货物贸易进出口总值为6.3万亿美元，连续6年保持世界第一货物贸易国地位。

党的二十大报告指出："稳步扩大规则、规制、管理、标准等制度型开放。推动货物贸易优化升级，创新服务贸易发展机制，发展数字贸易，加快建设贸易强国。合理缩减外资准入负面清单，依法保护外商投资权益，营造市场化、法治化、国际化一流营商环境。"我国的对外贸易将迎来高质量发展的新局面。外贸进出口总额的扩大直接推动了我国国际结算业务的发展，国际结算业务量持续增加。

表1-1　**我国2000—2022年外贸进出口额**　单位：亿美元

年份	进出口总额	出口额	进口额	差额（+顺差，-逆差）
2000	4 742.9	2 492.0	2 250.9	241.1
2001	5 096.5	2 661.0	2 435.5	225.5
2002	6 207.7	3 256.0	2 951.7	304.3
2003	8 509.9	4 382.3	4 127.6	254.7
2004	11 545.5	5 933.2	5 612.3	320.9
2005	14 219.1	7 619.5	6 599.5	1 020.0
2006	17 604.0	9 689.4	7 914.6	1 774.8
2007	21 737.3	12 177.8	9 559.5	2 618.3
2008	25 632.6	14 306.9	11 325.6	2 981.3
2009	22 072.7	12 016.6	10 056.1	1 960.5
2010	29 727.6	15 779.3	13 948.3	1 831.0
2011	36 418.6	18 983.8	17 434.8	1 549.0
2012	38 671.2	20 487.1	18 184.1	2 303.1
2013	41 603.1	22 100.2	19 502.9	2 597.3
2014	43 030.4	23 427.5	19 602.9	3 824.6
2015	39 586.4	22 765.7	16 820.7	5 945.0
2016	36 849.3	20 974.4	15 874.8	5 099.6
2017	41 044.7	22 634.9	18 409.8	4 225.1
2018	46 230.4	24 874.0	21 356.4	3 517.6
2019	45 753.0	24 984.1	20 768.9	4 215.1
2020	46 559.1	25 899.5	20 659.6	5 239.9
2021	60 503.0	33 635.0	26 867.9	6 767.1
2022	63 065.1	35 921.4	27 143.6	8 777.8

资料来源：中华人民共和国商务部网站（存在尾差调整）。

三、国际结算货币多元化

目前我国国际结算中所使用的货币呈现多元化的特点。美元是最主要的国际结算货币，除此之外，欧元、英镑、日元等也在国际结算中被广泛使用。随着我国经济实力的增强，人民币的国际地位日益提高，越来越多的国家和地区开始认可和接受人民币作为计价结算货币。2009年人民币跨境贸易结算试点工作开展以来，人民币跨境贸易结算、人民币直接投资规模快速上升，跨境贸易人民币结算的认可度、接受度更高，人民币国际贸易计价结算职能继续巩固。2022年，经常项下跨境人民币结算金额为10.51万亿元，同比增长32.4%。我国对外货物和服务进出口的人民币结算占比为22.7%，较上一年度提高4个百分点。全球范围内，国际贸易的人民币结算份额为3.47%。2023年第一季度，国际贸易的人民币结算占比继续提高到3.60%，较2022年同期提高0.9个百分点。环球同业银行金融电讯协会（SWIFT）报告称，2023年8月，人民币国际支付份额由7月的3.06%升至3.47%，创出纪录新高；人民币国际支付全球排名则维持在第五位，距离日元的3.68%占比差距明显收窄。

党的二十大报告指出："有序推进人民币国际化。深度参与全球产业分工和合作，维护多元稳定的国际经济格局和经贸关系。"人民币国际化进程将进一步加快，人民币在国际结算中的比例将不断增加。

拓展阅读1-1

四、国际结算方式多元化

信用证曾经是我国最普遍使用的国际结算方式，但目前其所占比例不断下降，我国国际结算方式呈现多元化的特点。这主要表现在以下几方面：

1.国际贸易已由卖方市场转变为买方市场，要求买方出具信用证的方式逐渐落伍

信用证是国际贸易结算的主要方式之一。较之于汇款和托收这两种传统方式，信用证方式有着不可比拟的优点：

第一，在汇款方式和托收方式中，买卖双方凭借的是商业信用，授信方在提供信用后能否顺利收回货款或收到符合规定的货物，完全取决于对方的资信。信用证则是一种银行信用，出口商只要提供符合信用证规定条款的单据，开证银行就必须承担第一付款的责任。由于有了银行的介入，信用证方式比较成功地解决了国际贸易中身处不同国家的进出口商互不了解、互不信任的问题，起到了推动国际贸易发展的作用。

第二，在汇款方式和托收方式中，资金占压和结算风险全部集中于信用的提供者——托收方式中的出口商、汇款方式中预付货款下的进口商和货到付款下的出口商。在信用证方式下，出口商发运货物和提交单据后可通过议付很快收回货款，进口商在申请开证时只需交付一定比例的押金，其余货款要到开证行交单索汇时才支付，因此，资金负担和风险承担比较分散。

自20世纪90年代以来，信用证方式在国际结算中所占比重不断下降，进口商普遍不太愿意使用信用证方式进行结算。这主要是因为信用证结算方式对进口商来说手续烦琐、费用较高，且占压其资金或信用额度。而随着市场竞争的日趋激烈，出口商为争取业务，只能采用赊销（open account，O/A）、承兑交单（D/A）等对进口商比较有利的结算方式，使得国际结算出现了多元化的趋势。

2.国际贸易项下生产经营的专业化和集约化程度不断加深，国际保理业务迅速发展

国际保理是一种集商业资信调查、贸易融资、账务管理和信用保险于一体的国际贸易结算新方式。它给贸易双方都带来好处：

对出口商来说，可以保障货款的安全收回，获得保理商的融资便利，加速资金的周转，节省非生产性费用，有利于发展新客户和扩展市场。

对进口商来说，可以简化进口手续，免去信用证项下的资产抵押或交付押金的要求，减少对流动资金或信用额度的占用，在很大程度上消除其他国际结算方式下的各种风险。

3.国际贸易商品结构的变化使包买票据及银行保函等业务被普遍采用

包买票据业务与国际保理业务一样，都是通过无追索权地购买出口商应收债权的方式，为其融通资金、转嫁风险，但是包买票据业务期限略长、金额更大。国际贸易保函项下，大银行仅凭自身良好的资信作担保，就能促成一笔国际经济交易，可以避免信用证方式手续繁多、费用高的缺点，因而受到交易双方的欢迎。

第三节 国际结算中的往来银行

开展国际结算业务的银行，除了在本国国内有相当多的分支机构，以便广泛联系客户、就近服务客户以外，还必须在境外有相当多的往来银行。根据与本行的关系，可将国际结算的往来银行分为两种类型：联行和代理行。

一、联行

（一）联行的含义及设立形式

联行（sister bank）是指银行根据业务发展需要在国内外设置的分支机构。一家商业银行内部的总行、分行及支行之间的关系都是联行关系。

商业银行在国内外设置的分支机构一般有以下几种形式：

1.代表处

代表处（representative office）是商业银行设立的非营业性机构。它不能经营真正的银行业务，主要职能是：

（1）开展公共关系活动，向驻地的政府机构、贸易商和官方人员提供本国企业和国家的信用分析以及经济、政治信息；

（2）使驻地国家的客户了解其总行的经营活动方针；

（3）为本国客户探寻新的业务前景，寻找新的盈利机会，开辟当地信息新渠道等。

代表处是分支机构的最低级和最简单的形式，它通常是设立更高形式机构的一种过渡形式。大多数国家都规定，外资银行要进入本国，必须首先设立代表处一段时间。

2. 代理处

代理处（办事处、经理处）（agency office）是商业银行设立的能够转移资金和发放贷款，但不能在东道国吸收当地存款的金融机构。代理处是总行的一个组成部分，不具备法人资格，它是介于代表处和分行之间的机构。代理处可以从事一系列非存款银行业务，如发放工商业贷款，提供贸易融资，签发信用证，办理承兑、票据买卖和票据交换等业务。代理处由于不能吸收当地居民存款，其资金主要来源于总行和其他有关机构，或从东道国银行同业市场拆入。

3. 分支行

分行（branch）是商业银行在海外设立的营业性机构，无论在法律上还是在业务上，其都是总行的有机组成部分。它不是独立的法律实体，没有独立的法人地位，要同时受到总行所在国与东道国双方法律及规章的制约。分行的业务范围及经营政策要与总行保持完全一致，并且业务活动限制以总行的资本、资产及负债为基础。与此相适应，总行对分行的活动负有完全的责任。一般来说，分行可以经营完全的银行业务，但不能经营非银行业务。

分行下设的营业机构即支行（sub-branch），支行的地位类似于分行，只是它直接归分行管辖，规模比分行小，层次比分行低。

4. 子银行

子银行（附属银行）（subsidiary bank）是指商业银行为了扩大其在海外的业务网络，但又不能直接在某些国家设置分支行机构，常采用收购外国银行的全部股份或大部分股份的方法，设立的一种国外附属机构。该机构在东道国登记注册，在法律上是一个完全独立的经营实体，其股权的全部或大部分为总行所控制。子银行的经营范围较广，通常它能从事东道国国内银行所能经营的全部银行业务；在某些情况下，还能经营东道国银行不能经营的某些银行业务。另外，在实行混业经营的国家，子银行除可经营银行业务外，还可经营非银行业务，如证券、投资、信托、保险等业务。

5. 联营银行

联营银行（affiliate bank）又称合资银行，是与东道国共同出资组建的银行，也可能有多个外国投资者参与，但外国投资者出资没有达到控股的程度，而往往由东道国控股。正因为如此，东道国对联营银行的业务范围限制会比境外分行和子银行少。

6. 银团银行

银团银行（consortium bank）通常是由两个以上不同国籍的跨国银行共同投资注册而组成的公司性质的合营银行，任何一个投资者所持有的股份都不超过50%。

作为一个法律实体，银团银行有自己的名称和特殊功能。它既接受总行委托的业务，也开展自己的活动。其业务范围一般是：对超过总行能力的或总行不愿意发放的大额、长期贷款作出全球性辛迪加安排，承销公司证券，经营欧洲货币市场业务，安排国际企业合并和兼并，提供项目融资和公司财务咨询等。

在以上六种形式中，代表处、代理处和分支行不是独立的法人，总行完全可以对其进行控制；子银行、联营银行、银团银行是独立的法人，总行只能根据控股比例的多少对其产生不同程度的影响，从严格意义上讲，它们不是完全的联行。从业务范围看，代表处、代理处的业务有限，银团银行一般不经营小额零售业务，分支行、子银行、联营银行的经营范围较广。

（二）联行的分类

根据设立的地点不同，联行可分为国内联行和海外联行。

1.国内联行

国内联行（domestic sister bank）是指设立在国内不同城市或地区的分支行。国内联行往来是国际结算中不可缺少的组成部分。例如：总行在国外开立了账户，分支行办理国际结算时即可通过国内联行与总行办理资金的划拨；异地办理国际结算需要在国内异地划拨资金时，也可通过国内联行在分支行之间办理。

2.海外联行

海外联行（overseas sister bank）是指设置在海外的分支行。设立海外联行的目的是开拓海外市场，方便国际结算，扩大银行业务范围。但设立海外联行必须具备一定条件：

首先，拟设立联行的城市或者地区要具备良好的自然地理、政治、经济条件。

其次，看该地业务量的多寡。若业务量充足，盈利足以维持分支机构的开支，则可设立分支机构；否则，就不需设立分支机构。

中国银行曾是我国的外汇专业银行，在海外联行的设立方面要领先于其他银行一步。截至2022年年末，中国银行共拥有531家境外分支机构，覆盖全球62个国家和地区，其中包括42个“一带一路”共建国家。

二、代理行

在办理国际结算业务时，银行除了在国外设置分支机构外，还需要外国银行的业务合作与支持。因为一家或一国的银行不可能在所有发生债权和债务关系的国家或地区都设立分支机构，这样做既不可能，也没必要。以中国银行为例，虽然它在海外设立了600多家分支机构，但这些分支机构的数目与中国银行所肩负的国际结算任务相比，还是不相适应的。于是，中国银行根据业务发展的需要，与外国银行广泛建立了代理关系。

（一）代理行的含义及代理行关系的建立

代理关系是指两家不同国籍的银行通过相互委托办理国际银行业务而建立的往来关系，建立代理关系的银行互为代理行（correspondent bank）。

代理关系即代理行关系，一般由双方银行的总行直接建立，分支行不能独立对外建立代理关系。代理关系的建立一般要经过以下三个步骤：

1.考察了解对方银行的资信

由于建立代理行关系是国际金融领域内的外交活动，因此必须服从国家的外交政策和国别政策。通常对没有正式外交关系的国家，不建立代理行关系；对有正式外交关系的国家，可以建立代理行关系，但要调查对方银行的资信等级、经营作风以及财务状况等多项指标。

2.签订代理协议

如果双方银行同意建立代理关系，则一般由双方银行的总行签订代理协议。协议包括双方银行的名称、地址、代理机构、业务范围、代理期限、控制文件、使用的货币、委办的事项、授信额度、合作项目、信息的提供与咨询、培训计划、头寸偿还的方法、协议生效的日期、适用的分支行等。

3.双方银行相互发送控制文件

为了使代理业务真实、准确、快捷、保密，代理行之间要相互发送控制文件（control documents），并在确认无误后遵照执行。控制文件一般包括三部分：

第一，密押（test key）。它是银行之间事先约定的，在发送电报、电传时由发电行在电文中加注的密码，以证实电报的真实性。

第二，印鉴（specimen signature）。它是银行有权签名人的签名式样。银行之间的信函、凭证、票据等，经有权签名人签名后，寄至收件银行，由收件银行将签名与所留印鉴进行核对，核对相符即可证明其真实性。代理行的印鉴一般由总行互换，分行使用。

第三，费率表（schedule of terms and conditions）。它是银行在办理代理业务时收费的依据，一般由总行制定并对外发布，各分支行据此执行。通常，对方银行委托我方银行办理业务，按照我方银行费率表收取费用；我方银行委托国外银行办理业务，则按对方银行费率表收取费用。费率表应定得适当、合理，过高会削弱我方竞争力，过低则影响经济效益。

（二）代理行的种类

按照双方银行是否建立了账户关系，代理行可分为账户行和非账户行。

1.账户行

账户行（depository bank）是指代理行之间单方或双方相互在对方银行开立了账户的银行。账户行是在建立代理行关系的基础上，为了解决双方在结算过程中的收付而建立的特殊关系。账户行必须首先是代理行，而代理行并不一定是账户行。选择建立账户行，一般应是业务往来多、资金实力雄厚、支付能力强、经营作风好、信誉卓著、地理位置优越以及世界主要货币国家的银行。

从双方关系上讲，开立账户有两种情况：一是一方在另一方开立所在国货币或者第三国货币账户；二是双方互相在对方开立对方货币账户。在称呼上，如果是本国银行在外国银行开立账户，就称往户账（nostro account），所用的货币是账户行所在国货币或者第三国货币；如果是外国银行在本国银行开立账户，则称来户账（vostro account），所使用的货币是账户行所在国的货币。

2. 非账户行

非账户行（non-depository bank）是指除账户行以外的其他代理银行，或者没有建立账户行关系的代理行。非账户行之间的货币收付需要通过第三方银行办理。

三、往来银行的选择

通常按以下原则选择和运用可办理国际结算业务的海外银行：

（一）联行是最优选择

联行被称为本行的兄弟行，与本行是不可分割的整体，同在一个总行的领导下，不仅相互非常了解和熟悉，而且从根本上说是利益共享、风险共担的。因此，委托海外联行办理有关业务，海外联行必定会尽最大努力圆满完成，服务质量高，风险低，而且能将业务留在本行系统，有利于本行的发展。

（二）代理行中的账户行是次优选择

尽管联行是最优选择，但联行数量毕竟有限。在没有联行的地区开展业务时，代理行中的账户行就显得格外重要。这是因为账户行之间的业务委托十分方便，通过账务往来能以最快的速度完成委托，且能安全、迅速地收汇和付汇。在同一城市或地区有多个账户行的情况下，办理业务要选择资信最好的银行。

（三）代理行中的非账户行是次次优选择

在没有联行和代理行中的账户行的少数地区，开展业务只能委托代理行中的非账户行。因为建立了代理关系的银行相互比较了解，只不过资金的收付不太方便，需要通过第三方银行办理，手续相对复杂些，所需时间也相对延长。

第四节 国际结算系统

国际经济活动所产生的债权、债务必须通过货币所有权的转移加以清偿，因此需要通过一定的清算组织和清算系统进行支付指令的发送与接收、对账与确认、收付数额的统计轧差、全额或净额的结清等一系列程序。国际结算系统就是用以实现债权、债务清偿及资金转移的一种金融安排，由提供支付清算服务的中介机构和实现支付指令传送及资金清算的专业技术手段共同组成。国际结算系统的任务就是处理国与国之间各种交易往来所产生的债权和债务清偿，快速、有序、安全地实现货币所有权在经济活动参与者之间的转移。随着国际政治、经济、文化活动的日趋频繁和科技的进步，国际资金清算逐渐向快捷、安全、节约的方向发展。现代通信技术和计算机的结合运用，构成了全球银行电子清算系统，大大提高了国际结算的效率。

一、美元清算系统——CHIPS

纽约清算所银行同业支付系统（Clearing House Interbank Payment System，CHIPS）于1970年建立，由纽约清算所协会（NYCHA）经营管理，是全球最大的私营支付清算系统之一，主要进行跨国美元交易的清算，目前全球95%左右的跨国美元交易通过CHIPS进行清算。

参加CHIPS的成员有两类：

一类是清算用户，它们在联邦储备银行设有储备账户，能直接使用该系统进行资金转移；

另一类是非清算用户，不能直接利用该系统进行清算，必须将某个清算用户作为代理行，在该行设立代理账户进行资金清算。

该系统的参与者可以是商业银行、投资公司及外国银行在纽约的分支机构。

CHIPS是一个实时、终结性清算系统，对支付指令连续进行撮合、轧差和结算，处理速度快，安全性强，在风险控制方面一直处于领先水平。CHIPS要求参与者在每天交易开始前存储一定数量的资金，在系统运行时间内，只有参与者当前的资金头寸足以完成借记，CHIPS才释放支付命令，且任何参与者当前的资金头寸都不得小于零。同时，CHIPS为清算成员提供双边及多边信用限额来控制信用风险。清算时，只要不超过双边及多边信用限额，CHIPS就根据支付命令对其清算成员进行相应的借记、贷记记录；如果超出信用限额，则CHIPS拒绝执行其支付命令。

二、英镑清算系统——CHAPS

英国清算所自动支付系统（Clearing House Automated Payment System，CHAPS）是处理大额同日英镑转移的主要支付系统，创建于1984年。CHAPS可分为CHAPS英镑和CHAPS欧元（1999年实施该系统）。CHAPS欧元通过其与泛欧实时全额自动清算系统的联系，便利英国国内与境外交易者之间的欧元批发性支付。CHAPS是全球最大的实时全额支付系统（RTGS）之一，可以对支付指令逐一进行自动处理，所有支付都是最终的、不可撤销的。

CHAPS的参与者分为清算银行和非清算银行。非清算银行进行英镑支付时，必须借助清算银行完成。截至2023年10月，CHAPS的直接清算银行共有37家。通过直接或间接方式，CHAPS几乎覆盖了英国所有银行，并成为英国各大银行的中央清算所，为其成员行及参与者提供高效、无风险、当日支付服务。CHAPS允许银行以自己的账户或代表客户对其他银行发放有担保的、不可撤销的英镑信贷，结算通过在英格兰银行持有的清算账户进行。

2017年5月11日，中国银行伦敦分行成为CHAPS英镑清算业务直接参加行，是该系统第25家直接清算会员，也是第一家参加该系统直接清算的亚洲银行。中国银行全面参与CHAPS进一步扩展了该系统在全球进行英镑清算的服务范围。

三、欧元清算系统——TARGET

泛欧实时全额自动清算（Trans-European Automated Real-time Gross Settlement Express Transfer，TARGET）系统是处理欧元交易的实时全额结算系统，为欧盟国家提供实时全额清算服务。TARGET系统始建于1995年，1999年1月1日正式启用。TARGET系统是一个分布式系统，由15个国家的实时全额清算系统、欧洲中央银行支付机制和互联系统（interlinking system）构成。互联系统将各国的实时全额清算系统与欧洲中央银行支付机制相联，这样支付指令就能从一个系统传递到另一个系统。欧盟约有5 000个机构加入了该系统。

TARGET系统采用实时全额清算模式，系统在整个营业日内连续、逐笔地处理支付指令，所有支付指令均是最终的和不可撤销的，从而大大降低了支付系统风险，但对参加清算银行的资金流动性具有较高要求。由于资金可以实时全额地从欧盟一国银行划拨到另一国银行，不必经过原有的货币汇总程序，从而减少了资金占用，提高了清算效率和增加了安全系数。

TARGET系统可以被用于所有的欧元贷记转账，对交易的金额没有限制。TARGET系统处理支付交易的类型有：

（1）欧元体系作为支付的发起方或接受方的、直接与欧洲中央银行操作有关的支付；

（2）处理欧元的大额轧差系统的结算；

（3）欧元的银行间支付和商业支付。

由于第一代TARGET（TARGET1）系统是一个基于复合式技术平台的结算系统，随着欧元区成员的不断增加，其在成本效益和技术维护上的缺陷逐渐显现出来。2007年11月，欧洲央行启用了基于单一共享平台的第二代TARGET（TARGET2）系统，以提高交易效率，降低结算成本。与TARGET1系统相比，TARGET2系统的意义在于将现有的分散技术设施整合起来，把欧洲一体化提升到一个更高的程度，精简了欧元支付系统，增强了系统的稳健性和提高了支付效率，降低了支付风险。

TARGET2官网数据显示，截至2023年10月，全球有超过1 000家银行使用TARGET2系统进行欧元结算。如果算上分支机构和子公司，TARGET2系统覆盖了全球52 000多家银行及其所有客户。TARGET2系统每5天的交易金额接近整个欧元区GDP总值，是世界上最大的支付系统之一。

四、日元清算系统——FXYCS

外汇日元清算系统（Foreign Exchange Yen Clearing System，FXYCS）是1980年日本银行家协会建立的大额支付系统，用于处理外汇交易、日元证券交易和进出口贸易等金融交易所产生的日元支付清算。日元是主要国际货币之一。根据国际货币基金组织（IMF）公布的数据，截至2023年第二季度，日元在全球官方持有外汇储备中的占比为

5.4%，仅次于美元、欧元，居第3位。在日本的对外贸易中，日元作为结算货币所占比重较高。FXYCS作为日本支付清算系统中的一个重要组成部分，主要满足日元作为国际货币的清算业务需要。

FXYCS是一个实时全额清算系统。其电子信息（IT）系统由日本银行托管，并连接到日本银行金融网络系统（BOJ-NET）。BOJ-NET由日本银行建立并主导，在日本支付清算体系中处于核心和枢纽地位，各金融机构需通过该系统完成资金清算。日本境外金融机构不能直接加盟外汇日元清算系统，必须在日本境内的代理行开户，通过日本代理行办理日元清算。

五、环球同业银行金融电讯协会——SWIFT

环球同业银行金融电讯协会（Society for Worldwide Interbank Financial Telecommunication，SWIFT）是国际银行同业间的国际合作组织，成立于1973年5月，总部设在比利时首都布鲁塞尔。SWIFT是为了解决各国金融通信不能适应国际支付清算的快速增长而设立的非营利性组织。SWIFT是环球同业银行金融电讯协会组织建设和管理的全球金融通信网络系统。截至2022年年底，该网络已遍布全球200多个国家和地区，参与的金融机构超过11 000家，成为国际金融通信和国际结算的主体网络，是世界上最大的金融清算与通信组织。中国银行于1983年加入，从1986年起，中国农业银行、中国工商银行、中国建设银行、交通银行、中信银行等先后加入了SWIFT。目前，我国商业银行办理国际结算及其他跨国银行业务，大多通过SWIFT进行。

SWIFT在荷兰阿姆斯特丹和美国纽约设有交换中心，在各成员设有地区处理站，连接数千个用户，可以与世界各地大银行的计算机主机取得联系，瞬间就能完成跨国的银行业务，从而形成一个庞大的金融网络。截至2022年10月底，SWIFT系统每天平均发送4 480万条报文，比2021年前10个月的日均流量增长7.7%。

SWIFT自创立以来，以其高效、可靠、低廉和完善的服务，在促进世界贸易的发展、加速全球范围内的货币流通和国际金融结算、促进国际金融业务的现代化和规范化方面发挥了积极的作用。SWIFT为各成员银行提供高效率、安全的金融业务服务和技术援助，不仅保证银行业务的顺利进行，还帮助银行从系统中获得最大利益。SWIFT具有安全可靠、高速度、低费用、自动加核密押等特点，为客户提供快捷、标准化、自动化的通信服务，已成为银行之间划拨资金、开立信用证和往来联系的主要通信工具。

第五节　人民币跨境贸易结算

一、人民币跨境贸易结算的定义

人民币跨境贸易结算（RMB cross-border trade settlement）是指经国家允许指定有条

件的企业在自愿基础上，以人民币进行跨境贸易的结算，商业银行在中国人民银行规定的政策范围内，直接为企业提供人民币跨境相关服务。人民币跨境贸易结算主要包括进出口信用证、托收、汇款等多种结算方式。[①]

二、人民币跨境贸易结算的背景

（1）2008年全球金融危机爆发后，美元对其他货币的波动及美元的长期弱势趋势对实体经济造成了巨大伤害。中国作为有大笔资产以美元形式存在美国的国家，不仅要担心进出口的稳定问题，而且要担心国家储蓄的安全问题。于是，中国开始从国家战略的角度思考人民币国际化的问题，并采取了一系列积极行动，如中国人民银行与其他国家中央银行签订了货币互换协议，出台跨境贸易人民币结算试点及相关政策等。同时，全球金融危机也引发了对当时国际货币体系改革的思考，人民币国际化的呼声随之日益高涨。这为人民币跨境贸易结算的产生和发展提供了政策支持和群众基础。

（2）居民和非居民对人民币跨境贸易结算有明显需求。我国的对外贸易规模已相当大，不仅是那些具有选择结算币种和定价能力的境内进出口企业对使用人民币进行国际结算有强烈需求，那些希望从人民币升值中获取收益的境外出口商（向中国出口）和在中国有相当规模的投资和人民币收入的外资企业，对使用人民币进行国际结算也具有较大需求，这是人民币跨境贸易结算的动机。

（3）人民币汇率和通货膨胀率较为稳定。受国际金融危机影响，美元、欧元等主要国际结算货币汇率大幅波动，使得企业在进行贸易结算时面临较大的汇率波动风险。2005年汇改以来，人民币对美元汇率保持了稳中有升的态势，以汇率相对稳定的人民币进行跨境贸易结算，有助于我国和贸易伙伴互利互惠，稳定坚挺的汇率和低位运行的通货膨胀率十分有利于推行人民币跨境贸易结算。

三、人民币跨境贸易结算的发展历程[②]

（一）初始期

人民币的跨境流通早在20世纪就开始了，只不过早期的流通主要用于大湄公河区域、中俄边境、蒙古国等地区的边境小额现钞贸易。到21世纪初，中国人民银行分别与越南、尼泊尔、蒙古国、俄罗斯等国的央行签署双边货币结算合作协议，允许使用人民币和对方本币进行两国边贸结算。2008年9月7日，国务院发布的《关于进一步推进长江三角洲地区改革开放和经济社会发展的指导意见》指出："选择有条件的企业开展人民币结算国际贸易的试点。"2009年4月8日，国务院第五十六次常务会议决定在上海、广州、深圳、珠海、东莞5个城市开始试点。同年7月2日，由中国人民银行、财

---

① 韩冰．跨境贸易人民币结算的发展及影响分析［J］．金融经济，2011（8）：38-39.
② 韩冰．跨境贸易人民币结算的发展及影响分析［J］．金融经济，2011（8）：38-39.

政部、商务部、海关总署、税务总局、银监会[①]共同制定的《跨境贸易人民币结算试点管理办法》正式对外公布，试点工作正式展开。一开始，由于试点地区有限，试点企业审批程序复杂（不论进口业务还是出口业务，全部要作试点名单管理），境外客户的接受程度也需要时间等，2009年人民币跨境贸易结算的业务量并未明显增加。

（二）扩大期

2010年3月24日，中国与白俄罗斯共同签署了《中白双边本币结算协议》。这是我国与非接壤国家签订的首份一般贸易本币结算协议，也是人民币跨境贸易结算试点实施之后的又一个重大进展。

2010年6月22日，《中国人民银行 财政部 商务部 海关总署 国家税务总局 银监会关于扩大跨境贸易人民币结算试点有关问题的通知》发布，扩大跨境贸易人民币结算试点范围。此次试点范围扩大后，人民币跨境贸易结算试点地区由原来的5个城市扩大到北京等20个省（自治区、直辖市）；进口不再实行试点企业名单制管理；不再限制境外地域，企业可按市场原则选择使用人民币结算；试点业务范围包括跨境货物贸易、服务贸易和其他经常账户人民币结算。至此，人民币跨境贸易结算的业务量才真正开始快速增长。

为配合人民币跨境贸易结算试点范围的扩大及进一步发展，从2010年7月开始，我国央行分别与中国香港金融管理局及中国银行（香港）有限公司签订了《补充合作备忘录》《关于人民币业务的清算协议》，明确中国香港人民币业务参加行可以按照本地法规为企业和机构客户提供人民币银行业务。两份文件的签署有利于跨境贸易人民币结算试点工作的顺利进行，也有利于中国香港人民币业务的进一步发展。紧接着，我国央行又推出了跨境贸易人民币结算试点的配套政策，允许境外央行或货币当局以人民币投资中国银行间债券市场，其后又允许国际开发机构发行人民币债券，所筹集资金可以直接购汇汇出境外使用。至此，人民币境内外流通使用的路径初步建成。

（三）发展期

为便利境内机构以人民币开展境外直接投资，规范银行办理境外直接投资人民币结算业务，中国人民银行于2011年1月13日发布了《境外直接投资人民币结算试点管理办法》。该办法规定试点地区的银行和企业可开展境外直接投资人民币结算试点，即获准开展境外直接投资的境内企业均可以以人民币进行境外直接投资。这是将跨境贸易人民币结算试点工作进一步扩大、支持企业“走出去”所迈出的重要一步。以前试点主要是在贸易领域开展，这是第一次从国家层面正式以境外投资的形式被提出。这意味着跨境贸易人民币结算进入了一个全新的领域。人民币的国际影响力将进一步提升。

2011年8月23日，中国人民银行、财政部、商务部、海关总署、国家税务总局和银监会联合发布《关于扩大跨境贸易人民币结算地区的通知》，明确河北省、山西省、

① 2018年，中国银监会和中国保监会合并，成立中国银行保险监督管理委员会（简称中国银保监会）。

安徽省、江西省、河南省、湖南省、贵州省、陕西省、甘肃省、青海省和宁夏回族自治区的企业可以开展跨境贸易人民币结算；吉林省、黑龙江省、西藏自治区、新疆维吾尔自治区的企业开展出口货物贸易人民币结算的境外地域范围，从毗邻国家扩展到境外所有国家和地区。至此，跨境贸易人民币结算境内地域范围扩大至全国。

2014年6月，在全国范围开展个人货物贸易、服务贸易跨境人民币结算业务，支持银行业金融机构与支付机构合作开展跨境人民币结算业务；同年11月，中国人民银行发布《关于跨国企业集团开展跨境人民币资金集中运营业务有关事宜的通知》，允许跨国企业集团开展经常账户跨境人民币集中收付业务。2015年10月8日，人民币跨境支付系统（Cross-Border Interbank Payment System，CIPS）正式启动，大大提高了跨境清算效率。

近些年来人民币跨境贸易结算业务发展迅速，结算金额从2009年的35.8亿元递增至2022年的10.51万亿元。随着人民币国际地位持续提升，人民币国际接受程度不断提高。2015年11月30日，国际货币基金组织执行董事会决定将人民币纳入特别提款权（SDR）货币篮子，这是人民币国际化道路上重要的里程碑。此后，经常账户人民币跨境使用范围进一步扩大，人民币跨境投融资渠道进一步拓宽，人民币作为储备货币的规模进一步增加。根据国际货币基金组织的数据，截至2022年年末，全球央行持有的人民币储备规模为2 984亿美元，占比为2.69%，较2016年人民币刚加入SDR时提升1.62个百分点，在主要储备货币中排第五位。

拓展阅读1-2

四、人民币跨境贸易结算的意义

（一）从国家层面分析

1.有利于减缓国家外汇储备增加的压力

加入世贸组织以来，我国对外经济交往不断扩大，对外贸易快速增长，外国直接投资规模不断加大，国际收支连续多年保持双顺差，外汇储备持续增加。自2006年外汇储备首次超过日本以来，我国外汇储备额已连续多年位居世界第一。外汇储备的持续增加增强了我国经济实力、对外清偿能力以及抵御外部金融市场风险的能力，但也加大了我国通货膨胀的压力，增加了外汇储备管理的难度，导致与美国等国家之间的贸易摩擦加剧。推出人民币跨境贸易结算，可以用人民币替代部分外汇，有助于改善国际收支平衡状况，减缓国家外汇储备增加带来的宏观调控压力。

2.有利于推动人民币国际化

人民币国际化需经历三个阶段：以人民币进行贸易结算、以人民币进行金融交易和计价、人民币成为世界储备货币之一。通过实施人民币跨境贸易结算，鼓励人民币“走出去”，可扩大人民币在世界所有国家和地区的影响力。人民币在更大范围内作为交易和计价货币，有助于强化人民币行使价值尺度、支付手段以及价值储备的国际货币的职能。开展人民币跨境贸易结算，是推进人民币国际化的重要一步，具有里程碑的意义。[①]

3.有助于进一步完善人民币汇率形成机制

人民币汇率是联系实体经济部门和金融部门、国内经济和世界经济、国内金融市场和国际金融市场的重要纽带，是协调好本外币政策、处理好内外部均衡的关键支点。市场化的汇率有助于增强货币政策的自主性、主动性和有效性，促进经济总量平衡。人民币在区域范围内被用于国际结算之后，币值有了更大范围和更新角度的参照标准，这有利于人民币汇率形成机制的完善。

4.促进我国金融业的发展与开放，增强中国在国际市场上的金融资源配置能力

人民币跨境贸易结算为境内银行拓展国际业务开辟新的空间，增加新的业务，也带来大量中间业务收入，而且当人民币在境外产生一定的沉淀资金后，势必对银行其他的理财服务产生需求。另外，境内银行可能因为这项业务获得更多的客户资源。外资银行由于拥有网络和外汇头寸优势，一些大型进出口企业更倾向于在外资银行办理业务。而采用人民币结算后，这种优势将转向中资银行，尤其是能为境外企业提供人民币融资的中资银行的海外分支机构将拥有绝对优势。

（二）从银行层面分析[②]

1.凸显了中资银行的本币运营优势

人民币的持续升值加剧了中资银行外汇头寸紧张的局面，使中资银行不得不通过代付的形式向境内外的外资银行拆借资金。而人民币跨境贸易结算业务的推出使中资银行的优势开始显现。中资银行一方面可以使用充足的本币头寸，另一方面可以联动境外分行办理更多的业务，因此有人民币国际结算需求的企业都属于中资银行的潜在客户。与中资银行所开展的业务相比较，以前此类有人民币国际结算需求的企业与外资银行合作更为密切。随着人民币跨境贸易结算业务的推出，中资银行与企业的合作前景广阔，国内银行可以凭借结算业务优势获取更多新的客户资源。

2.孕育出人民币国际清算网络

在现代信用货币体系下，国家信用货币需要靠银行间代理资金清算。作为国际清算货币，美元的跨境清算业务拥有遍布全球的代理账户行，而相比较之下目前人民币的同业往来账户仍然为数不多。我国银行需要在外币的发行国银行开立该外币的同业往来账户；跨境人民币结算也需要境外参加行在境内代理行开立人民币同业往来账户，形成规模化的参加行-代理行网络结构。

目前，人民币跨境贸易结算可自由选择两条路径：一是通过中国香港、澳门地区人民币业务清算行进行；二是通过中国境内的商业银行代理境外商业银行进行。经中国人

① 陈莘．跨境人民币结算业务初探［J］．经济师，2011（6）：191.
② 贡勉．人民币跨境结算面临的问题及对策［J］．金融与经济，2011（2）：39-40.

民银行和中国香港、澳门金融管理局认可，已加入中国人民银行大额实时支付系统并办理中国香港、澳门人民币清算业务的商业银行为中国香港、澳门人民币清算行。目前，中国香港地区的人民币清算行是中国银行（香港）有限公司，中国澳门地区的人民币清算行是中国银行（澳门）有限公司，并由此衍生出人民币国际清算网络。

3. 丰富了银行业务品种

自人民币跨境贸易结算管理办法实施以来，各大银行争推人民币跨境相关业务，其范围涵盖汇款、单证、托收、预收和预付等各类结算产品，以及人民币融资产品。该项业务增加了银行中间业务收入，扩大了银行利润来源，丰富了银行业务品种，成为银行业务强有力的增长点，显著提高银行业的盈利水平。

4. 催生了人民币国际存款

在人民币升值预期和境外外币融资成本明显低于境内的市场环境下，境内银行为境外机构开立境内外汇账户能够有效规避汇率波动等金融风险，为境外企业提供现金资产保值、增值渠道，代履离岸账户部分功能，在境外企业贸易投资便利化的同时降低货币兑换费率。因此，境内银行为境外机构开立境内外汇账户，将银行人民币存款业务延伸至境外；境外机构开立境内外汇账户带来国际人民币存款的强势增长。

（三）从企业层面分析

1. 有助于我国企业规避汇率风险，稳定和便利国内企业的对外出口

欧美等境外企业与我国境内企业之间的贸易，通常以美元和欧元进行计价结算，由此带来的美元、欧元与人民币之间的汇率风险主要由境内企业承担。若能以人民币进行国际结算，境内企业则可以规避汇率风险。我国与周边地区如东南亚和韩国等的贸易，则通常是以第三国货币进行计价结算，当人民币用于国际贸易结算时，我国和周边地区使用人民币进行国际结算的企业所承受的一部分外币汇率风险即可被有效规避。①

2. 有助于企业营运成果清晰化

这主要表现在以下几个方面：

（1）当国内企业进行人民币跨境贸易结算时，其经营成果通常较为透明，进口企业的成本和出口企业的收益能够较为清晰地固定下来，这有利于企业进行财务核算。

（2）人民币跨境贸易结算节省了企业进行外币衍生产品交易的有关费用。在以外币进行贸易结算时，为了规避汇率风险，境内企业通常会委托银行进行外汇衍生产品交易，其费用占企业营业收入的2%~3%。改革开放以来，由于中国企业进行国际结算主要使用美元、欧元和日元等国际货币，因此，为控制汇率风险承担了大量的外币衍生产品交易的费用，增加了企业的交易成本，削弱了中国企业的国际竞争力。如果人民币被用于国际结算，境内企业所承担的外汇衍生交易费用即可消除。

（3）人民币跨境贸易结算节省了企业两次汇兑所引起的部分汇兑成本。中国周边国家和地区与中国之间的贸易大都采用美元结算，而其国内又不能进行美元流通，因此，结算通常要经过本币—美元—本币的两次兑换。这种情况主要发生在公司的内部交易，

---

① 陈莘. 跨境人民币结算业务初探［J］. 经济师，2011（6）：191.

即子公司与子公司或子公司与母公司的贸易之中。以美元兑换人民币为例，银行按交易金额的1.25%收取汇兑费用，若人民币用于跨境贸易结算，则可减少其中一次兑换，从而节省有关费用。

（4）人民币被用于跨境贸易结算可以加快结算速度，提高企业资金使用效率。减少一次汇兑本身就减少了资金流动的相关环节，缩短了结算过程，提高了资金使用效率。同时，由于不需要进行外币衍生产品交易，企业可以减少相应的人力资源投入和相关资金投入，这也有利于企业加快运转速度。

五、人民币跨境贸易结算的发展现状

1.货物贸易跨境人民币结算持续增加，跨境电商业务结算金额快速增长

我国货物贸易跨境人民币结算业务从无到有，规模从小到大，在帮助企业规避汇率风险、降低汇兑成本方面发挥了实实在在的作用。

根据海关总署数据，2022年，货物贸易项下跨境人民币结算总量达到7.92万亿元，同比增长37.2%，显示出跨境人民币业务服务实体经济的能力在进一步提升。2022年，我国跨境电商发展迅猛，跨境电商进出口规模达到2.11万亿元，同比增长9.8%，跨境电商进出口规模首次突破2万亿元关口，成为货物贸易跨境人民币结算增长的新动能。

2.服务贸易跨境人民币结算创历史新高

我国服务贸易进出口额年均增速达7.18%，远高于世界平均水平。2022年，我国服务贸易继续保持良好增长态势，以人民币进行结算的服务贸易及其他经常项目为2.59万亿元，同比增加14.8%，创历史新高。我国服务贸易行业正在逐步扩大云计算、人工智能、区块链、物联网等数字信息技术服务出口规模，着力增强数字教育、数字医疗、数字金融、数字娱乐、数字传媒等数字内容服务的出口能力。

3.直接投资跨境人民币结算增势迅猛

2022年，我国直接投资跨境人民币结算金额为6.5万亿元，同比增长11.3%。其中，对外直接投资人民币跨境收付金额1.9万亿元，同比增长17%；外商直接投资人民币跨境收付金额为4.5万亿元，同比增长9.1%，直接投资顺差达2.6万亿元，说明在我国资本账户尚未完全对外开放的情况下，继续推进企业对外投资是达到国际收支平衡的可行路径。

党的二十大报告提出："合理缩减外资准入负面清单，依法保护外商投资权益，营造市场化、法治化、国际化一流营商环境。"我国良好的经济前景及营商环境对境外长期资本的吸引力将不断增强。

六、人民币跨境贸易结算存在的问题

1.人民币跨境贸易结算与我国经济实力不匹配，人民币的全球地位无显著提高

目前中国已是世界第二大经济体、第一大贸易国，从GDP和货物贸易进出口全球占比及排名情况来看，中国经济在全球经济体系中的地位与日俱增，与美国之间的经济实力差距逐渐缩小。然而，从人民币和美元的国际地位来看，美元在外汇储备、外汇交易、全球支付、贸易融资各个方面均占据绝对主导地位，全球超过一半的交易以美元计价，人民币的国际地位与美元还存在巨大差距。

据SWIFT统计，从全球贸易融资市场的角度来看，2023年9月，人民币在全球贸易融资中占比为5.8%，同比上升1.6个百分点，排名上升至第二；但与美元84.3%的市场份额相比，情况并不乐观。从全球支付货币的角度来看，2023年9月，在基于金额统计的全球支付货币排名中，人民币保持全球第五大最活跃货币的位置，占比为3.71%。这一比例刷新了历史纪录，但与美元（46.58%）、欧元（23.60%）相比仍有很大差距。人民币的不可自由兑换、汇率形成机制不够合理等问题，使得人民币在国际上的认可度较低，进而阻碍了跨境人民币结算的发展。

2.国内企业议价能力不足，难以掌握选择结算币种的主导权

当前国内不少企业市场竞争力不强，产品缺乏创新性，企业对外议价、定价能力明显不足，在贸易谈判中往往处于劣势，难以把握谈判主动权，尤其在国际经济危机导致外需普遍不旺的经济背景下，国内企业更难拥有对结算币种的选择权。目前很多企业虽然在贸易中使用人民币结算，但仍然使用外币（主要是美元）计价，因此，贸易企业不能完全规避汇率风险。推动人民币国际化，增加人民币在跨境贸易中的使用份额，是降低跨境贸易的汇率风险的重要举措。

企业应切实领会党的二十大报告精神，加快“走出去”的步伐，发挥自身优势，积极开展国际产能合作，深度嵌入全球产业链，不断引进国际先进技术、管理理念及高端人才，提升企业核心竞争力及议价能力。

3.跨境支付方式的便捷性有待加强

随着跨境商业往来发展迅速，银行国际结算和小额汇款等传统支付方式周期长、频率低等弊端被放大，在安全便捷、简单易用、结算速度、交易成本等方面均难以满足各方需求，成为跨境人民币结算业务的瓶颈，亟须借助新技术开发并完善人民币跨境支付系统，拓宽人民币跨境支付的渠道，提高人民币跨境清算的效率，增强交易的安全程度和便利性。

4.汇率波动性弱化了人民币的适用性

境外主体持有人民币的规模逐渐增大，相应地人民币汇率也越来越市场化，境外主体在配置人民币资产时会考虑利率、汇率等市场影响因素。近年的中美贸易摩擦、美联储加息预期持续加强等，导致经济下行压力加大，人民币汇率出现了较大范围的波动，承受一定压力，从而影响了跨境支付对人民币的接受程度，降低了人民币在国际贸易中作为结算货币的适用性。

因此，监管部门要继续营造人民币跨境使用的良好政策环境，强化金融机构之间、金融机构与企业之间的人民币跨境业务合作，贴近市场需求创新人民币产品和服务，推进离岸人民币市场的建设；同时，应加快跨境人民币金融基础设施建设，探索区块链、大数据和人工智能等金融科技在跨境人民币业务中的应用，简化人民币跨境支付业务的渠道和手续，将人民币交易系统的报价、成交、清算以及交易信息发布等功能延伸到境外金融市场，形成支持多币种清算的人民币全球化支付体系。

本章小结

国际结算是指为清偿国际由于经济、政治、军事、文化等方面的交往或联系所产生的债权和债务关系而发生在不同国家之间的货币收付活动。依据产生的原因，其可分为贸易结算和非贸易结算。本章对国际结算的发展历程、国际结算的性质和内容、我国的国际结算业务以及国际结算中的往来银行等方面作了详细的介绍，并对近年来出现的人民币跨境贸易结算进行了介绍和分析。

关键概念

国际结算（international settlement）；贸易结算（trade settlement）；非贸易结算（non-trade settlement）；联行（sister bank）；代理行（correspondent bank）；账户行（depository bank）；人民币跨境贸易结算（RMB cross-border trade settlement）

基本训练

第一章即测即评

❖ **简答题**

1. 简述国际结算的含义及分类。
2. 国际结算研究的内容有哪些？
3. 简述我国国际结算业务的特点。
4. 试述建立代理行关系的必要性及如何建立代理行关系。
5. 试述人民币跨境贸易结算的意义及存在的问题。

第二章 国际结算工具——票据

学习目标

掌握票据的定义及性质；熟悉票据当事人及其相互间的关系；掌握汇票、本票、支票的必要项目及票据行为；熟悉票据诈骗的手段及防范措施。

❖导入案例

中国C公司（进口商）与新加坡D公司（出口商）签订进口一批纤维板的合同，金额为800万美元，分8批交货，每批100万美元，使用远期汇票付款。合同订立后，新加坡出口商按时发来第一批货物，同时开立了8张远期汇票，每张汇票金额为100万美元。中国进口商的开户银行S银行将8张汇票全部承兑，并退还给新加坡出口商。此后，新加坡出口商不再发货，同时将全部汇票转让给美国花旗银行。汇票到期后，花旗银行作为汇票的持票人要求S银行付款。该案导致中国C公司巨额损失。该案损失的主要原因是中国涉案的各方对金融票据缺乏应有的认识。

第一节 票据概述

国际结算的基本方法是非现金结算，它所使用的是除货币以外的其他信用工具。这些信用工具的角色基本上是由票据来担任的，因此，票据便成为国际结算中普遍使用的信用工具。从这种意义上说，国际结算工具便是票据。

一、票据的定义

在国际结算中，票据是重要的工具，但因各国法律的差异，票据的概念也不完全相同。但多数认为，票据是由出票人签发、具有法定格式、约定由自己或指定他人无条件支付一定金额的可以转让流通的有价证券，包括汇票、本票和支票。而在结算中涉及的发票、运输单据和保险单据等一般商业凭证被称为商业单据。

二、票据的性质

随着非现金结算成为国际结算的主流方式，票据成为国际结算中普遍使用的信用工具。从根本上说，这与票据所具有的特性相关。

（一）设权性

设权性是指票据权利的发生必须以票据的设立为前提。票据并非证明已存在的权利，而是创设权利，持票人凭借票据上所记载的权利内容来证明其票据权利。因此，没有票据就没有票据上的权利，票据权利与票据是不可分的。票据权利的产生必须作成票据，票据权利的转让必须交付票据，票据权利的行使必须提示票据。

（二）无因性

“因”是指票据权利和义务产生的原因，即票据的基础关系。无因性是指票据是一种无须过问原因的证券。票据的作成和票据权利的发生当然存在原因关系。付款人代出票人付款不是没有缘故的，他们之间一般存在资金关系，要么是付款人处有出票人的存款，要么是付款人欠出票人的款项，也可能是付款人愿意向出票人贷款。出票人让收款人去收款，他们之间通常存在对价关系，即出票人对收款人肯定负有债务，可能是购买了货物，也可能是以前的欠款。这些原因是票据当事人的权利和义务的基础，因此也叫票据原因。

票据权利和义务虽然基于一定的原因产生，但是票据一旦作成，票据上权利和义务就与其原因关系相脱离，不再受先前的原因关系存在与否的影响，具有独立性。如果收款人将票据转让给他人，则对票据受让人来说，他无须调查票据原因，只要是合格的票据，他就能根据票据上所记载的内容享受票据权利。因此，善意持有人可以要求票据债务人承担完全的票据责任。票据的这一特性为票据的广泛流通和转让提供了保证。①

（三）要式性

要式性是指票据必须符合票据法的法定形式，即票据上所记载的绝对必要项目必须严格遵照票据法的规定填制；否则，不具备法律效力。同时，要式性要求必须按照票据法进行票据行为。出票、背书、提示、转让或追索等票据行为必须符合票据法的要求；否则，票据及票据行为无效，票据的流通及当事人之间的关系也就无法受到法律的保障。但票据法没有规定的事项（称相对必要项目），可由相关当事人或关系人约定，其记载与否不影响票据的法律效力。

（四）文义性

文义性是指票据的权利和义务必须由票据上记载的文字含义来决定，不得以此之外

① 叶陈云，叶陈刚．国际结算［M］．上海：复旦大学出版社，2007：60.

的其他事项确认票据的权利和义务。票据的签章人只对票据上所载文字负责，即使票据权利与实际不一致，仍以票据记载为主。债权人和债务人只受文义的约束，债权人不得以票据上未记载的事项向债务人有所主张，债务人也不能用票据上未记载的事项对债权人有所抗辩。

（五）金钱性

金钱性是指票据以一定金额的货币给付为标的，而不以金钱以外的给付为标的，如劳务等。若以金钱以外的给付为标的，虽然形式上为票据，但与票据行为无关，不适用票据法的有关规定。例如，买方不得以货款以外的其他行为履行金钱给付义务。

（六）返还性

返还性是指持票人收到票款后，应将票据交还给付款人。如果付款人是主债务人，则票据关系消灭；如果付款人是次债务人，则其付款后可向前手追索，如不交还，付款人有权拒绝付款。要求持票人交还票据，主要是因为付款人虽然可因付款而免除债务，但若不收回票据，持票人恶意再转让；一旦票据转让给另一善意第三人，则付款人仍然可能承担付款责任。①

（七）提示性

票据的持票人在行使票据权利时，必须向票据债务人提示票据，票据债务人才能知道票据内容，进而偿还其债务。因此，向付款人请求承兑时，必须提示票据；向付款人或承兑人要求付款时，也必须提示票据；对前手行使追索权时，同样要向其提示票据。票据法规定了票据的提示期限，超过期限，付款人的付款责任即被解除。②

（八）流通转让性

流通转让性是票据最基本的特征。票据的流通转让性是指票据上的权利可依背书或交付的方式自由转让，而不必通知原债务人。原债务人不能以没有接到通知为由拒绝承担义务。受让人取得票据后即取得其全部权利；如遭拒付，有权对所有的当事人起诉。对善意而支付了对价的受让人而言，其权利不受前手权利缺陷的影响。流通转让这一特性对确立以票据关系为基础的收款和付款权利、促进票据的广泛应用有着重要的意义。

要成为票据权利的拥有者，受让人通常要符合以下条件：

第一，受让人必须是支付了对价的；

第二，受让人必须是善意地取得票据；

第三，票据完整而合格；

第四，票据处于可交付的状态。

在上述的各种性质中，流通转让性最为重要，是票据的基本特征；其次是无因性和要式性，为票据的流通转让服务。这些特性强调保护持票人的权利，促进了票据的流

---

① 姚新超．国际结算与贸易融资［M］．北京：北京大学出版社，2010.
② 叶陈云，叶陈刚．国际结算［M］．上海：复旦大学出版社，2007.

通，使票据成为国际贸易结算的主要工具。

❖ 案例 2-1

永固房地产有限责任公司（以下简称“永固公司”）从丽德贸易进出口公司（以下简称“丽德公司”）购进2 000吨水泥，总价款为50万元。水泥运抵后，永固公司为丽德公司签发一张以永固公司为出票人和付款人、以丽德公司为收款人的3个月后到期的商业承兑汇票。1个月后，丽德公司从吉祥公司购进木材一批，总价款为54.5万元，丽德公司就把永固公司开的汇票背书转让给吉祥公司，余下的4.5万元用支票方式支付完毕。后来，永固公司发现2 000吨水泥中有一半以上质量不合格，双方发生纠纷。汇票到期时，吉祥公司把汇票提交永固公司要求付款，永固公司拒绝付款，理由是丽德公司供给的水泥不合格，不同意付款。请问永固公司是否可以拒绝付款？

【案例提示】永固公司不可以拒绝付款，其做法是违反法律规定的。这可从票据的无因性进行分析。票据的无因性是指，票据关系虽然需要基于一定的原因关系才能成立，但是票据关系一经成立，就与产生或转让票据的原因关系相分离，两者各自独立。原因关系是否存在和有效，对票据关系不发生影响，票据债权人只要持有票据即可行使票据权利，票据债务人不得以原因关系无效为理由，对善意的持票人进行抗辩。在本案中，丽德公司和永固公司之间的购销关系是本案汇票的原因关系，汇票开出后，永固公司就与持票人产生票据关系，原因关系与票据关系相分离。永固公司提出水泥质量不合格是原因关系有瑕疵，其拒绝付款是用原因关系来对抗票据关系。由于持票人不再是原因关系的当事人，所以永固公司不能拒绝付款。付款后票据关系消灭，而原因关系仍存在，永固公司仍可以根据原因关系的瑕疵请求丽德公司赔偿。

三、票据的功能

（一）汇兑功能

汇兑功能是票据的传统功能，其作用是解决资金支付的空间间隔问题。随着商品交换活动的发展，商品的交换规模和范围不断扩大，经常会产生在异地或不同国家间金钱兑换和转移的需要，直接携带或运送现金往往很不方便。在这种情况下，先在甲地将现金转化为票据，再在乙地将票据转化为现金，通过票据的转移、汇兑实现资金的转移，不仅简单、方便、迅速，而且很安全。

在票据产生的最初几个世纪里，票据几乎成了资金转移的专门工具。在现代经济中，票据的汇兑功能仍很重要，它克服了金钱支付上的空间间隔问题，使结算更为便利和迅速。[①]

① 张东祥. 国际结算［M］. 北京：首都经济贸易大学出版社，2005：61.

（二）支付功能

支付功能是票据最基本的功能。在现实经济生活中，随时都会发生支付的需要，如果都以现金支付，不仅费时、费力，而且成本高、效率低。如果以银行为中介、以票据为手段进行支付，只需办理银行转账即可，这种支付方式方便、准确、迅速、安全。以票据作为支付手段，不仅可以进行一次性支付，还可通过背书或交付转让进行多次支付。在票据到期时，只需通过最后持票人同付款人之间进行清算，就可以使此前发生的所有各次交易同时结清。

（三）流通功能

票据在最初的发展阶段是不具有流通性的；但随着背书转让制度的出现，票据的流通作用越发显得重要，使用也越来越广泛。无记名票据可直接交付转让，而记名票据可通过背书转让，因背书人对票据的付款义务负有担保义务，背书次数越多，负担保责任的人越多，票据的可靠性就越强，票据的信誉也越好。

（四）信用功能

信用功能是票据的核心功能，被称为“票据的生命”。由于票据的无因性和流通性，票据上所体现的债权和债务关系稳定而且单纯，因而票据成为一种相当好的信用保障凭证。在商品交换过程中，当各有关当事人之间相互借贷或存在相互支付关系时，就可以利用票据这一信用工具来解决，即通过票据交换收付抵销，冲减相互债务，来提高资金效益。

（五）融资功能

融资功能是票据的衍生功能，主要通过票据的贴现来实现。所谓贴现，就是将未到期的票据进行买卖，取得现金。票据贴现大都由商业银行经营。银行经营贴现业务实际上是向企业提供资金，使资金周转更为灵活。这相当于以票据作为筹措资金的信用载体，此类票据被称为融通票据，其主要作用在于融资，而不是支付结算。

四、票据的当事人

票据的当事人是指票据在开立、交付、流通直至最后票据款项得以给付，完成其债权和债务清偿的整个过程中，各自承担票据责任或取得票据权利的各种关系人。票据的当事人包括基本当事人和附属当事人两类。基本当事人是指出票人、付款人和收款人。附属当事人是指背书人、被背书人、承兑人、保证人和持票人等。在一定情况下，同一主体可能具备双重或多重的当事人身份。①

① 叶陈云，叶陈刚. 国际结算［M］. 上海：复旦大学出版社，2007：62.

（一）出票人

出票人（drawer）是作成票据、在票据上签名并发出票据的人。出票人对收款人及正当持票人承担票据在提示付款或承兑时必须付款或者承兑的保证责任。汇票的出票人是进行委托支付或发出支付命令的人；本票的出票人是承担或承诺付款的人；支票的出票人是向银行发出支付命令的人，一般是银行的活期存款存户。

（二）付款人

付款人（drawee）又称受票人，是根据出票人的命令支付票款的人。付款人对票据承担付款责任，收款人或持票人不能强迫付款人付款或承担到期付款的责任，以防止出票人无故向付款人滥发票据。但远期票据一经承兑，就表示承兑人同意出票人的支付命令，承担到期付款的责任，此时，承兑人成为票据的主债务人，出票人退居次债务人的地位。票据承兑后，其背书人、持票人或出票人均可据此向承兑人要求付款。一般情况下，本票的付款人为出票人自己；支票的付款人为出票人指定的银行；汇票中的付款人可以是个人、企业，也可以是银行，还可记载预备付款人（referee in case of need）和担当付款人（person designated as payer）。①

（三）收款人

收款人（payee）是票据记载的获取票据款项的人，是票据的主债权人。收款人有权向付款人提示，要求获得承兑或付款；若遭到拒绝，有权向出票人追索票款。票据到期前，收款人也可以背书将票据转让，成为背书人。背书人同样承担担保付款或承兑的责任，即受让人在向付款人提示付款或承兑时被拒付，可向背书人追索票款，然后背书人向出票人追索。

（四）背书人和被背书人②

背书人（endorser）是指收款人或持票人接到票据后，在背面签名（背书），将票据转让给他人的人。背书人对继其之后成为汇票当事人的相关各方及持票人承担责任。若受票人或承兑人拒付票款，背书人应付款。此外，背书人的背书是对作为后手的任何正式持票人的一种担保，担保其前手的全部背书都是真实有效的。票据的第一背书人是收款人。经背书行为取得票据的人被称为被背书人（或受让人）（endorsee）。票据可以连续转让，被背书人可以在票据上再背书而转让，成为第二背书人，之后再背书转让，成为第三背书人，依次类推。对某个被背书人而言，所有其前面的背书人被称为前手，所有其后面的背书人被称为后手。

票据的转让大多是经背书后交付给被背书人而完成的，但也有不经背书而转让的，如持票人持来人抬头的票据仅凭交付转让即告完成。因此，票据上的转让人和受让人并不全是票据上的背书人和被背书人。

---

① 叶陈云，叶陈刚．国际结算［M］．上海：复旦大学出版社，2007：62.
② 蔡惠娟．国际结算［M］．成都：西南财经大学出版社，2002：42.

背书人对票据承担的责任已如上所述。如果背书人想要免除自己的责任，可于背书时在票据上加注“不得追索”字样。例如：

Pay to order of John Smith without recourse to me.

Pay to order of John Smith SANS RECOURSE.

这样票据被拒付，持票人追索时，只能跳开这一背书人，向其前手追索。对这种票据，被背书人应考虑背书人的前手是否可靠，如所有的背书人都写上“不得追索”字样，这张票据就很难流通，因为出票人将成为唯一的负责人。

（五）承兑人

付款人同意接受出票人的命令并在票据上正面签认（accept），此时即为承兑人（accepter）。汇票付款人一经承兑，即上升为汇票主债务人。此时，承兑人就应该承担汇票到期付款的责任和最终被追索的责任。

（六）保证人

保证人（guarantor）是为出票人、背书人等特定债务人向付款人以外的第三人担保支付全部或部分票据金额的人。《中华人民共和国票据法》（以下简称《票据法》）规定，保证人对合法取得票据持票人所享有的票据权利承担保证责任，但被保证人的债务因票据记载事项欠缺而无效的除外；同时规定，保证人应当与被保证人承担连带责任，票据到期后得不到付款的，持票人有权向保证人请求付款，保证人应当足额付款。

（七）持票人

持票人（holder）是指票据占有人，即票据的收款人、被背书人或者来人。只有持票人才能向付款人或其他关系人要求履行票据所规定的义务。持票人可分为对价持票人和正当持票人两种类型。

1.对价持票人

对价持票人（holder for value）是为票据付出了对价的持有人。一旦为某一票据付出了对价，为此付出对价的持票人就是对价持票人。持票人所付的对价，不一定与票据金额完全相等；持票人享有票据法赋予他的转让权，他享有与票据转让人相同的权利，但如果转让人的所有权有缺陷，他也受票据所有权缺陷的限制。

2.正当持票人

正当持票人（holder in due course）也称善意持票人（bona fide holder），是善意地付了全部金额的对价，取得一张表面完整、合格的未到期票据的持票人。他没有发现票据曾被退票，也不知道前手的权利有任何缺陷。正当持票人的权利优于前手，不受前手各当事人中任何“其他权益”或权利缺陷的影响。

五、票据权利与票据义务

（一）票据权利

1.票据权利的含义及特性

票据权利是指持票人依据票据的记载，以取得票据金额为目的，凭票据向票据行为人所行使的权利。该权利是金钱债权。票据权利是基于票据行为人的票据行为而产生的，与票据义务相对应。票据行为人在票据行为（如出票）完成时，即履行了行为人自己的票据义务，同时产生了相对人的票据权利。

票据权利的性质是债权，但又不同于一般民事债权，它具有以下三个特性：

（1）证券性。票据权利是债权和证券所有权的统一，是债权的物权化，它将无形的债权转化为有形的票据所有权，并通过票据所有权来实现票据上的债权。因此，要享有票据权利，必先取得票据；失去了票据，也就失去了票据权利。

（2）单一性。票据权利不能共享，其所有者只能有一人。对同一票据权利不可能有两个或两个以上不同的所有者；但是，同一票据在不同时期可能有多名所有者（持票人）。

（3）二次性。一般债权只有一个债务人，债权人只有一次请求权。票据债权可能有多个债务人，债权人可行使两次请求权。票据债权人（持票人）首先向主债务人行使付款请求权；如果未能实现，则可向次债务人行使追索权。

2.票据权利的种类

（1）主票据权利，是指持票人对主债务人或其委托人所享有的，依票据请求支付票据上所记载金额的权利。主票据权利一般包括对本票出票人、汇票付款人、支票付款行的请求权。虽然汇票的付款人在承兑之前、支票的付款行在保付之前并不构成主债务人，但持票人必须首先向汇票的付款人和支票的付款行行使请求权，因此，这一请求权可以被认为是主票据权利。主票据权利是第一请求权，持票人必须首先向主债务人行使第一请求权，而不能越过它直接行使第二请求权。

（2）副票据权利，是指在主票据权利未能实现时，持票人享有的对次债务人（如背书人）请求偿还票据金额及相关费用的权利。副票据权利是第二请求权，以持票人的第一请求权未能实现为前提条件，一般包括追索权与再追索权。

（3）辅助票据权利，是指在主票据权利未能实现时，持票人享有的对特定的次债务人请求支付票据金额及其他有关金额的权利，其中特定的次债务人一般包括参加人和保证人。

（二）票据义务

1.票据义务的含义及特性

票据义务是指票据债务人依票据上所载文义支付票据金额及其他金额的义务，与票据权利相对存在。

票据义务本质上是一种金钱给付的义务。票据义务不同于一般金钱债务，它具有以下三个特性：

（1）单向性。在票据权利和义务关系中，票据义务人必须单独地承担无条件支付票款的义务，而不能以此为条件对票据权利人主张一定的权利。

（2）连带性。在通常情况下，票据权利人只能有一个，而票据义务人可能有多个。凡在票据上进行必要事项的记载并完成签名者都是票据义务人，主要有出票人、背书人、承兑人、保证人和参加人等。票据义务人之间对票据债务负有连带偿还的责任，在某一票据义务人无力偿还时，其他票据义务人都有代其偿还的责任。

（3）双重性。票据义务带有金钱给付和担保双重性质。票据义务人要向收款人、持票人担保票据真实、有效；付款人要按规定履行票据义务。付款义务是主要义务，担保义务为从属义务。

2.票据义务的种类

票据义务的种类与票据权利的种类是相对应的。

（1）主票据义务，是主债务人或其委托人依票据记载所承担的付款义务。通常认为，本票出票人、汇票承兑人、支票保付行是主债务人，承担直接、绝对的付款责任。承兑之前的汇票付款人、未进行保付的支票付款行虽不是主债务人，但他们作为出票人的委托者应首先接受持票人提示，因此，也可认为他们所承担的是主票据义务，只不过他们所承担的并不是绝对的付款责任。

（2）副票据义务，是指背书人作为被追索人所承担的付款义务，具有担保责任的性质。在主票据义务未能履行时，副票据义务人应履行付款义务。

（3）辅助票据义务，是指参加承兑人或保证人作为特定债务人所承担的付款义务。它具有代位责任的性质，即参加人或保证人在特定情况下代替先前的被参加人或被保证人履行相应的票据义务。

❖案例 2-2

有一张汇票，A公司是出票人，B公司是付款人，C公司是收款人，以下列三种情况作背书转让，而且背书是真实有效的：

（1）C→D→E→F，最终F成为持票人；

（2）C→D→E→F→G，最终G成为持票人；

（3）C→D→E→C→F→H，最终H成为持票人。

请问上述三个持票人F、G和H中，谁手里的汇票安全系数最高、付款最有保证？

【案例提示】根据票据流通作用，可以确定第二种（持票人G手里的）汇票的安全系数最高。因为除了A和B外，在第二种情况里，有C、D、E和F四个人构成了对G的付款保证；除了A和B外，第一种里只有C、D、E三个人是票据付款的负责人，第三种里只有C、F对票据负责。

（三）票据抗辩

票据抗辩是指票据义务人以一定的合法事由拒绝履行票据义务的行为。它是票据义务人的自我保护方式，是票据义务人所拥有的权利。

票据抗辩主要是对物抗辩，即基于票据本身的性质或票据上所记载的事项，票据债务人可以对抗一般票据债权人的行为。对物抗辩是一种效力较强的抗辩，其可分为以下三类：

1.有关票据记载的抗辩

这是指因票据上所存在的记载内容而发生的对物抗辩，包括票据要件记载欠缺抗辩、背书不连续抗辩、票据尚未到期抗辩、票据失效抗辩等。

2.有关票据效力的抗辩

这是指因票据债务赖以成立的实质性要件无相应效力而发生的对物抗辩，包括票据伪造、变造的抗辩，无行为能力人的抗辩，无代理权抗辩等。

3.有关票据债务的抗辩

这是指因票据债务虽曾存在但基于某种情况已归于消灭而发生的对物抗辩，包括票据债务因时效而消灭的抗辩、票据债务因保全手续欠缺（如持票人在被拒付时未按规定作成拒绝证书）而消灭的抗辩。

除对物抗辩外，还可以对人抗辩。对人抗辩是指基于票据债务人与特定债权人之间的关系而对抗特定债权人的行为。在直接当事人之间，当票据欠缺原因关系或存在非法原因关系时，债务人可据此拒绝履行票据债务；持票人以欺诈、偷盗或者胁迫等手段取得票据以及恶意或者存在重大过失取得票据时，票据债务人可对这些无权利人主张抗辩。

但是，为了保障票据持票人的权利，加强票据的流通性，各国票据法均对票据抗辩加以限制。

❖案例 2-3

某年10月8日，武汉市丰实粮油公司（以下简称“丰实公司”）业务员刘某要到吉林省吉林市购大米，遂申请其开户银行签发银行汇票，以持往异地办理转账结算。其开户行签发了一张金额为150万元、收款人为刘某、兑付行为中国农业银行吉林市某区支行的汇票。刘某带着这张汇票到吉林市后，购粮中间介绍人陈某以发运粮食需要抵押为由，将刘某携带的汇票要到手，交给了吉林市天龙粮油公司（以下简称“天龙公司”）经理张某作抵押。张某拿到汇票后因购买该市某粮油站的大米，于是将这张已经承兑了的汇票背书转让给了某粮油站。该票据到期后，某粮油站持票向承兑行中国农业银行吉林市某区支行要求付款，因背书不连续遭到拒绝。请问本案付款人的抗辩事由是否成立？

【案例提示】本案付款人的抗辩事由是成立的。天龙公司没有给付丰实公司相应的对价，而是以抵押为名占有该汇票。该汇票没有经过丰实公司收款人刘某的背书转让，所以背书不连续，天龙公司不是正当持票人。后来天龙公司又以背书转让的方式将这张背书不连续的汇票转让给某粮油站，而该粮油站明知或应知该汇票背书不连续而取得票据，也非善意持票人。而付款人在付款时，除应审查提示付款人的合法身份证明或者有效证件外，还应审查背书的连续性，即审查转让汇票的背书人与受让汇票的被背书人在汇票上的签章是否依次前后衔接；如果不衔接，即背书不连续，付款人可以拒绝付款。

六、票据法的法系

票据法是对规定票据的种类、形式、内容和有关当事人的权利和义务等法律规范的总称。它的规定多为强制性规则，有关当事人不得任意变更和排除。[①]为了保障票据的正常使用和流通，保护票据当事人的合法权益，从19世纪后期开始，欧洲各国对票据相继立法。英国、德国和日本等国订立了票据单行法，美国、比利时等国则把票据法列为商法典或债务法典的一部分。目前世界上影响较大的票据法有两类：一是以1882年英国《票据法》为代表的英美法系；二是以《日内瓦统一法》为代表的大陆法系。

（一）英美法系

英国于1882年由詹姆斯爵士起草并颁布实施英国《票据法》（Bills of Exchange Act 1882），规定了汇票和本票，并将支票包括于汇票之中。直至1957年，英国另行规定了《支票法》。加拿大、印度、美国的票据法都属于英美法系，但美国因各州的票据法规不统一，1897年开始施行《统一流通证券法》（Uniform Negotiable Instruments Law），包括汇票、本票和支票。1952年美国制定了《统一商法法典》，其中第3章“商业证券”就是关于汇票、本票和支票的法规。

以英国《票据法》为代表的英美法系的特点是强调票据的流通作用和信用功能，保护正当持票人的利益，其具体表现是把票据关系与其基础关系严格区别开来，即不问对价关系或资金关系如何，凡善意的票据受让人均受法律保护。

（二）大陆法系

1930年，国际联盟在日内瓦召开统一票据法国际会议，有30余个国家派代表参加，签订了《日内瓦统一汇票和本票法》（Uniform Law on Bills of Exchange and Promissory Notes）；次年，又签订了《日内瓦统一支票法》（Uniform Law on Cheques）。这两个法合称《日内瓦统一法》。《日内瓦统一法》的签订逐步消除了欧洲大陆各国在票据法上的分歧。因《日内瓦统一法》的参加国大部分为欧洲大陆国家，故人们习惯地将其称为大陆法系。由于英美等国拒绝参加《日内瓦公约》，出现了大陆法系和英美法系并存的局面。

---

① 肖玉珍．国际结算与外贸单证［M］．长沙：国防科技大学出版社，2006：13.

（三）我国票据法

我国的票据起源虽然很早，但由于受到长期以来落后的社会经济发展水平的制约，票据立法的进程发展十分缓慢，一切票据行为及票据争议都是以各地的习惯来处理。

在计划经济体制下，国家限制票据的使用，也没有正规的票据法。自1978年我国实行改革开放以来，经济体制开始朝着社会主义市场经济方向发展，市场经济不能没有票据。1988年，中国人民银行颁布《银行结算办法》，规定汇票、本票和支票全面推行使用，不仅重申了票据的支付功能，而且恢复票据的信用功能和流通功能。从1990年起，中国人民银行总行正式成立票据法起草小组，开始草拟票据法；1995年终于完成并颁布了《票据法》，改变了我国票据市场无法可依的局面。1997年颁布的《商业汇票承兑、贴现与再贴现管理暂行办法》《票据管理实施办法》进一步对票据承兑、贴现、转贴现和再贴现，票据主体、行为、权利、义务、违法处置等进行了规范。同年9月，《支付结算办法》颁布，从支付结算的角度出发，明确了票据当事人和关系人的权利和义务，强化了支付结算的纪律和责任。随着《票据法》《支付结算办法》《商业汇票承兑、贴现与再贴现管理办法》等一系列法律、法规的出台，我国票据市场法治体系基本形成。2009年，中国人民银行电子商业汇票系统上线，随之颁发的《电子商业汇票业务管理办法》及8个规范性的制度为推动我国电子商业汇票发展和流通提供了制度保障。2016年12月8日，上海票据交易所成立，相继出台了《票据交易管理办法》《票据交易主协议》等，为我国票据市场发展带来了深刻的变化，我国票据市场在制度建设方面不断丰富完善。

第二节 汇票

票据包括汇票、本票和支票，其中汇票是国际贸易结算中使用最广泛的结算工具。本节就汇票的定义、记载项目、票据行为及种类进行介绍。

一、汇票的定义

我国《票据法》对汇票的定义是："汇票是出票人签发的，委托付款人在见票时或者在指定日期无条件支付确定的金额给收款人或者持票人的票据。"

英国《票据法》对汇票的解释是："汇票是由出票人向另一人签发的要求即期、定期或在可以确定的未来某一日期，向某人或其指定人或持票人支付一定金额的书面命令。"（A bill of exchange is an unconditional order in writing，addressed by one person to another，signed by the person giving it，requiring the person to whom it is addressed to pay on demand，or at a fixed or determinable future time，a sum certain in money to，or to the order of a specified person，or to the bearer.）

尽管各国票据法规定汇票的角度不同，但总的来看，对汇票基本内容的规定是一致的，只在一些具体规定上略有差别。

二、汇票的记载项目

（一）必要项目

汇票是一种要式凭证，在形式上应具备必要项目。一张汇票的必要项目是否齐全和合格，决定了该汇票是否具有法律效力。汇票的必要项目包括：①“汇票”字样；②无条件支付命令；③收款人名称；④确定的金额；⑤付款人名称和地址；⑥出票人名称和签名；⑦出票日期和出票地点；⑧付款地点；⑨付款期限（见附样2-1）。

附样2-1　　汇票

①　④　⑦

Exchange for GBP5,000.00　　Beijing, 5th April, 202×

⑨　②　③　④

At 90 days after sight pay to C Co. or order the sum of five thousand pounds only.

⑤

To Bank of Europe

⑧　⑥

London　　For A Company

Beijing

Signature___________

1.“汇票”字样

汇票上注明“汇票”（bill of exchange，exchange，draft）字样的目的在于与其他票据如本票、支票加以区别，但“汇票”字样是否列为必备项目，各国法律有不同规定。我国《票据法》《日内瓦统一法》均规定“汇票”字样是必不可少的项目，但英国《票据法》认为可以不写票据名称。从实际业务来看，写汇票名称，可给有关当事人不少方便。

2.无条件支付命令

汇票是出票人在签发汇票时命令付款人无条件支付（unconditional order to pay）一定金额给收款人。这种无条件的支付命令体现在汇票里的就是：必须用英语的祈使句，以动词开头，作为命令式语句。例如：

Pay to C Co. or order the sum of five thousand pounds.

支付命令必须是无条件的，凡是附带条件的支付命令都违背了汇票的定义，将使汇票无效。以下汇票由于附加了付款条件而无效：

Pay to C Co. providing the goods they supply are complied with contract the sum of five thousand pounds.

Pay to ABC Co. out of the proceeds in our No.1 account the sum of one thousand US dollars.

3.收款人名称

汇票的收款人是汇票上记名的债权人。汇票上收款人的记载通常称为“抬头”。汇票可以有三种不同性质的抬头，分别决定着汇票的流通性。

（1）限制性抬头。这种汇票不得转让他人。其常见写法如：

Pay to John Smith only（仅付约翰·史密斯）

Pay to John Smith not transferable（仅付约翰·史密斯，不可转让）

（2）指示性抬头。这种汇票用背书和交付的方法转让。例如：

Pay to C Co. or order（支付给C公司或其指定的人）

Pay to the order of C Co.（支付给C公司指定的人）

（3）来人抬头。这种汇票仅凭交付而转让，不需背书。例如：

Pay to bearer（支付给来人）

Pay to C Co. or bearer（支付给C公司或来人）

只要写上“bearer”字样，不管在它前面是否写有具体收款人名称，均视为来人抬头。

4.确定的金额

确定的金额是指汇票必须以一定的货币表明一个确定的金额，如“GBP5,000.00”。此外，应注意：

（1）利息支付。如果汇票中要求付款人除支付票面金额外，还必须支付利息，则汇票中对适用的利率应给予确定，并且要确定利息计算的起止时间。例如：

Pay to C Co. or order the sum of five thousand pounds plus interest calculated at the rate of 5% per annum from the date hereof to the date of payment.

如果利息无法计算，则该汇票无效。例如：

Pay to the order of AA Co. the sum of one thousand US dollars plus interest.

（2）大小写。在国际业务中，当汇票的金额大小写不一致时，此汇票依然有效，但付款金额通常以汇票的大写金额为准。但我国《票据法》规定，票据金额以中文大写和数字同时记载，二者必须一致；二者不一致的，票据无效。

（3）分期付款。《日内瓦统一法》不允许汇票分期付款，英国《票据法》则允许，但是其记载必须明确、具体，以便付款人执行。

下列记载没有明确规定分期付款的具体方式，因此是无效的：

Pay to the order of C Co. the sum of one thousand pounds by installments.

下列记载中的分期付款方式明确具体，票据有效：

At 100 days after date pay to the order of C Co. the sum of one thousand pounds by ten equal consecutive monthly installments.

（4）支付等值其他货币。带有支付等值其他货币记载的，该项应该明确货币的种类和凭以折算的汇率。

下列记载没有规定两种货币的折算汇率，票据无效：

Pay to the order of C Co. the sum of one thousand USD converted into sterling equivalent.

下列记载规定了两种货币的折算汇率，汇票有效：

Pay to the order of C Co. the sum of one thousand USD converted into sterling equivalent at current rate of exchange.

5.付款人名称和地址[①]

付款人指汇票命令的接受者，亦称受票人。但是，付款人不一定付款，因为他并没有在汇票上签名，他可以拒付，也可以指定担当付款人代为支付。汇票上付款人的记载要有一定的确定性，以便持票人能顺利地向其提示付款。实务上一般都注明详细地址，特别是以在同一城市有许多分支机构的银行为付款人时一定要仔细注明。

6.出票人名称和签名

签名原则是票据法最重要和最基本的原则之一，票据责任的承担以签名为条件，汇票须经出票人亲笔签名或盖章方有效。出票人签名是承认了自己的债务，收款人才因此有了债权。如果汇票上没有出票人签名，或者签名是伪造的，则票据不能成立。因此，出票人签名是汇票最重要的、绝对不可缺少的内容。

7.出票日期和出票地点

出票日期是指汇票签发的具体时间，有以下重要作用：

（1）决定汇票的有效期。持票人如不在规定时间内请求票据权利，票据权利将自动消失。《日内瓦统一法》规定，即期汇票的有效期是从出票日起的1年时间；我国《票据法》规定见票即付的汇票有效期为2年。

（2）决定汇票的到期日。出票后定期付款的远期汇票到期日的计算是以出票日为基础的，确定了出票日及相应期限，也就能确定到期日。

（3）决定出票人行为的效力。若出票时法人已宣告破产清算，则该汇票不能成立。

出票地点是指出票人签发汇票的地点，它对国际汇票具有重要意义，因为票据是否成立是以出票地法律来衡量的。但是票据不注明出票地并不会影响其生效。我国《票据法》规定，汇票上未记载出票地的，则以出票人的营业场所、住所或者经常居住地为出票地。

8.付款地点

付款地点是指持票人提示票据要求付款的地点，一般付款人名称旁边的地址即付款地点。若出口商所开汇票是以外币表示的，有时需在金额的后面注明以何地的货币为付款货币。付款地涉及所适用的法律，在付款地发生的承兑付款等行为，都适用于付款地的法律。我国《票据法》规定，汇票上未记载付款地的，则以付款人的营业场所、住所或者经常居住地为付款地。

9.付款期限[②]

付款期限即付款到期日，是付款人履行付款义务的日期。在进出口贸易中，出口方往往自愿或被动地给予进口方一定的付款期限，也就是给予后者一定时间的信用，或者延期付款，或者迟期付款。汇票的付款期限可分为即期付款和远期付款。

（1）即期付款（payable at sight/payable on demand/payable on presentation），是指在持票人向付款人提示票据请求付款时，付款人应马上付款。即期汇票无须承兑。若汇票

① 韩常青．国际结算［M］．2版．北京：中国商务出版社，2010：29.
② 肖玉珍．国际结算与外贸单证［M］．长沙：国防科技大学出版社，2006：17-18.

没有明确表示付款期限，就是即期汇票。

（2）远期付款（payable at usance）。要求远期付款的汇票即为远期汇票（time bill/usance bill），该种汇票必须提示承兑。远期汇票的付款期限又可分为以下三种类型：

① 出票后定期付款（payable at a fixed period after the date）。此种汇票是以出票日为基础，一段时期后付款，如“90 days after the date herein”（出票日后90天）。

② 见票后定期付款（payable at a fixed period after sight）。此种汇票须首先由持票人向付款人作承兑提示，然后以承兑日为起点，推算到期日，如“three months after sight”（见票后3个月）。

③ 固定日付款（payable at a fixed date）。此种汇票规定了确切的付款日，也须提示承兑，如“on 5th April，202× fixed pay to...”（202×年4月5日这一天，付给……）

远期汇票到期日的计算，一般要遵循以下原则：①节假日顺延；②算尾不算头；③月为日历月；④月之同日为到期日，无同日即为月之末日；⑤半月按15天计算。这些原则几乎概括了推算远期票据到期日的一切技术性问题，由于在长期实践中的有效性，已成为各国普遍接受的惯例。

❖ 案例 2-4

东南亚某国A公司欲向中国B公司订购一批童装，并表示愿意预付30%的货款。此后A公司寄来一张汇票，金额为货款的30%。该汇票的出票人注明为新加坡L银行，而汇票的付款人为A公司。该汇票同时注明“paying against this demand draft upon maturity”。但该汇票又表明付款期限为出票日后2个月，并无“at...days after sight of this second of exchange （first of exchange being unpaid） pay to the order of...”之类的语句。

【案例提示】在本案中，汇票存在以下问题：第一，无法断定该汇票是即期还是远期汇票；第二，该汇票付款规定的写法不规范；第三，该汇票的付款地点应在新加坡。因此，中国的B公司不可贸然接受。

（二）任意记载事项

汇票除了上述必要项目外，还可以有票据法允许的其他记载项目，主要包括：

（1）付一不付二（pay to the first of exchange，second being unpaid）、付二不付一（pay to the second of exchange，first being unpaid）。商业汇票往往一套两张，但只是代表一笔债务，故需在两张汇票上分别注明“付一不付二”“付二不付一”。付款人只承兑其中一张，并到期付款。

（2）担当付款人（person designated as payer）。出票人为了收付款方便，可以根据与付款人的约定，在汇票记载的付款人之后再说明将由某第三方执行付款，该第三方就是担当付款人。

（3）利息与利率。汇票上可以记载收取利息的期限及适用的利率。

（4）免作拒绝证书（protest waived）。汇票上记载免作拒绝证书的持票人在遭到拒付时无须作拒绝证书，从而追索时也无须出示拒绝证书。

（5）免于追索（without recourse）。出票人在票面上写上“无追索权”字样，或在他自己签名上记载“无追索权”或“对我们没有追索权”字样，即免除对出票人的追索权。背书人也可在他签名之上作同样的记载，即免除对背书人的追索权。无追索权实际上是免除出票人或背书人对汇票应负的责任。持票人提示承兑或付款时若被拒绝，则不能向作此记载的出票人或背书人进行追索。①

（6）出票条款。信用证项下的汇票，常规定汇票上须写明汇票的起源，即根据某银行某年某月某日开出的某号信用证所出汇票，如“drawn under L/C No.12345 issued by Europe Bank dated 5th April，202×”。

（7）汇票号码。为方便查询起见，出票人可于汇票上加序列号。

三、汇票的票据行为

票据行为是指以票据上规定的权利和义务所确立的法律行为，或通俗地讲，票据行为是指票据从出具到终止的一系列步骤。在国际结算中，汇票行为实际上主要表现为有关当事人或关系人如何使用汇票的问题。汇票行为通常包括出票、背书、承兑、参加承兑、提示、保证、付款、拒付与追索等，其中出票是主票据行为，其他行为都以此为基础而发生，称附属票据行为。

（一）出票

汇票的出票（issue）是指出票人签发汇票并将其交付给收款人，从而产生汇票权利和义务关系的票据行为。出票包含两个动作：一是出票人作成汇票并签章；二是出票人将汇票交给收款人。其中交付是票据生效不可缺少的动作，欠缺交付，出票便无效。

出票完成后，出票人就成为汇票的主债务人，承担担保承兑和付款的责任。因此，在汇票得到付款人的承兑前，出票人就是该汇票的主债务人。但汇票不是领款单，若付款人不承兑或者不付款，则出票人应承担清偿票款的责任，所以汇票是出票人担保的“信用货币”。收款人取得出票人的汇票后，即取得票据上的一切权利，但收款人的债权完全依赖出票人的信用。

（二）背书

1.背书的概念

汇票是一种流通证券，通过转让实现其流通的功能。汇票的转让方式有两种，即交付与背书，但背书的适用范围比交付更为广泛。记名汇票和指示汇票的转让必须以背书的方式进行，而交付的方式仅适用于无记名汇票的转让。我国《票据法》不承认无记名汇票的效力，因此，背书便成为我国汇票转让的唯一方式。

汇票的背书（endorsement）是指持票人为了转让汇票权利或授予他人行使一定的汇

---

① 潘天芹，杨加琤，潘冬青．新编国际结算教程［M］．杭州：浙江大学出版社，2010：26.

票权利，在汇票的背面或粘单上记载相关事项并签章，然后将汇票交付给被背书人的票据行为。

背书包括两个动作：

一是在汇票背面或者粘单上签章。我国《票据法》规定：票据凭证不能满足背书人记载事项的需要，可以加附粘单，黏附于票据凭证上。

二是交付给被背书人。一经交付，背书行为即告完成，背书行为就具有法律效力。

2.背书的种类

背书以其目的为标准，可以分为转让背书和非转让背书。

（1）转让背书。

转让背书是以转让票据权利为目的的背书。通常背书都属这一类，具体可分为完全背书、空白背书、有条件背书和限制性背书等。

①完全背书又称记名背书、正式背书，是指记载了背书人和被背书人双方名称的背书，这是最正规的一种转让背书。例如：

Pay to the order of B Company

For A Company，Shanghai（signed）

上述背书表示收款人A公司将票据权利转让给B公司。A公司为背书人，而B公司就是指定的被背书人。被背书人B公司可以通过背书交付继续转让该汇票。

②空白背书又称不记名背书、略式背书，是指背书人不记载被背书人的名称，仅自己签章的背书。作这种背书的汇票，不但可以自由流通，而且可以无背书转让。

西方票据法认为，转让背书的必要记载项目只有一个，即背书人签名，其余皆可省略；但我国《票据法》认为，在作转让背书时，除了必须记载背书人的名称以外，受让人记载亦不可省略，即不允许作空白背书。

③有条件背书是指背书人在汇票背面加列条件的背书。我国法律规定背书不得附有条件，所附条件不具有汇票上的效力。例如：

Pay to John Smith or order

On arrival of the ship “Swallow” in London

For and on behalf of C Co.（signed）

④限制性背书是指背书人在作成背书时在票据上写明限定转让给某人，或禁止新的背书等字样的背书。例如：

Pay to John Smith only

For and on behalf of C Co.（signed）

（2）非转让背书。

非转让背书是指不以转让票据权利为目的的背书，可分为托收背书和设质背书等。

①托收背书是持票人以委托收款为目的进行的背书，实践中亦被称为代理背书。这种背书的背书人就是代理权授予人，也就是委托人，被背书人就是代理人。背书人在背书时应写明“托收”（for collection）字样。例如：

Pay to ABC Co. for collection

For and on behalf of DEE Co.（signed）

托收背书对委托人来说，其完成托收背书后仍为该票据的所有人，当托收票据遭拒付时，其拥有追索权和得到受托人及时通知的权利。对受托人来说，其取得汇票后成为收款代理人（并非持票人），可以代替委托人向付款人请求付款、承兑，遭拒付时应及时通知委托人，并保管好汇票听候委托人指示处理。

②设质背书又称质押背书，是指背书人在票据权利上设定质权为目的而作成的背书。人们通常将质押背书的背书人和被背书人简称为被质押人和质押人。

关于质押背书的效力，在质押期内，被质押人仍然是该票据的所有权人，而质押人并非该票据的所有权人；但当被质押人不能按期收回票款以偿还质押贷款时，质押人可以依法实现其质权而成为正当持票人，并可以自身名义行使追索权。

3.背书的效力

背书行为完成后，对双方当事人均发生相应的法律效力。对背书人来说，票据权利转让给被背书人，背书人承担担保承兑和付款的责任；对被背书人而言，其成为持票人，享有票据的全部权利，包括付款请求权和追索权。这里，我们需要特别强调背书的两个特性，即不可分性和无条件性。不可分性是指通过背书转让的票据权利必须是票据上的全部权利，将票据金额部分转让或转让给两人以上的背书不产生法律效力；无条件性是指背书必须是无条件的，任何在背书时附有的条件都不产生法律效力。

4.票据权利的善意取得

所谓善意取得，并不仅仅指由正当商业往来或由馈赠这类善意行为而获得票据。票据上的善意取得，是指如何获得不受对抗的票据权利，获得十足的票据名义之权。要取得这种不受对抗的票据权利，须满足以下条件：

（1）合格票据的持票人。这有三层意思：

第一，票据内容必须合格。

第二，占有票据。只有占有票据，才能提示票据，行使票据权利。

第三，是持票人。票据法上的持票人不仅必须占有票据，在票据不是来人抬头时还必须是票据上的收款人或被背书人。在票据经过不止一次转让时，背书还必须连续。背书是否连续是非常重要的，因为这是持票人合法获得票据权利的证明。

（2）取得票据时，票据未过期。如果汇票的转让是在汇票过期后，那么这样的转让只能是民法上的债权让与，受让人的权利受让与人权利的缺陷的影响，并且在票据拒付时，受让人无权追索，只能向让与人要求赔偿他所付的代价。

"过期"是怎样规定的呢？英国《票据法》规定是到期日以后，而《日内瓦统一法》的规定是作成拒绝证书以后或作拒绝证书的限期以后。

由于汇票通常通过背书来转让，那么转让是何时执行的最好证据就是背书的日期。但如果背书无日期，那么除非有相反的证据；否则，一概当作在到期以前所作。

（3）取得票据时无恶意或重大过失。无恶意是指在取得票据时不知道让与人的票据权利的缺陷。所谓"缺陷"，一般是指让与人是否以合法手续取得票据，是否有合法的票据权利。关于无重大过失，英国《票据法》对是否知道前手权利缺陷是以"实际知悉"为原则的，并且认为一般人都可能疏忽，因此确定重大过失的尺度较宽。但《日内瓦统一法》是以"推定知悉"为原则的，即根据实际情况应该怀疑，从而由推理而得知结论，因此确定重大过失的尺度较严。

（4）付对价。根据英国《票据法》的规定，只有出于善意（in good faith）并付对价（for value）的正当持票人的权利才不受对抗。但《日内瓦统一法》不强调是否付过对价，规定只要满足前述三个条件，就能取得十足的票据名义之权。根据英国《票据法》，如果某持票人在完全符合前述三个条件的情况下取得票据，却没有付过对价，那么他的权利就与他的直接前手相同，如果直接前手的权利有缺陷，那么该持票人的权利也有缺陷；如果他付了足够的对价，那么他自己就是正当持票人，他的权利就完全不受前手缺陷的影响了。

❖ 案例 2-5

甲拾得一张出票人为红林公司、收款人为宏宇公司的汇票后，以宏宇公司的名义将票据背书转让给乙，乙支付了对价。乙要求付款时被拒绝。此时，宏宇公司认为自己是真正的票据权利人，要求乙返还票据。乙辩称其对甲非汇票处分权人并不知情，其已经善意取得了票据权利。

【案例提示】本案例中乙构成票据权利的善意取得，因为乙支付了对价，且其对甲非汇票处分权人并不知情，宏宇公司不能要求乙返还票据。宏宇公司可以就自己遭受的损失向甲索赔。本案例涉及一般的民事责任，不属于票据责任。

（三）承兑

1.承兑的概念

承兑（acceptance）是指远期汇票的付款人明确表示同意按出票人的指示，于票据到期日付款给持票人的行为。承兑包括两个动作：写成“承兑”字样外加签名；交付。

2.承兑的效力

承兑对付款人来说就是承诺了付款责任，承兑人一旦签名，就不得以任何理由否认汇票的效力。汇票承兑以后，付款人成为处于汇票主债务人地位的承兑人，而出票人从主债务人的地位转变为次债务人。假如到期时承兑人拒付，持票人可以直接对承兑人起诉。承兑对持票人来说，因为付款人作了付款承诺，其债权就比较确定。[①]

3.承兑的种类

按照承兑是否有限制为标准，承兑分为普通承兑和限制承兑。

（1）普通承兑（general acceptance），是指承兑人无条件地接受出票人指示，无保留地同意到期付款。承兑的内容一般包括三个部分：“承兑”字样、承兑日期及承兑人签名。例如：

Accepted
15th April，202×
For ABC Co.（signed）

（2）限制承兑（qualified acceptance），是指承兑人对持票人提示的汇票内容加以修

① 梁远辉，刘丹. 国际结算［M］. 武汉：华中科技大学出版社，2007：26.

改或限制的承兑。其具体可分为以下几种：

①有条件承兑（conditional acceptance），是指付款人在承兑时附有条件。这种承兑与汇票的无条件付款命令相悖，持票人可以拒绝接受。例如：

Accepted
10th May，202×
Payable providing goods in order
For BED Co.（signed）

②部分承兑（partial acceptance），是指付款人仅对汇票的部分金额承兑。例如：

Accepted
5th August，202×
Payable for the amount of USD1,000 only
For Trading Co.（signed）

③地方性承兑（local acceptance），是指只限在特定地点支付票款的承兑。例如：

Accepted
6th April，202×
Payable at Midland Bank and there only
For ADE Co.（signed）

承兑应该是无条件的，因此，持票人可以视限制条件的承兑为拒绝承兑。假如持票人愿意接受限制性承兑，必须征得出票人和前手的同意。

（四）参加承兑

参加承兑（acceptance for honor）是指汇票被拒绝承兑时，非汇票债务人在得到持票人的同意后，对已遭拒绝承兑的汇票进行的承兑。参加承兑者被称为参加承兑人，被担保到期付款的汇票债务人被称作被参加承兑人。参加承兑应该记载的事项是“参加承兑”字样、被参加承兑人姓名、参加承兑日期及参加承兑人签名。例如：

Accepted for honour
Of DEF Co.
6th April，202×
For ADE Co.
Signature

参加承兑的目的在于防止追索权的行使，维护特定债务人（出票人或背书人）的信誉，因而有的国家称之为“荣誉承兑”。[①]参加承兑和一般承兑一样都在汇票上签名，但参加承兑通常应注明“参加承兑”字样，以区别于一般承兑。根据票据法的一般规则，承兑人为主债务人，而参加承兑人只有在付款人到期拒绝付款时才予以付款，是次债务人，且其只对被参加承兑人及其后手承担义务。为此，参加承兑时应注明被参加承兑人的名称；如未标明，则视出票人为被参加承兑人。我国《票据法》未对参加承兑作出规定。

---

① 潘天芹，杨加琤，潘冬青．新编国际结算教程［M］．杭州：浙江大学出版社，2010：31.

（五）保证

保证（guarantee）是指非票据债务人对出票、背书、承兑、付款等所发生的债务予以偿付担保的票据行为。保证人所负的票据上的责任与被保证人相同。保证使汇票的付款信誉提高，便于其流通。

保证应记载的事项是：①“保证”字样；②保证人名称和地址；③被保证人的名称；④保证日期；⑤保证人签名。

根据我国《票据法》规定，必须记载“保证”的字样、保证人的名称及其签章；未记载被保证人名称的，已承兑的汇票，承兑人为被保证人；未获承兑的汇票，出票人为被保证人。例如：

PAYMENT GUARANTEE
For account of______________
Signed by______________
Dated on______________

（六）提示

提示（presentment）是持票人向付款人出示汇票要求承兑或要求付款的票据行为，包括承兑提示和付款提示两种。即期汇票只需一次提示，即付款提示；远期汇票需要两次提示，即承兑提示和付款提示。各国票据法规定，持票人应在规定时效内，在规定地点提示汇票要求承兑或付款；否则，持票人将丧失对其前手及出票人的追索权。

对即期汇票的付款提示和远期汇票的承兑提示，《日内瓦统一法》规定，必须自出票日起算1年内作付款/承兑提示；英国《票据法》规定，应在合理时间内（一般为半年）作付款/承兑提示；我国《票据法》规定，即期汇票和见票后定期付款的汇票，持票人应当自出票日起1个月内向付款人提示付款/承兑，而定日付款及出票后定期付款的远期汇票在到期日之前应作承兑提示。

对远期汇票的付款提示时效，《日内瓦统一法》规定，必须在付款到期日及以后两个营业日内作付款提示；英国《票据法》规定，必须在到期日当天作付款提示；我国《票据法》规定，必须在付款到期日起算10日内作付款提示。

（七）付款

付款（payment）是指即期汇票或经承兑的远期汇票到期时，持票人向付款人提示汇票、要求支付汇票金额的行为。

1.付款人的责任[①]

（1）对票据权利所有人付款。要做到这一点，付款人在付款时需符合两个要求：一是出于善意，即不知道持票人权利的缺陷，实务中无相反证明都算善意；二是鉴定票据的合格性。

---

① 蔡惠娟．国际结算［M］．成都：西南财经大学出版社，2002：65.

（2）支付金钱。票据权利是一种金钱权利，付款人必须支付金钱。付款人一般使用本国货币支付，除非持票人同意以物抵款或汇票注明必须以某种外币支付。

（3）到期日付款。付款人只能在到期日付款，而不能在到期日以前付款。如果付款人在到期日以前就付款，那么一切后果自负。

❖案例2-6

甲公司向某银行申请一张银行承兑汇票，该银行作了必要的审查后受理了申请，并依法在票据上签章。甲公司得到这张票据后没有在票据上签章便将该票据直接交付给乙公司作为购货款。乙公司又将此票据背书转让给丙公司偿债。到了票据上记载的付款日期，丙公司持票向承兑银行请求付款时，该银行以票据无效为理由拒绝付款。请问银行可以拒绝付款吗？

【案例提示】承兑银行可以拒绝付款。因为根据票据行为的一般原理，出票行为属于主票据行为，承兑行为属于附属票据行为。如果主票据行为无效，则附属票据行为也随之无效。该案中出票人甲公司没有在票据上签章，所以出票行为无效。

2.付款效力

在正常情况下，付款是汇票流通过程的终结，付款人付款后，汇票上的一切债权和债务即告解除。持票人在收取票款时应交出汇票，有时还要向付款人另开收款收据。此时汇票就注销了。若付款人拒付，背书人向追索的持票人付款，这样的付款就不能使汇票注销，因为该背书人的前手背书人及出票人的义务仍未消灭。

3.付款时限

当持票人按规定向付款人提示时，付款人应当立即付款。英国根据“习惯时间内”的传统，只要24小时内付款就可以。

4.部分付款

《日内瓦统一法》规定，若付款人只支付汇票金额的一部分，持票人不得拒绝接受，不然其将丧失追索权，因为他的拒绝接受会增加前手债务人的负担。

英国《票据法》的规定则是持票人可接受或拒绝部分付款，英国人多半是接受的。

接受部分付款时，债务并未完全了结，持票人仍需保留票据。付款人在汇票上记明已付金额，并要求持票人出具收据；持票人应将未付金额作成拒绝证书，以行使追索权。

（八）拒付

拒付（dishonor）是指持票人提示汇票时，付款人拒绝付款或拒绝承兑的行为。除付款人明确表示拒绝付款和承兑外，承兑人或付款人破产、死亡或因违法被责令终止业务活动以及非承兑票据的出票人破产等，均可产生拒付。一旦发生拒付，持票人应在规定时效内作成拒绝证书，并发出拒付通知；否则，丧失对前手的追索权。

1.拒付通知

拒付通知（notice of dishonor）是指汇票遭拒付时，持票人将拒付事实及时通知前手背书人，前手背书人再通知其前手，一直通知到出票人。

对拒付通知的时效，有如下规定：

英国《票据法》规定：如果前手在同地，持票人最迟应在拒付日的次日内通知到；如果前手在异地，持票人最迟应在拒付日的次日内发出通知，前手接到拒付通知后的再通知，也遵守上述时限的要求。

《日内瓦统一法》规定：持票人应在拒绝证书作成日起4日内向前手发出通知，前手们应在收到通知之日起两天内向其前手发出通知，直至所有票据债务人都了解被拒付的事实。

我国《票据法》规定：持票人应自收到被拒绝承兑或被拒绝付款的有关证明之日起3日内向前手发出通知，前手也应在收到通知的3日内通知其前手。

2.拒绝证书

拒绝证书（protest）是持票人在遭拒付时，请求拒付地点的法定公证人作出的证明拒付事实的文件。持票人凭该证书可向其前手行使追索权。

对拒绝证书的作成时效，有如下规定：

英国《票据法》规定：必须在拒付日的下一个营业日内作成拒绝证书。

《日内瓦统一法》规定：即期汇票的拒绝付款证书及远期汇票的拒绝承兑证书，应在拒付日的下一个营业日内作成；远期汇票的拒绝付款证书，应在付款到期日之后的两个营业日内作成。

我国《票据法》对此无明确规定。

作成拒绝证书的费用很高，为免除费用，有些跟单汇票的票面上注有“放弃拒绝证书”字样。

（九）追索

持票人在汇票遭到拒付时，对背书人、出票人及其他票据债务人行使请求偿还汇票金额及费用的权利，这种行为被称作追索。

1.追索条件

只有做到以下三点，持票人才能保留和行使追索权：

（1）必须在法定期限内对付款人提示汇票；否则，持票人不能对其前手追索。

（2）必须在法定期限内将拒付事实通知前手，后者再通知其前手，直至出票人。《日内瓦统一法》规定，不办理通知手续丧失追索权；我国《票据法》则规定，不办理通知手续，持票人仍有追索权，但应该负责赔偿由此给出票人及前手造成的损失。

（3）必须在法定期限内由持票人请公证人作成拒绝证书。

2.追索金额

持票人可以向前手要求赔偿票据金钱权利的损失和因拒付而发生的额外费用。追索的票款包括：汇票金额及利息、到期日至付款日的利息、作拒绝证书和拒付通知的费用。在背书人向持票人清偿之后，该背书人向其前手追索的金额，就是上述金额加上其付款日到其收款日之内发生的利息以及自己支出的费用。

3.追索顺序

按照有关票据法的规定，持票人可以向票据的任意债务人追索，也可按顺序追索。

追索顺序如下：持票人—持票人前手……第二背书人—第一背书人—出票人—承兑人。

4.追索时效

持票人或背书人必须在法定期限内行使其追索权，否则其将丧失追索权。

对追索时效，有如下规定：

英国《票据法》的规定与民法上的请求权相同，即自债权成立之日起6年为法定期限；过期后，出票人、承兑人的债务都归于消灭。

《日内瓦统一法》规定，持票人向前手追索时效是从拒绝证书作成日起1年内；免作拒绝证书的，则从到期日起1年内。背书人向前手追索的时效，是从其清偿日起6个月内。承兑人作为票据主债务人，对票据的责任是从到期日起3年内。

我国《票据法》规定：持票人对出票人和承兑人的权利，即期汇票自出票日起2年内，远期汇票自付款到期日起2年内；持票人对前手的追索权，自被拒付之日起6个月内，清偿持票人对前手的再追索权，自清偿日或被提起诉讼日起3个月内。

5.被追索者的权利

被追索者向债权人清偿之后有以下权利：①要求追索者交出汇票；②要求追索者出具收据及计算书；③要求追索者交出拒绝证书；④涂销自己的背书；⑤向前手追索。

❖ **案例2-7**

2018年1月1日，A公司与B公司签订产品购销合同一份，约定B公司向A公司购买电石，并于2018年2月22日背书给A公司一张电子银行承兑汇票，票据金额为50万元，汇票到期日为2018年7月17日，出票人为C公司，承兑人为D财务公司，A公司为上述汇票的合法持有人。约定付款时间到期后，票据状态显示“提示付款待签收”，A公司与B公司协商支付汇票金额无果，将B公司诉至法院。

法院查明，本案A公司在汇票到期日前发出提示付款，在承兑人未付款亦未应答的情况下，应在票据到期后再次提示付款，但A公司未能在法定的提示付款期内发出提示付款。

法院审理认为，A公司在票据到期日前向承兑人提示付款，在承兑人未付款也未应答的情况下，在票据到期后的提示付款期内未再发出过提示付款，丧失了向其前手B公司追索的权利，只能向出票人、承兑人追索。法院最终驳回了A公司的诉讼请求。

【案例启示】根据《电子商业汇票业务管理办法》相关规定，提示付款期内是否发起提示付款，对持票人的追索对象范围影响很大。部分持票企业对电票提示付款和追索相关规定不熟悉，在票据到期前发起提示付款，承兑人未予应答，持票人在票据到期后未在提示付款期内再次发起提示付款，导致错过《票据法》《电子商业汇票业务管理办法》规定的“自票据到期日起十日”的提示付款期限，可能被法院判决丧失对于前手的追索权，造成经济损失。企业有必要熟悉电票相关制度规则，同时向开户行了解业务规则，及时在提示付款期内发起提示付款操作，避免后续造成经济损失。

资料来源　上海票据交易所。

四、汇票的种类

根据不同的标准，通常有以下几种分类：

（一）按出票人不同分为银行汇票和商业汇票

1.银行汇票

银行汇票（banker's bill）是一家银行向另一家银行签发的书面支付命令，其出票人和受票人都是银行。银行汇票通常用于汇款业务中的票汇，汇票由银行签发后，交给汇款人，由汇款人寄交或带给收款人向付款行取款。另外，在信用证业务中，议付行议付单据后，有时也出具由指定银行（偿付行或付款行）为受票人的银行汇票，索取有关款项。

2.商业汇票

商业汇票（trader's bill）是指由企业或个人签发的，付款人可以是企业、个人或银行的汇票。在国际贸易中，出口商开立的汇票就是商业汇票。若采用托收方式，则该汇票的付款人为进口商；若采用信用证方式，该汇票的付款人一般为开证行或其指定银行。商业汇票的信用基础是商业信用，其收款人或持票人承担的风险较大，对商业汇票进行承兑，可在一定程度上降低收款人的风险。

（二）按付款时间不同分为即期汇票和远期汇票

即期汇票（sight bill）就是即期付款的汇票，而远期汇票（time bill/usance bill）是远期付款的汇票。

（三）按有无随附单据分为光票和跟单汇票

1.光票

光票（clean bill）是指由出票人开立的不随附任何单据即可收付票款的汇票。银行汇票多为光票，这类汇票全凭当事人的信用在市面上流通，而无物资作保证。国际贸易中支付佣金、代垫费用、收取货款尾数时常常使用光票。

2.跟单汇票

跟单汇票（documentary bill）又称押汇汇票或信用汇票，是指随附有关贸易单据才能获得承兑、付款的汇票。这类汇票体现了钱款与单据对流的原则，对进出口双方提供了一定的安全保障。因此，在国际结算中，较多以跟单汇票作为结算工具。商业汇票多属跟单汇票。

（四）按承兑地与付款地是否相同分为直接汇票与间接汇票

1.直接汇票

直接汇票（direct bill）是指承兑地和付款地相同的汇票。

2. 间接汇票

间接汇票（indirect bill）是指承兑地和付款地不同的汇票，一般应在票面分别注明付款地点和承兑地点。

（五）按承兑人不同分为商业承兑汇票和银行承兑汇票

1. 商业承兑汇票

商业承兑汇票（trader's acceptance bill）是指由工商企业或个人承兑的汇票，以承兑人的商业信用为基础，信用等级较低。若承兑人拒付，则持票人的权利难以得到保障。这种汇票一般用于托收付款方式。

2. 银行承兑汇票

银行承兑汇票（banker's acceptance bill）是由银行承兑的远期汇票，以银行信用为基础，信用等级通常比商业承兑汇票高，易于流通转让。这类汇票通常用于信用证支付。

除以上几种分类方法外，汇票还可依使用货币的不同，分为本币汇票和外币汇票；依当事人居住地的不同，分为国内汇票和国际汇票等。

拓展阅读2-1

第三节　本票

一、本票的定义及必要项目

（一）本票的定义

英国《票据法》将本票（promissory note）定义为：本票是一人向另一人签发的，保证即期或定期或在可以确定的将来时间，对某人或其指定人或持票人支付一定金额的书面付款承诺。（A promissory note is an unconditional promise in writing made by one person to another signed by the maker engaging to pay on demand or at a fixed or determinable future time a sum certain in money to or to the order of a specified person or to the bearer.）

我国《票据法》对本票的定义是：本票是出票人签发的承诺自己在见票时无条件支付确定的金额给收款人或者持票人的票据。

（二）本票的必要项目

根据《日内瓦统一法》的规定，本票必须具备以下项目：①“本票”字样；②无条件支付承诺；③确定的金额；④收款人或其指定人；⑤出票日期和地点（未写明出票地点者，出票人姓名旁的地点视为出票地点）；⑥付款期限（未写明付款期限者，视为见票即付）；⑦付款地点（未写明付款地点者，出票地视为付款地）；⑧出票人签名，本票的出票人即付款人。本票样本参见附样2-2。

附样2-2　　**本票**

Promissory Note for GBP5,000.00	London, 8th Sept., 202×
At 60 days after date we promise to pay Beijing Arts and Crafts Corp. or order the sum of five thousand pounds.	
	For Bank of Europe London (signature)

二、本票的种类

本票按出票人的不同可分为一般本票和银行本票两种。

1.一般本票

一般本票又称商业本票，是由企业或个人签发的本票。一般本票是建立在商业信用基础上的，为了清偿国际贸易中产生的债务关系而开立。在国际贸易中，一般本票均融入银行信誉。如果某企业利用出口信贷融资进口大型设备，可开具类似借据的远期付款本票，经进口方银行背书保证，到期由出票人偿还本息。附样2-3是简化的一般本票实例。

附样2-3　　**一般本票**

Promissory Note	
USD1,000.00	
	New York, 5th April, 202×
Three months after date I promise to pay John Smith or order the sum of USD one thousand only for value received.	
	(signature)

2.银行本票

银行本票是由银行签发的本票，常用于代替现金支付或进行现金转移，建立在银行信用基础上。它的主要作用是代替现金流通，简化结算手续，从而有利于实现资金清算票据化，充分发挥票据支付手段作用。我国《票据法》中的本票仅限银行本票，并规定本票自出票日起，付款期限最长不得超过两个月。附样2-4是简化的银行本票实例。

附样2-4　　**银行本票**

Promissory Note for GBP1,000.00	London, 4th Jan., 202×
On demand we promise to pay the bearer the sum of one thousand pounds.	
	For Bank of Europe London (signature)

三、本票与汇票的区别

(1) 本票是无条件支付承诺，而汇票是无条件支付命令。

(2) 本票的基本当事人只有两个，即出票人和收款人，而汇票有三个基本当事人，即出票人、付款人和收款人。

(3) 本票的出票人即付款人，远期本票到期由出票人付款，因而无须承兑，而远期汇票必须承兑，才能确定付款人对汇票的责任。

(4) 本票只能开出一张，而汇票可开出一套，即可开出一式两份或者数份。

(5) 本票的出票人在任何情况下都是主债务人，而汇票的出票人在承兑前是主债务人，在承兑后承兑人才是主债务人。

❖**案例** 2-8

6月12日，企业A（买方）与企业B（卖方）签订购销合同，双方约定货款以本票支付。合同生效后，企业B按时向企业A发货，企业A向其开户银行申请开立了银行本票，并转交企业B作为货款。由于企业B先期拖欠企业C的款项，其与该本票金额相当，于是企业B将该本票背书转让给了企业C。但企业C没有按时向银行支取该本票款项，直到9月才向银行请求支付本票金额，但银行以该本票已过期为由拒付。于是企业C转向企业B要求支付货款，但遭到拒绝。多次交涉无果后，企业C向法院起诉企业B和银行，要求它们共同承担赔偿责任。法院判决银行支付本票金额给企业C，但企业C应承担延期取款责任；企业B免责。

【案例提示】企业C作为正当持票人，未在法定期限内提示付款，其前手背书人企业B不再承担本票付款的责任。但是，作为本票出票人的银行，不能免除其付款责任。

第四节 支票

一、支票的定义及必要项目

（一）支票的定义

支票（cheque）简单地说，是以银行为付款人的即期汇票，详细地说是银行存款户对银行签发的、授权银行在见票时立即支付一定金额给某人或其指定人或持票人的无条件支付命令。

我国《票据法》规定："支票是出票人签发的，委托办理支票存款业务的银行或其他金融机构在见票时无条件支付确定金额给收款人或者持票人的票据。"

出票人签发支票前，先要办理支票存款账户。支票存款账户的开立要求是：申请人开立支票存款账户必须使用其本名；申请人应当存入一定的资金；申请人应当预留其本人的签名式样和印鉴。

（二）支票的必要项目①

根据《日内瓦统一法》的规定，支票一般具备以下事项：①“支票”字样；②无条件支付命令；③确定的金额；④付款行名称和地址；⑤出票人签名；⑥出票日期和出票地点（未写明出票地点的，视出票人所在地为出票地）；⑦付款地点（未写明付款地点的，视银行所在地为付款地）；⑧收款人或其指定人。简化的支票样本参见附样2-5。

附样2-5 **支票**

Cheque for GBP5,000.00

Pay to the order of C Co. the sum of five thousand pounds only.

To National Westminster Bank Ltd., London

For SSE Co., London

(signature)

❖ **案例** 2-9

埃迈·麦克道纳尔作为马利昂·卡希尔财产的个人代理，开出一张以自己为收款人的支票，从马利昂·卡希尔在商业信托银行的支票账户中支取。支票上写道：付给埃迈·麦克道纳尔10 075美元，但大写金额是“one thousand seventy five dollars”。银行按照小写金额付给埃迈·麦克道纳尔10 075美元。埃迈·麦克道纳尔后来携款潜逃。继任代理耶茨受马利昂·卡希尔的委托向银行提起诉讼，要求退回大小写之间的差额9 000美元。法庭判原告败诉，耶茨上诉。

【案例提示】原告显然可以向银行索赔。在国际业务中，当票据的金额大小写不一致时，此票据依然有效，但付款金额通常以票据的大写金额为准。根据这一点，银行显然不宜按小写金额支付。该支票大写金额并非含糊不清，因此，银行对超付部分必须向原告赔偿。所以最后原判决被推翻，原告胜诉。

二、支票的种类

（一）记名支票和不记名支票

记名支票（cheque payable to order）是指票面上记载收款人姓名的支票，如“付史密斯先生”“付史密斯先生或其指定人”。收款人只有亲自在支票上签章，才能支取款项。除非有限制转让的文字（如pay...only或pay...not transferable），记名支票都可背书

① 肖玉珍．国际结算与外贸单证［M］．长沙：国防科技大学出版社，2006：33.

转让。

不记名支票（cheque payable to bearer）指票面上没有写明收款人姓名，只写“付持票人”（pay bearer）的支票。这种支票凭交付即可转让，取款时也无须在支票上签章。

（二）划线支票

划线支票（crossed cheque）是指在支票正面划有两道平行线的支票。普通支票可以委托银行收款入账，也可由持票人自行提取现款。而划线支票只能委托银行代为收款入账，不能取现。使用划线支票的目的是防止支票遗失后被人冒领。划线支票样本参见附样2-6。

附样2-6

划线支票

SWIRE INSURANCE LIMITED

No.67177

Cheque　　London, 23 Feb., 202×

Pay to the order of Guangdong Economic & Technical Corp.

Twenty-four Thousand Five Hundred and Fifty Pounds only

For and on behalf of

HongKong and Shanghai Banking Corporation Ltd.　**SWIRE INSURANCE LIMITED**

254 Canal Street

London

Authorized Signature(s)

划线支票可分为一般划线支票和特殊划线支票。

1.一般划线支票

一般划线支票（general crossed cheque）是指平行线内没有加注代收银行名称的划线支票，可以由任何银行代收转账。其形式有以下四种：①

（1）只有两道平行线，平行线中无文字，这是最普通的划线支票。

（2）两道平行线内标注“和公司”（and Co.）字样，这是早期银行业遗留下来的做法。

（3）两道平行线内加注“不可流通”（not negotiable）字样，出票人只对收款人负责，但并不禁止一般转让，收款人仍可转让，不过受让人的权利不优于其前手，不能取得正当持票人的权利。

（4）两道平行线内加列“请入收款人账户”（account payee）或“不可流通，入收款人账户”（not negotiable，account payee），那么收款人只能委托其往来银行收款入账。

2.特殊划线支票

特殊划线支票（special crossed cheque）是在平行线内写明具体收款银行的划线支票。特别划线支票只能由指定的银行代收票款，其他银行不能取款。如果该支票的付款银行将票款付给非划线内的指定收款银行，则其应承担由此给真正所有人造成的损失。

---

① 潘天芹，杨加珍，潘冬青．新编国际结算教程［M］．杭州：浙江大学出版社，2010：43.

（三）保付支票

保付支票（certified cheque）是由付款银行在支票上加具“保付”字样并签章的支票。支票一经保付，就由保付银行承担付款责任，其他债务人一概免责，持票人可以不受付款期限的限制，在支票过期后提示，银行仍要付款。

（四）银行支票

银行支票（banker's cheque）是由银行签发，并由银行付款的支票，也是银行即期汇票。这种支票主要用于支付本行对外债务或代顾客办理票汇汇款。

三、支票各当事人的责任①

（一）出票人责任

支票的出票人必须对所出支票担保付款，其责任具体包括：

1.不得开立空头支票

空头支票是指支票金额超过支票账户存款余额，或超过付款行允许的透支额度，或者在银行无存款而签发的支票。各国票据法都对签发空头支票者的制裁作出规定。因此支票的出票人应做到：

第一，必须在银行有足够存款。支票的出票人所签发的支票金额不能超过其在付款时在付款行实有的金额。

第二，透支额不得超过银行允许的范围。为给支票存款户提供资金使用的方便，银行往往允许信誉较好的支票户在一定限度内透支。如果支票的出票人在存款不足时，签发的支票不超过银行允许的透支范围，也是可以的，但其应在规定的时间内偿还透支金额并承担相应的利息费用。

2.如果付款行拒付，出票人应负偿还之责

如果支票付款行由于某些原因拒付，支票出票人仍应承担票款的支付责任。

3.支票提示期过后，出票人仍应承担票据责任

《日内瓦统一法》规定支票的提示期限是：国内支票为出票日起8天；出票和付款不在同一国家的为20天，不同洲的为70天。如超过提示期限，支票过期作废，但出票人仍应对持票人承担票据责任。

我国《票据法》规定，持票人对支票出票人的权利，自出票日起6个月内仍有效；如果过期仍不行使票据权利，则票据权利自动消失。

（二）收款人责任

收款人的主要责任是在有效期内提示合格支票，否则可能会发生票据抗辩。若因收

① 张东祥．国际结算［M］．北京：首都经济贸易大学出版社，2005：87-88.

款人未在有效期内提示支票而导致出票人的损失，收款人应承担相应的责任。

（三）付款行责任

付款行的责任是审查支票的合格性，特别是核对出票人签名的真实性。只有当支票上的出票人签名与支票开户人留在银行的印鉴相符时，付款行才付款。此外，付款行在付款时还应要求持票人作收款背书。

（四）代收行责任

代收行的责任是为其客户代收票款，票款应入收款人账户。代收应出于善意，且代收行无疏忽过失。

四、汇票、本票和支票的区别

（1）汇票、支票是无条件支付命令；本票是无条件支付承诺。

（2）支票的出票人和付款人之间必须先有资金关系；汇票的出票和付款人之间不一定先有资金关系；本票则是约定自己付款的票据，无所谓双方资金关系。

（3）本票、支票、即期汇票的主债务人是出票人；远期汇票在承兑前，出票人是主债务人，承兑后则以承兑人为主债务人。

（4）支票、本票一般开出一张，汇票可以开出一套。

（5）汇票、支票都有三个基本当事人，即出票人、付款人、收款人，而本票只有出票人和收款人两个当事人。

（6）支票的付款人仅限于银行或其他金融机构；汇票、本票的付款人可以是银行，也可以是一般企业或个人。

（7）支票限于见票即付，无到期日的记载；汇票、本票有即期付款和远期付款之分，有到期日的记载。

（8）支票无承兑、保证制度；汇票有承兑、保证制度；本票仅有保证制度，而无承兑制度。

（9）支票的出票人担保支票的付款；汇票的出票人担保承兑和付款；本票的出票人则自负付款责任。

（10）关于汇票的规定，同样可以适用于支票，有出票、背书、付款、追索权、拒付证书等。

五、旅行支票

（一）旅行支票的定义

旅行支票是指没有指定的付款人和付款地点，由大银行、大旅行社发行的固定金额、专供旅行者使用的一种结算工具。购买时，旅行者要当着出售银行的面，在上面初签；兑付时，持票人要当着付款代理人的面，在上面复签，经代理人核对复签与初签相符后即行付款。

（二）旅行支票的特点

旅行支票虽名为支票，但与一般支票不同，它不是存户对银行签发的支付命令，而是旅行者直接向发票机构购买的，所以实际上是一种票汇汇款工具。它具有以下特点：

（1）面额较小，便于旅行者随时零星支取。

（2）兑取方便。发行旅行支票的机构为了扩大其支票流通范围，在国内外各主要城市都设立了许多代付机构，如银行、旅行社、大饭店等，以便旅客可以到处随时兑取票款。

（3）比较安全。旅行支票需要旅行者在兑取时当面签名，所以即使支票在第二次复签以前遗失，他人拾得也不易冒领。

（4）流通期限长。旅行支票多数不规定流通期限，可以长期使用，只有少数规定为1年。过期的旅行支票虽不能在代付机构取款，但仍可向原发票机构申请注销，退还原款。

旅行支票的发行，实际上是购票人在发票机构的无息存款。发票机构不仅可以收取大量手续费，而且可以无息占用从发票到付款或注销这一段时间的巨额资金，所以国外许多大银行、大旅行社都争相发行旅行支票吸纳资金。

（三）旅行支票的必要项目

旅行支票一般具备以下事项：

（1）“旅行支票”字样。

（2）出票机构名称、地点。旅行支票的出票人是签发旅行支票的银行或旅行社，出票人名称和地点一般印在票面正上方，另在票面右下方印有出票机构负责人的签名。出票人自己出售旅行支票时，出票人、付款人、售票人三者均为一个机构。如出票机构的联行或代理行代为出售，则该联行或代理行即为售票人。售票人仅代出票机构推销旅行支票，付款责任仍由出票人承担。

（3）固定金额。旅行支票有不同的固定的票面金额，面额一般较小。

（4）购票人初签（initial signature）。购票人是旅行支票的购买者。购买旅行支票时，购票人须向出票机构或售票机构支付票款和一定手续费，并当面在支票上签名，此种签名被称为初签。购票人取得支票后即成为持票人。“初签”一栏为了供兑付银行核对“复签”之用。

（5）兑付时复签（counter signature）。持票人到国外旅行，向当地银行兑现时，须当面在支票上再次签名，此次签名被称为复签。兑付银行将复签与初签的签名核对相符后，即可兑付票款。兑付旅行支票的银行称为兑付人，兑付人买入旅行支票后，将支票寄往发票机构索取票款。旅行支票样本参见附样2-7。

附样 2-7　　旅行支票

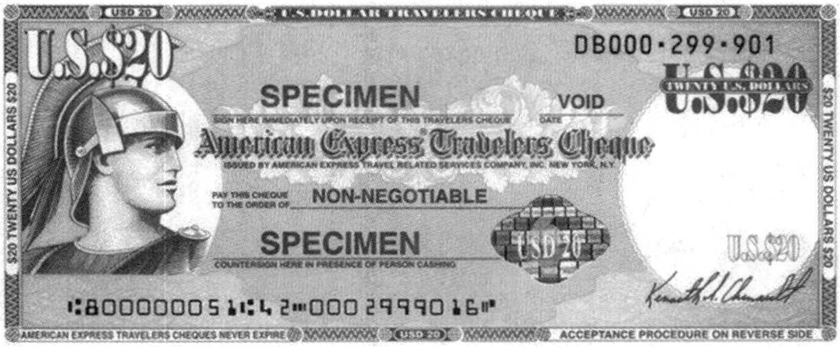

第五节　票据诈骗及防范

票据诈骗（bill cheating）是指行为人以非法占有为目的，采取伪造、变造票据，盗取、骗取票据等方法，骗取他人财物的行为。这种行为一方面严重侵犯了票据当事人的合法财产权利，另一方面侵犯了国家的金融票据管理制度。因此，熟悉票据诈骗的手段、特点及防范票据诈骗尤为重要。

一、票据诈骗的手段

不法分子主要通过以下几种手段进行票据诈骗：[1]

（一）伪造票据

伪造票据是指犯罪分子模拟真实票据的格式和记载事项，利用现代化工具和高科技手段，采用描绘、复制、印刷等方法，冒用银行名义或虚构一家根本不存在的银行，以伪造银行票据凭证或经银行承兑的商业票据，也就是所谓的“克隆票”的一种票据诈骗手段。商业票据具有承付期限长、金额大和反复多次转让等特点，容易导致先签发真汇票，然后根据真汇票伪造内容完全相同的假汇票用于诈骗。

❖案例 2-10

A公司与B公司签订贸易合同，A公司伪造一张100万元的银行承兑汇票用以付款，该银行承兑汇票以B公司为收款人、以乙银行为付款人，汇票的“交易合同号码”栏未填。A公司将这张伪造的银行承兑汇票交付给B公司，B公司持这张伪造的银行承兑汇票到甲银行申请贴现，甲银行未审查出银行承兑汇票的真假，予以贴现97万元。甲银行通过联行往来向乙银行提示付款。乙银行从未办理过此项银行承兑业务，在收到汇票后立即向公安机关报案。经查明该汇票系伪造的汇票，因此乙银行将汇票退给甲银行，拒绝付款。

① 卜强．票据市场发展中票据诈骗的成因及其防范对策［J］．甘肃金融，2008（3）：41-42.

【案例提示】这是一起伪造汇票进行诈骗的案子。A公司伪造汇票，违反国家法律规定，应追究其刑事责任；该汇票是非法的、无效的，乙银行有权拒绝付款；汇票被拒绝付款的，持票人可以对汇票的背书人、出票人及其他债务人行使追索权，因此甲银行可向B公司行使追索权；B公司的损失应由向其提供伪造银行承兑汇票的A公司承担，乙银行不承担任何责任。

（二）变造票据

变造票据是指不法分子在原票据的基础上，采用涂改、刮擦、添加、剪贴、挖补等方法对原票据上的金额、到期日、付款日、付款地等进行变更，使其成为虚假的票据。比如向银行购买小额汇票，将汇票复印后涂改金额，把小金额改成大金额，再复印传真给出口商，诱骗出口商发货。

（三）填写空白票据

犯罪分子通过收买银行内部职工或者盗取获得真实的空白票据，然后随意填写，到银行贴现，以达到骗取资金的目的。

（四）空头支票

空头支票是指支票金额超出其银行存款账户余额或超过付款行允许的透支额度。与其相关的票据诈骗有四种形式：签发远期支票、签发空头支票、滥用作废支票、贩卖支票等。

❖ **案例2-11**

某进出口公司委派采购员刘某到某棉区采购棉花，签发支票一张，授权刘某根据棉区采购的实际情况填写金额和收款人，但明确告知支票的金额最多可以填写30万元，否则将超出公司目前在银行的存款额。支票的用途栏写明“采购棉花”，该公司给刘某出具了明确的法定代表人授权委托书和公司营业执照副本。然而，刘某听信个体户叶某之言，企图利用短短的时间差，先做一笔彩电批发生意，赚取相当利润后再赴棉区采购棉花。于是，该二人将支票金额填写为183万元，收款人栏写上叶某的商号，再由叶某以商号名义背书给某五金交电批发公司。所购买的彩电转手成功后，全部款项被刘某和叶某卷走。当某五金交电批发公司将叶某提交的支票送银行结算时，因进出口公司账户上存款额不足而被退票。

【案例提示】本案涉及空头支票诈骗。上述空白支票出票时虽欠缺必要记载事项，但后来经授权补记，已经具备有效票据的外观，故应属有效支票。但刘某故意签发空头支票，骗取资金，应当依法承担刑事责任。叶某作为同犯应一并追究其刑事责任。另外，他们对某进出口公司应承担赔偿责任；银行有权对某进出口公司处以空头支票的罚款。

（五）骗取票据

犯罪分子故意编造虚假的事实或隐瞒真实真相，利用人们对资金的需要及轻信、疏忽大意等麻痹思想，设下陷阱，用偷换、调包等方法骗取他人票据，实施其诈骗行为。

（六）盗取票据

票据经过签发后在流通转让的过程中，被不法分子盗取，不法分子向该票据付款人非法提示骗取票款。这类诈骗常见的有盗窃旅行支票及假冒“复签”后冒领票款。此外，盗取空白汇票后骗取巨额外汇的行为也属于这种形式的票据诈骗。

（七）套取票据

最常见的是犯罪分子在同一银行机构开出号码相连、金额一大一小的两张票据，然后以大额票据作为造假的样本，将小额票据的各项要素，比照大额票据的内容（金额）进行涂改，然后向银行贴现，诈骗得逞后，再对大额票据提出挂失或退票。

（八）逃债票据

欠贷欠息企业采用弄虚作假的手段，采用承兑汇票结算方式，未将销货回笼的承兑汇票存入其开户银行，而是背书转让，购进原材料或转让给其他关联的企业，向银行申请贴现，从而逃避银行的收贷收息，悬空银行的债权。

（九）假冒企业名义开立虚假账户并开具伪假票据

随着票据业务电子化、线上化、自助化快速发展，以及产品、模式、场景推陈出新，与之相伴的业务系统风险不容忽视。不法分子不断寻找利用电子商业汇票系统和各商业银行系统控制规则的漏洞，假冒企业名义开立虚假账户并开具伪假票据。即使企业自身票据业务量较少，甚至并不开具商业承兑汇票，仍可能被不法分子冒名开户并办理电子商业汇票业务。不法分子用虚假账户开立的伪假票据一旦流入市场，无法兑付，将严重损害被假冒企业自身的票据业务支付信用，给企业的声誉带来负面影响。

二、票据诈骗的特点

（一）票据诈骗活动职业化、团伙化，内外勾结严重

犯罪分子勾结成伙，有组织、有分工、有计划地实施诈骗，已经形成票据防伪技术的盗取、票据印刷、运输、实施诈骗和资金运作等诈骗犯罪活动的一条龙作业。

从近年来发生的一些票据诈骗案，尤其是那些金额巨大的诈骗案来看，往往有银行内部工作人员参与诈骗或者工作人员玩忽职守导致诈骗发生。

（二）诈骗手段智能化和多样化

部分犯罪分子有很高的文化程度，比较熟悉银行业务。诈骗手段已从传统的方法向高科技手段转化，如伪造存款单位预留银行印鉴和采用计算机高清晰度扫描技术伪造他人签章、“克隆”票据、伪造投递假汇款电报等。①

（三）诈骗形式复杂化

在票据犯罪过程中，往往合法行为和违法行为相互交织。许多票据犯罪常常借着票据当事人的合法身份和票据流通的正常形式实施，令人混淆，上当受骗。签发空头支票和签发无资金保证的汇票、本票，都是票据人实施的犯罪行为，被称为空户欺诈。但是在实践中，由于出票人的身份合法，在银行有账户，其非法使用票据的行为有一定的迷惑性，不易暴露。在票据流通过程中，冒用他人名义对真实的票据进行虚假的出票、背书，往往也因真假掺杂，增加了鉴别的难度。

（四）票据诈骗国际化

票据诈骗出现国际化趋势。诈骗分子伪造的票据多来自国外，在票据上标有外国银行的字样。值得注意的是，有些境外罪犯往往是改革开放以后通过合法或者非法途径出境取得外国国籍的中国人，他们了解国内情况，在里应外合的票据诈骗中，通常是由境外的罪犯预谋策划，境内的罪犯具体实施。

三、票据诈骗的防范方法②

（一）银行防范票据诈骗的措施

1.注意易引发票据诈骗案件的业务环节

票据的背书转让、大额贴现、转账等业务环节容易出现票据诈骗。诈骗分子采用欺骗手段，骗取票据后，往往通过背书转让作案。因此，在办理票据解付、贴现业务时，特别要注意审查票据背书前后手之间商品交易或劳务供应的合理性，以及审查持票人与其前手的增值税发票或免税证明和持票人合法的身份证件。一般情况是，诈骗分子在对公网点解付票据后，往往将票据划转储蓄账户提现。为此，银行机构应重视对公网点与储蓄账户的管理，注意控制和监督大额提取和频繁提取现金。

2.采用先进的防伪技术和高科技印刷手段

这是指要重视先进科技手段在防范票据诈骗中的积极作用，采用先进的防伪技术和高科技印刷手段。

一是对银行票据统一制版、统一编号，使各种票据既利于识别，又难以伪造。中国

① 邓涛. 银行票据诈骗及风险防范［J］. 湖北农村金融研究，2008（12）：44-45.

② 周纪云，李结华. 当前金融票据诈骗犯罪的特点及防范对策分析［J］. 现代商贸工业，2009（16）：251.

人民银行应加强对商业银行票据印刷的监督和管理，把好票据印制质量关。

二是配备先进防假、辨假、识假的专用设备，改善依靠人识假、辨假的状况。

三是积极探索现有网络技术在票据审核、辨认中的运用。特别是仿真印鉴已构成了对预留银行印鉴的最大威胁，应尽快变革传统的、易被伪造的票据业务规则，积极推广和应用支付密码，和客户约定在支票、汇兑凭证和汇票申请书上加填支付密码，作为支付款项的条件。

❖案例 2-12

某年12月25日，某市甲公司财务人员到乙银行A分行营业部要求兑付9张每张价值1 000美元的由美国丙公司发行的旅行支票。该银行业务人员审核后发现，这些旅行支票与丙公司的票样相比，支票的印刷粗糙，估计是彩色复印机所制；票面金额、徽标等没有凹凸感；复签底线也非由小字母组成，而是一条直线，估计是复印机无法分辨原票样的细微字母；票面在紫光灯光下泛白色，没有水印。经仔细查询审核，该行确认这些旅行支票为伪造票据，予以没收。经查，这些伪造的旅行支票是丁公司出具给甲公司抵债用的，甲公司准备兑付后偿还贷款。

【案例提示】本案例是利用伪造旅行支票进行诈骗。不法分子作案手法变幻莫测，假票据诈骗时有发生，银行业金融机构应在扩大票据应用范围的同时，通过学习、培训和案例教育不断提高员工的识假、反假能力及风险防范意识和职业责任，保护银行资金安全。

3.加强业务学习，强化内部管理，健全和落实各项规章制度

银行业务人员，特别是一线票据业务人员，要强化业务学习，不仅要学习票据业务处理手续，更要熟练掌握各种票据的票面特征，尤其是各项防伪标识，要牢记在心，增强识假能力。同时，各营业机构要健全内控制度，强化内部制约，防范内外勾结作假诈骗。要严格支付结算操作程序，加强空白重要凭证管理，将空白汇兑凭证、汇票申请书等纳入重要空白凭证管理；建立票据审核责任制，固定专人审核票据；建立防伪、防诈骗的激励机制；设立银行票据防伪、防诈骗专项奖励基金，专门用于奖励在银行票据防诈骗工作中的有功人员，充分调动其防范票据诈骗的积极性；建立银企联防制度，对大额款项的支付或受理中有疑问的票据和银行汇票申请书等结算凭证，主动与相关人员沟通，做好查询工作。必须保证制度的贯彻落实，做到严格按规章制度、操作规程处理票据业务，杜绝有章不循、有法不依的现象。要建立对规章制度执行情况的定期检查制度、对重要业务岗位及其内部业务往来环节的不定期检查制度。

4.加大金融机构之间的合作力度，建立覆盖整个金融系统的防御体系

(1) 建立跨系统票据转由系统内查询的制度。对大额或可疑的属异地结算的银行汇票和银行承兑汇票，由收款行或贴现行交由当地与出票行或承兑行为同一系统的银行代为办理查询手续，克服跨行之间相互办理查询所形成的不易与被查行联系和查复不认真的弊端。

(2) 采取电传卡片联的方法，完善查复手续。银行收到有关票据业务的查询书以后，除对所查问题如实进行答复以外，还要将票据的原始留底卡片联电传给查询行，供其借以辨别票据的真伪。

(3) 由各地中国人民银行牵头，建立定期通报假票信息和定期开展反假经验交流活动的制度。各地、各行及时搜集和掌握本地、本行发现的假票信息及新的特点和趋向，及时总结反假经验，并通过一定的方式，在整个金融系统内进行通报和交流，相互提供信息，交流经验，切磋技能，增强整个金融系统票据反假防假的能力。

5.强化银企协作，坚决打击票据诈骗

票据的诈骗往往与银行的客户有着直接或间接的联系，银行密切与企业联系不仅有助于了解企业、增进银行与企业的合作，也有助于加强企业客户防范票据诈骗的意识与水平。商业银行应定期组织各企事业开户单位财务人员的票据知识培训，使其熟悉各种银行票据、商业票据业务知识和办理手续，掌握识别真伪票据、凭证和印鉴的技能，一旦发生可疑情况，就立即向银行报告或查询，确保资金安全。

(二) 企业防范票据诈骗的方法

在国际贸易实践中，为了防范票据诈骗，我国企业应该做到以下几点：①

(1) 在做托收票据业务时，要充分注意和了解出票人和付款人的资信及票据的真伪性。一些非纽约付款的美元票据，归收期会较长，叙作时要更为小心。虽然托收业务银行一般不会涉及退票风险，但银行仍有义务想方设法维护客户的权利，有责任提醒客户，不要因为是银行汇票而忽略了风险性的存在，并尽可能通过各种途径帮助客户及早了解票据的可兑现性。

(2) 要求大家警惕外国骗子，同时加强培训，增强员工对真假证件、签证和验讫章的识别能力。

(3) 对客户交来的各种票据的签名、纸质及内容要素的完整性和合理性均应进行认真的核对和辨认。

(4) 对新客户应先调查其资信，资信可靠才进行业务往来。

(5) 开通票据账户主动管理功能。企业可以在票交所开通票据账户主动管理功能，令不法分子冒名开立的虚假账户无法办理票据业务，保护企业自身支付信用，维护企业的市场声誉。

❖案例 2-13

中国A公司与韩国B公司签订了一笔服装交易合同，贸易条件为FOB，金额为3万美元，并约定信用证付款。但B公司迟迟未开来信用证，在A公司的多次催促下，B公司答应改为银行支票付款，在装运港一手交货，一手交支票。在A公司已备妥装运货物准备装船时，B公司却提交了一份支票复印件，对此A公司予以拒绝。B公司又对货物包装提出新要求，并要求将海运改为空运，答应立即寄来支票原件。当A公司改换包装并准备空运，要求B公司前来验货时，B公司以该批货物价格过高为由拒绝验货，最终导致A公司遭受巨大损失。

① 顾民. 外贸制单与结汇［M］. 3版. 北京：对外经济贸易大学出版社，2001：224.

【案例提示】本案中中国A公司对韩国B公司的资信缺乏深入了解；不应答应将信用证付款改为支票付款，即使进口商开来真实的支票，也有可能为空头支票；改为航空运输，出口商难以控制货权。

（6）收到票据不等于收到货款，应先委托银行收妥票款后才能发货，牢牢掌握货权。

（7）出口货物尽量用信用证方式结算，减少非信用证结算方式。

（8）业务中如有疑问应及时与银行联系。

学思践悟

以票据市场创新发展　助力长三角一体化发展

长三角地区是我国经济发展最活跃、开放程度最高、创新能力最强的区域之一，在国家现代化建设大局和全方位开放格局中具有举足轻重的战略地位。2018年11月5日，国家主席习近平在首届中国国际进口博览会上宣布，支持长江三角洲区域一体化发展并上升为国家战略，着力落实新发展理念，构建现代化经济体系，推进更高起点的深化改革和更高层次的对外开放，同“一带一路”建设、京津冀协同发展、长江经济带发展、粤港澳大湾区建设相互配合，完善中国改革开放空间布局。2019年12月1日，中共中央、国务院正式印发《长江三角洲区域一体化发展规划纲要》，为长三角地区当前和今后一个时期一体化发展指明了方向。

长三角地区经济活跃，长三角一体化发展上升为国家战略后，各省（自治区、直辖市）之间经济往来更加密切和频繁。票据市场作为我国金融市场的重要组成部分，是有效连接货币市场和实体经济的重要通道，具有广阔的发展空间。应用票据的多重功能，可促进长三角经济健康发展。2019年以来，票交所着力推进票据市场服务长三角一体化，推动应收账款票据化，推广“贴现通”“票付通”业务，助力长三角地区发挥好区域带动和示范作用。“贴现通”“票付通”业务推出以来，票交所会同相关各方积极推进业务试点推广，服务民营企业、小微企业的功能作用初步显现。

思考题：

党的二十大报告指出：“支持中小微企业发展。”“促进民营经济发展壮大。”结合所给资料分析票据市场是如何促进长三角实体经济发展的？

资料来源　上海票据交易所．以票据市场创新发展　助力长三角一体化发展［EB/OL］．（2020-04-13）［2023-10-15］．http://www.shcpe.com.cn/content/shcpe/research.html?articleType=research&art icleId=WZ20200805129103436921468 1088.

本章小结

票据是国际结算中最常用的信用工具，主要包括汇票、本票和支票三种。票据具有设权性、无因性、要式性、文义性、金钱性、返还性、提示性、流通转让性等特性，在国际结算中具有汇兑功能、支付功能、流通功能、信用功能及融资功能。本章对汇票、本票及支票的定义、必要项目、分类、票据当事人、票据行为等方面作了较详细的介绍，并对票据诈骗及防范进行了分析。

关键概念

汇票（bill of exchange）；本票（promissory note）；支票（cheque）；正当持票人（holder in due course）；票据诈骗（bill cheating）

基本训练

第二章即测即评

❖ **简答题**

1. 简述票据的定义及特性。
2. 简述票据的作用。
3. 简述汇票的必要项目。
4. 简述汇票的票据行为。
5. 比较汇票、本票和支票的异同。
6. 简述票据诈骗的常见手段及防范措施。

❖ **案例分析**

202×年7月，某银行A市分行某办事处（相当于县级支行）办公室主任李某与其妻弟密谋后，利用工作上的便利，盗用该银行已于1年前公告作废的旧业务印鉴和银行现行票据格式凭证，签署了金额为人民币100万元的银行承兑汇票一张，出票人和付款人及承兑人记载为该办事处，汇票到期日为同年12

月底，收款人为某建筑公司，该建筑公司系李某妻弟所承包经营的企业。李某将签署的汇票交给了该公司后，该公司请求某外贸公司在票据上签署了保证，之后持票向某城市合作银行申请贴现。该城市合作银行扣除利息和手续费后，把贴现款96万元支付给了该建筑公司。汇票到期，城市合作银行向A市分行某办事处提示付款遭拒绝。

讨论：

（1）本案中有哪些票据行为？其效力如何？为什么？

（2）某城市合作银行是否享有票据权利？如有，应如何行使？如没有，该如何处理？

（3）如果李某用已经作废的旧票据格式凭证（无出票人一栏）签署银行承兑汇票，在其他情节相同的情况下，对某城市合作银行有何影响？

第三章 国际结算方式——汇款

学习目标

掌握汇款的概念及种类；熟悉汇款业务流程、汇款的头寸调拨、退汇；熟悉汇款在国际贸易中的使用及汇款风险防范。

❖ 导入案例

中国石油天然气集团公司申请T/T汇出销售合同CT0011-92项下佣金10 000美元，收款人为Tom Krutch，其账户开在花旗银行，账号为079663554-2，汇出行为中国银行北京分行。你了解汇款的程序吗？你会正确填写电汇申请书吗？

第一节 汇款概述

一、汇款的含义及当事人

汇款（remittance）又称汇付，是指交易双方订立商务合同后，进口商将货款交给进口银行，要求银行通过一定的方式，委托在出口地的代理行或联行，将款项交给出口商的一种结算方式。汇款方式是产生最早和最简单的结算方式，也是各种结算方式的基础。通过银行的加入，买卖双方避免直接的现金交易，加快了结算的速度，促进了国际贸易的发展。

汇款结算方式有四个当事人：汇款人、汇出行、汇入行以及收款人。

（1）汇款人（remitter）是拥有款项并申请汇出的一方。在国际贸易中，汇款人即进口商。汇款人的责任是填具汇款申请书、提供所要汇出的金额并承担有关费用。

（2）汇出行（remitting bank）是受汇款人委托而汇出款项的银行。汇出行通常是汇款人所在地银行，其职责是按汇款人的要求将款项通过一定途径汇给收款人。

（3）汇入行（paying bank）即解付行，它是接受汇出行委托协助办理汇款业务的银行。汇入行通常是收款人所在地银行，它必须是汇出行的联行或代理行。汇入行的职责是证实汇出行委托付款指示的真实性，通知收款人取款并付款。

(4) 收款人 (payee) 又叫受益人 (beneficiary), 是汇款金额的最终接受者。收款人通常是出口方或债权人, 其权利是凭证取款。

二、汇款方式下各当事人之间的关系

(一) 汇款人与收款人之间的关系

汇款人与收款人之间的关系在实务中表现为两个方面:

(1) 在非贸易汇款中, 由于资金单方面转移的特性, 汇款人、收款人双方表现为资金提供与接受的关系。

(2) 在贸易汇款中, 由于商品买卖的原因, 汇款人、收款人双方表现为债权和债务关系。

(二) 汇款人与汇出行之间的关系

汇款人与汇出行之间是委托与被委托的关系。汇款人委托汇出行办理汇款时, 要出具汇款申请书。汇款申请书是当事双方委托与接受委托的契约凭证, 它明确了双方在该项业务中的权利与义务, 因此, 汇款人应认真准确地填写汇款申请书, 以便汇出行正确办理汇款业务。

❖**案例 3-1**

某日, 上海A银行某支行有一笔美元汇出款通过其分行汇款部办理, 分行经办人员在审查时发现, 汇款申请书中收款银行一栏只填写了“The Hong Kong and Shanghai Banking Corp. Ltd.”(汇丰银行), 而没有具体的城市名和国家名。由于汇丰银行在世界各地有众多的分支机构, 汇出行的账户行收到这个汇款指令时肯定无法执行。为此, 经办人员即以电话查询该支行的经办人员, 后者答称当然是中国香港汇丰银行, 城市名称应该是香港。本行经办人员即以汇丰银行中国香港分行作为收款人向海外账户行发出了付款指令。事隔多日, 上海汇款人到支行查询, 称收款人告知迄今尚未收到该笔款项, 请查阅于何日汇出。分行汇款部当即再一次电账户行, 告知收款人称尚未收到汇款, 请复电告知划付日期。账户行回电称, 该笔汇款已由收款银行退回, 理由是无法解付。这时, 汇出行再仔细查询了汇款申请书, 发现收款人的地址是新加坡, 那么收款银行理应是新加坡的汇丰银行, 而不是中国香港的汇丰银行。在征得汇款人的同意后, 汇出行重新通知其账户行将该笔汇款的收款银行更改为“The Hong Kong and Shanghai Banking Corp. Ltd., Singapore”, 才最终完成了这笔汇款业务。

【案例提示】本案例中该笔汇出款项最初没有顺利解付的原因就在于没有准确向汇出行提供收款银行的地址和名称。本案例提示我们汇款人正确填写汇款申请书的重要性, 特别是对收款人或收款银行的详细地址 (包括城市名称和国家名称) 更是不能填错或漏填。银行工作人员应该认真审查汇款申请书，当发现汇款人填写不全时务必请其详细填写，以防汇错地址，导致收款人收不到款或被人误领。如果由于某些原因不能确切知道收款人或收款行的详细地址，则应向知情的当事人询问清楚，不能主观推测。这样有利于合理保护汇款人和收款人的权益。

（三）汇出行与汇入行之间的关系

汇出行与汇入行之间既有代理关系，又有委托与被委托的关系，通常代理关系在前，即两家银行事先签有业务代理合约或有账户往来关系，在代理合约规定的业务范围内两行各自承担所尽职责。就一笔汇款业务而言，汇出行通过汇款凭证，传递委托之信息，汇入行接受委托承担解付汇款之义务。

（四）收款人与汇入行之间的关系

收款人与汇入行之间一般表现为账户往来关系，即收款人在汇入行开有存款账户。当然，即便它们二者之间没有联系，汇入行仍有责任向收款人解付该笔款项。

三、汇款的种类

按照所采用的支付工具的不同，汇款可分为电汇、信汇和票汇三种不同的方法。

（一）电汇

1.电汇的含义

电汇（telegraphic transfer，T/T）是汇出行应汇款人的申请，以加押电报、电传或SWIFT等方式，指示或委托汇入行解付一定金额给收款人的汇款方式。

电报是用电信信号传递文字、图表、照片、文件等信息的一种通信方式，一般以字数计价。电传是发电银行利用装设在本单位的专用电传机，直接上机操作与本地或国内外用户通信的一种电报通信方式。电传有专线电传和国际电传两种。前者是与有关的银行设了专线，随时都可拍发，费用固定，不因多发而多付费用；后者不是设专线，可发往世界任何有电传的银行，费用按分钟分地区计算，但比电报费要低。SWIFT具有安全可靠、传递速度快、费用低廉等特点，在银行业务往来中被广泛使用。

20世纪70年代以前，由于电汇多采用电报，而加押电报是按字数计价的，不仅费用高，而且错漏之处多，所以使用信汇方式比较多。而在现在的汇款业务中，大部分是电汇业务。和信汇及票汇相比，电汇的费用依然较高，但由于其速度快，资金在途时间短，节约的在途资金利息足以弥补所支付的电讯费用。

采用电报、电传方式进行汇款时，电文一般包括的内容见附样3-1。

附样 3-1

银行电汇稿

FM（汇出行名称）：______________________________

TO（汇入行名称）：______________________________

DATE（发电日期）：______________________________

OUR REF NO.（汇款编号）：____________TT（密押）____________LESS YOUR CHAGS PAYAMT（付款金额）____________VALUE（起息日）_______TO______________（BENEFICIARY，收款人名称）

ORDER（付款人名称）：____

COVER（头寸拨付方式）：____

MESSAGE（汇款附言）：____

2. 电汇的特点

（1）收款迅速及时。电汇是收款速度最快的一种汇款方式，银行一般当天处理，交款迅速，但汇出行无法占用客户在途资金。

（2）安全可靠。由于目前电汇大部分采用电传和SWIFT发出，而这两种方式又是银行之间的直接通信手段，并有密押核实，减少了邮递环节，产生差错的可能性很小。因而，在目前汇款业务中，电汇所占比例很大。

（3）汇款人承担的费用较高。汇款人必须承担电讯费用，汇款费用比较高。

3. 电汇业务的基本流程

电汇业务的基本程序（如图 3-1 所示）如下：

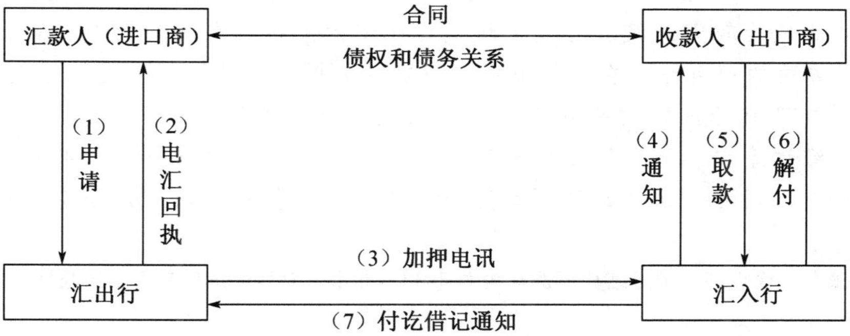

图 3-1 电汇业务的基本流程

（1）汇款人填写电汇申请书，向汇出行交款付费。

（2）汇出行接受汇款人申请，给汇款人以电汇回执。

（3）汇出行根据汇款人申请书内容，将汇款金额、收款人和汇款人的姓名与地址、汇款人附言等内容以电传、电报或SWIFT通知汇入行解付。汇出行在发电报或电传时，要加列与汇入行约定使用的密押，以证实电报或电传内容确实是汇出行所汇。

（4）汇入行收到汇出行汇款电文并核对密押相符后，立即通知收款人取款。目前国际贸易结算的汇款，一般收款单位都在汇入行开有账户，故汇入行可以仅凭电文将款项收入汇款人账户，然后给收款人一张收账通知单。

（5）收款人持通知书到汇入行取款，收款时必须在“收款人收据”上签名或盖章。

（6）汇入行向收款人解付汇款。

（7）汇入行将付讫借记通知书邮寄给汇出行，以使双方的债权和债务得以结算。

❖ 案例 3-2

国内某出口商A与国外某一进口商B签订一份贸易合同，合同规定：由买方通过银行开出即期不可撤销的信用证向卖方付款。但过了合同约定的开证日期后仍未见到买方开来信用证，于是卖方催问，对方称："证已开出，请速备货。"然而，临近约定的装货期的前一周，卖方还未收到信用证。卖方再次查询，对方才告知："因开证行与卖方银行并无业务代理关系，故此证已开往有代理关系的某地银行转交。"此时船期已到，因合同规定货物需直接运抵加拿大，而此航线每月只有一班船，若错过这班船，卖方将遭受重大损失。这时买方B提出使用电汇的方式支付货款，鉴于以上的情况，卖方只好同意，但要求买方B提供汇款凭证传真件，确认后马上发货。第二天，买方B传真来银行的汇款凭证，卖方A持汇款凭证到银行核对无误后，认为款项已汇出，便安排装船。但装船数天后，卖方发现货款根本没有到账。原来买方的资信极差，瞄准卖方急于销货的心理，先购买一张小额汇票，涂改后再传真过来，冒充电汇凭证，使其遭受重大损失。

【案例提示】在国际贸易结算中因为种种原因，出口商经常不得不采用电汇的方式取代原有的结算方式。在本案例中就是将原有的信用证结算方式改为电汇方式。由于两种结算方式所依存的信用基础不同，因此风险也就不同。在信用证结算中，由于是银行信用，因此卖方收款较有保障。在电汇中，由于是商业信用，因此卖方的风险较大，极有可能出现钱货两空的结果。在本案例中，卖方受骗的原因是多方面的：首先，在不知道买方资信的前提下，就贸然采用电汇支付方式。其次，卖方没有仔细甄别买方传真来的汇款凭证。本案例中，所谓"汇款凭证"其实只是经过涂改、变造的汇票和汇款委托书传真件。卖方应该仔细鉴别，除到银行核对外，还应该自己掌握一些真假汇票凭证的鉴别方法，最好能够先收款后发货。

资料来源　徐进亮. 国际结算惯例与案例［M］. 北京：对外经济贸易大学出版社，2007：60.

（二）信汇

1.信汇的含义

信汇（mail transfer，M/T）是汇出行应汇款人的申请，用航空信函的方式指示汇入行解付一定金额给收款人的一种汇款方式。

2.信汇的特点

（1）银行可短期无偿利用信汇资金。由于信汇邮递在途时间较长，因此汇出行可以占用邮递时间内的信汇资金。

（2）信汇费用相对低。

（3）信汇资金的转移速度较慢。信汇通过航邮至汇入行，汇款在途时间较长，收款时间较慢。

3.信汇业务的基本流程

信汇业务流程与电汇基本相同，即汇款人必须填写信汇申请书。信汇与电汇的唯一差别是，汇出行应汇款人的申请，以航空信函邮寄信汇委托书（M/T advice）（见附样3-2）或支付委托书（payment order）给汇入行作为结算工具，委托其解付。

附样 3-2

信汇委托书

To: ______________________（汇入行名称） Date: ______________（信汇委托书日期）

Please advice and effect the following payment less your charges if any. In cover, we have credited you A/C with us.

No. of M/T（信汇编号）: ___________ To be paid to________________________（收款人名称）

Amount: __________（汇款金额小写） Amount in words: _______________（汇款金额大写）

By order of____________________________（汇款人名称）

Message（汇款附言）: _______________ For bank of______________________（汇出行名称）

信汇业务的流程一般也包括如下7个环节（如图3-2所示）：

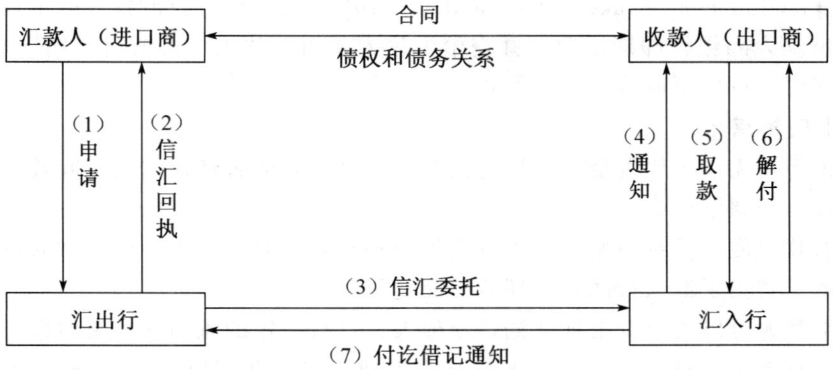

图3-2 信汇业务的基本流程

（1）汇款人填写信汇申请书，向汇出行交款付费。

（2）汇出行给汇款人以信汇回执。

（3）汇出行根据汇款人申请书内容，将汇款金额、收款人和汇款人的姓名与地址、汇款人附言等内容以航空信函邮寄信汇委托书，通知汇入行解付。

（4）汇入行收到汇出行汇款信函并核对印鉴相符后，立即通知收款人取款。

（5）收款人持通知书到汇入行取款，收款时必须在“收款人收据”上签名或盖章。

（6）汇入行向收款人解付汇款。

（7）汇入行将付讫借记通知书邮寄给汇出行，以使双方的债权和债务得以结算。

❖ **案例 3-3**

吴某与李某是非常要好的朋友。有一次，吴某由于疏忽将印鉴留在了李某的家中，李某利用该印鉴，模仿吴某的签名，假借吴某的名义伪造了付款授权信，将吴某的款项汇到自己的账户中。事后，虽然李某的诈骗行为被发现并且受到了法律的制裁，但是由于李某已经将所汇款项挥霍殆尽，吴某仍然受到了很大的损失。

【案例提示】这是一个典型的信汇诈骗案件。依照银行的业务惯例，客户可致信他的开户行要求将一定金额的款项汇交收款人。开户行视此信为书面授权，核对客户印鉴相符后，凭以借记客户账户并将款项汇出。欺诈者利用这种做法，模仿客户签名，伪造授权信，骗取银行的汇出款项。因此，汇款人应妥善保管印鉴，注意保密；银行办理业务时要仔细核对印鉴，尤其对大额汇出款和转账要倍加注意。

资料来源　徐进亮. 国际结算惯例与案例［M］. 北京：对外经济贸易大学出版社，2007：62.

（三）票汇

1.票汇的含义

票汇（remittance by banker's demand draft，D/D）是汇出行应汇款人的申请，开立以汇入行为付款人的银行即期汇票，并交给汇款人，由汇款人自寄或自带给国外收款人，由收款人到汇入行凭票取款的汇款方式。

2.票汇的特点

（1）银行可无偿占用资金。票据的出票、寄（带）或者转让占用时间较长，银行在此期间可以占用票汇资金。

（2）取款方便，手续简便。汇入行无须通知收款人取款，而是由收款人持票亲自到汇入行取款，省去了汇入行通知的环节，简化了手续。

（3）汇款人可以通过背书把票据转让他人，具有一定的流通性和灵活性。

（4）办理票汇业务时，汇出行要出具票汇通知书（即票根），并寄至汇入行，以便汇入行在收款人持票向其取款时，凭票汇通知书核对汇票的真伪。待证实汇票无误后，解付票款给收款人，并将付讫收据寄至汇出行。

3.票汇业务的基本流程

票汇业务的基本流程（如图3-3所示）如下：

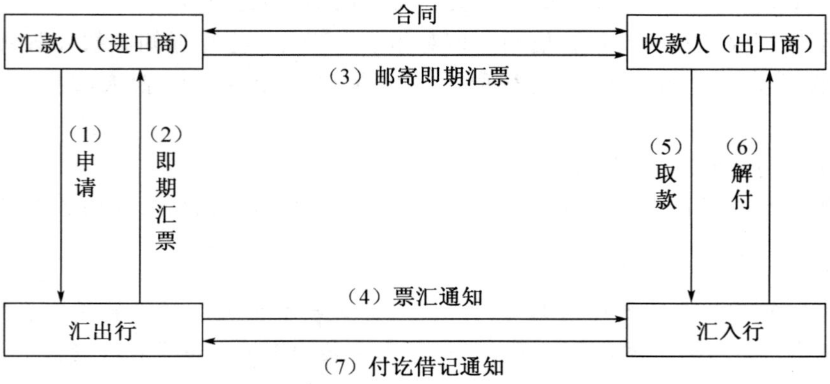

图3-3　票汇业务的基本流程

（1）汇款人填写票汇申请书，并交款付费给汇出行。

（2）汇出行开立银行即期汇票交给汇款人。

（3）汇款人将银行即期汇票自行邮寄给收款人。

（4）汇出行将票汇通知书邮寄给汇入行。

（5）收款人凭银行即期汇票向汇入行取款。

（6）汇入行对汇票和票汇通知书审核无误后，付款给收款人。

（7）汇入行把付讫借记通知书寄给汇出行。

❖ 案例 3-4

我国某出口企业A与另一国的进口企业B之间签订了一份进出口贸易合同，合同中规定：支付条款为装运月份前15天电汇付款。但是，在后来的履约过程中，B方延至装运月份的中旬才从邮局寄来银行汇票一张。为保证按期交货，我出口企业A于收到汇票次日即将货物托运，同时委托C银行代收票款。1个月后，接到C银行通知，因该汇票系伪造，已被退票。此时，货物已抵达目的港，并已被进口方凭出口企业自行寄去的单据提走。事后我国出口企业A进行追偿，但进口方B早已人去楼空，我方遭受钱货两空的重大损失。

【案例提示】本案例中造成损失的最主要原因是出口商本身。进口企业B随意将支付条件从电汇改为票汇的时候，没有引起出口商的注意，即使默认这种改变，也应该首先鉴别汇票的真实性，不应该贸然将货物托运并自行寄单。

当然，汇款本身所固有的弊端也是出口商钱货两空的重要原因。因为汇款所依托的是商业信用，完全依赖进口商的资信。如果出口商不是很了解进口商，不能随便使用票汇方式。

资料来源　徐进亮. 国际结算惯例与案例［M］. 北京：对外经济贸易大学出版社，2007：63.

在票汇业务中经常使用中心汇票进行国际结算。中心汇票（draft on center）是指付款人是汇票所用货币清算中心的银行的即期银行汇票。如以纽约某银行为美元汇票付款人的汇票、以东京某银行为日元汇票付款人的汇票、以伦敦某银行为英镑汇票付款人的汇票等，都是中心汇票。

中心汇票是一种比较理想的汇款方式。中心汇票的付款人总是出票银行在某货币清算中心的账户行。对出票行来说，在开立汇票时已向汇款人收了款，直到付款行付款时才从账上付出，可以较长时间地占用资金，并且出票行不必调拨资金，手续简便。

拓展阅读 3-1

第二节　汇款的偿付及退汇

一、汇款的偿付

汇款的偿付（reimbursement of remittance cover）俗称拨头寸，是指汇出行在办理汇出汇款业务时，应及时将汇款金额拨交给其委托解付汇款的汇入行的行为。

一般在汇款时，汇出行在汇款通知书上须写明偿付指示。如汇出行和汇入行之间相互开有账户，则偿付比较简单。汇出行在汇入行有账户，则只需授权汇入行借记其账户即可；汇入行在汇出行有账户，则汇出行在发出汇款通知书时须先贷记汇入行在汇出行的账户。如果汇出行和汇入行之间没有建立直接的账户往来关系，则需要其他银行的加入，以便代汇出行拨付或偿付资金给解付行，以及代解付行索偿款项。

（一）头寸拨付的方式

在国际结算实务中，头寸拨付有以下两种方式：

1.先拨后付

汇出行在办理汇款业务时，先将头寸拨付给汇入行，汇入行收到头寸后才对收款人解付，这是最主要的头寸拨付方式。汇入行一般都是在收到头寸以后，才解付汇款。

2.先付后偿

汇出行在办理汇款业务时，先将汇款通知发送给汇入行，汇入行先垫付资金给收款人，然后向汇出行索偿。这种方式对汇入行来说存在一定的风险。

（二）汇款的偿付

汇款业务中，根据汇出行和汇入行账户的开立情况，汇款的偿付方法主要有以下几种：

1.汇出行直接入账方式

这种偿付方式的前提是汇入行在汇出行开立了往来账户，并且汇款货币为汇出国货币。汇出行在委托汇入行解付汇款时，应在支付委托书上注明：“In cover，we have credited the sum to your account with us.”（汇款头寸已经贷记你行在本行的账户。）汇出行还必须向汇入行邮寄贷记报单（credit advice）。汇入行在接到支付委托书后，得知汇款头寸已经拨入自己的账户，即可将头寸解付给收款人（如图3-4所示）。

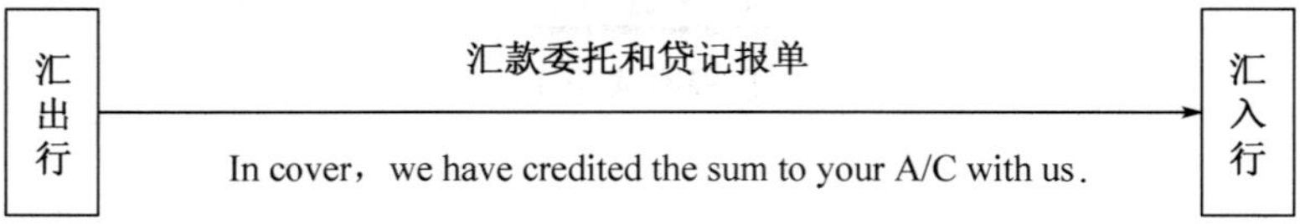

图3-4　汇出行直接入账图示

2.汇入行直接入账方式

这种偿付方式的前提是汇出行在汇入行开立了往来账户，汇款货币为汇入国货币。汇出行在委托汇入行解付汇款时，应在支付委托书上注明："In cover, please debit the sum to our account with you."（将汇款头寸借记本行在你行的账户。）汇入行在解付后向汇出行发出借记报单（debit advice），该笔汇款即告完成（如图3-5所示）。

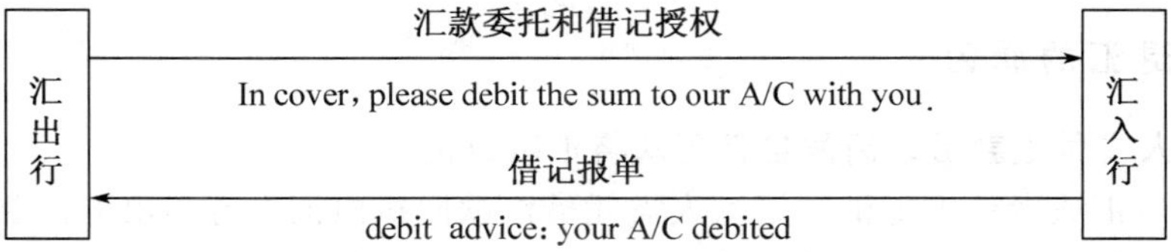

图3-5　汇入行直接入账图示

3.通过汇出行和汇入行的共同账户行转账拨付

如果汇出行和汇入行之间没有往来账户，但双方在同一银行（如A银行）开有账户，汇出行在支付委托书中应注明："In cover, we have authorized bank A to debit our account and credit your account with them."同时，汇出行要主动通知A银行授权它将汇款头寸借记其账户并拨付汇入行账户；A银行完成头寸拨付之后，须分别向汇出行和汇入行邮寄借记报单和贷记报单（如图3-6所示）。

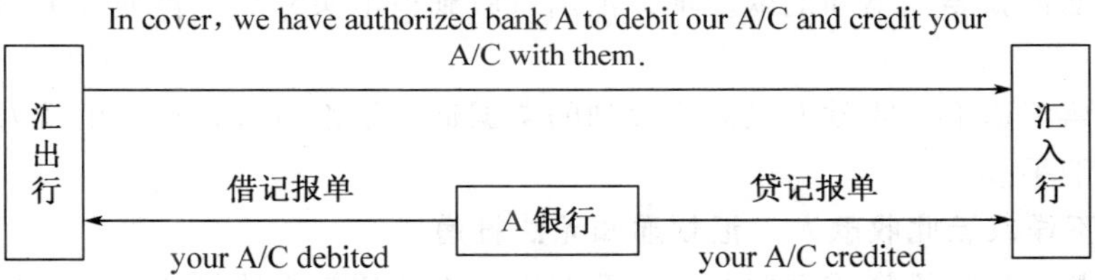

图3-6　通过汇出行和汇入行的共同账户行转账拨付图示

4.通过汇出行和汇入行各自账户行的共同账户行转账拨付

当汇出行和汇入行在不同银行开立了往来账户，比如汇出行在A银行开立了账户，而汇入行在B银行开立了账户，汇出行应主动通知A银行将款项拨付给汇入行在B银行的账户，在支付委托书中应注明："In cover, we have instructed bank A to pay the proceeds to your account with bank B."

❖ **案例** 3-5

某日，某客户去上海A银行查询1 000美元的个人汇入款。据客户告知是通过上海A银行的总行在纽约的账户行美洲银行汇付的。但是上海A银行查询记录未发现该笔汇款。经多次查询美洲银行方知，纽约美洲银行将该笔汇款误入该银行某省分行的分账户，最终由该省分行以异地联行划付方式汇至上海该行，从而解付给收款人，前后共延误60天。

【案例提示】本案例是由于美国汇出行美洲银行本身的差错所造成的一笔汇款延误。作为汇出行，应该准确了解汇入行信息，及时汇付资金；作为收款行，在收到其无法解付的汇入款时应及时与汇出行联系，避免资金划拨的延误。

二、汇款的退汇

汇款的退汇（cancellation of remittance）是指汇款在解付前的撤销。退汇可能由收款人提出，也可能由汇款人提出。

（一）退汇的原因

1.汇款人交付汇款后，因故自己要求将汇款返汇

如果是电汇或者信汇退汇，汇款人需凭借汇款回执向汇出行提出退汇要求，再由汇出行通知汇入行停止解付，撤销汇款。如汇款在要求退汇之前已经解付，汇款人不得要求退汇，只能向收款人交涉退回款项。

如果是办理票汇退汇，在汇款人将汇票寄出之前，汇款人可持原汇票到汇出行申请办理凭票退汇的手续；若汇款人已经将汇票寄出，就不能要求汇出行办理退汇手续了。即使汇款人要求办理退汇，银行为了维护自己的信誉，也不予接受。

2.收款人拒收汇款或逾期仍不领取

如果是电汇或者信汇退汇，收款人向汇入行提出拒收或者逾期不来领取，汇入行要向汇出行退回汇款委托书和汇款款项，汇出行收到退汇头寸后，再通知汇款人来办理退款手续。

如果是票汇退汇，收款人只需将收到的票据退还给汇款人，再由汇款人去向汇出行办理凭票退汇手续。

3.地址不详或无此收款人，汇款通知无法投递

遇到收款人地址不详或无此收款人等原因，汇款通知无法投递时，汇款通知会被退回，这种情况也可视为收款人退汇。

（二）退汇的手续

1.汇出行退汇手续

（1）汇款人提出申请，详细说明退汇的缘由，必要时提供保证；

（2）汇出行审查；

（3）向汇入行发出要求退回头寸的通知；

（4）收到汇入行同意退汇的通知和头寸后，将款项退回汇款人。

2.汇入行退汇手续

（1）核对退汇通知的印鉴，看汇款是否已付；

（2）若汇款已付，将收款人签署的汇款收条寄回，表示汇款已经解付；

（3）若汇款未付，则退回头寸，寄回汇款委托书或汇票。

退汇程序如图3-7所示。

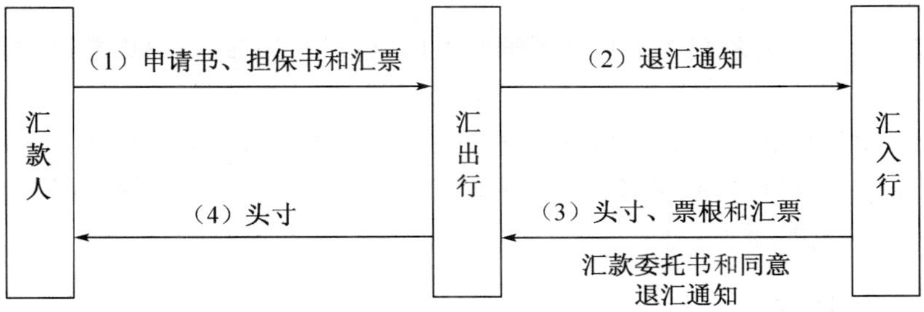

图3-7 退汇程序图示

资料来源 贺瑛，漆腊应．国际结算［M］．2版．北京：中国金融出版社，2006：55.

第三节 汇款在国际贸易中的使用

一、汇款在国际贸易中的应用

在国际贸易中，买卖双方在磋商交易时，必须对交易款项的支付作出明确规定，并在合同中加以确定。汇款是常用的结算方式之一，根据货款交付和货物运送的时间不同，汇款可分为预付货款、货到付款两种类型。

（一）预付货款

预付货款（payment in advance）是指买方（进口商）先将货款的全部或者一部分通过银行汇交卖方（出口商），卖方收到货款后，根据买卖双方事先签订的合约，在一定时间内或立即将货物运交进口商的结算方式。

预付货款的方式对进口商来说是预付货款；对出口方来说则是预收货款；对银行来说，预付货款属于汇出款项，预收货款属于汇入款项。在国际贸易中，处理汇入款项业务的银行向出口商结汇后，出口商才将货物运出，所以此种结算方式又被称为“先结后出”。

1.预付货款的特点

（1）预付货款对出口商有利。这是因为对出口商来说，货物未发出，已收到一笔货款，等同于得到无息贷款；收款后再发货，降低了货物出售的风险，如果进口商毁约，出口商可没收预付款；出口商可以充分利用预收货款，甚至可在收到货款后再购货发运。

（2）预付货款对进口商不利。因为对进口商而言，未收到货物已先垫付了款项，将来如果不能收到或不能如期收到货物，或货物与合同不符时，将遭受损失或承担风险；货物到手前付出货款，造成资金周转困难及利息损失。

2.预付货款的适用范围

（1）出口商的商品是进口国市场上的抢手货，进口商需求迫切以取得高额利润，因此不惜预付货款。

（2）进出口双方关系密切，相互了解对方的资信情况，进口商愿意以预付货款购入货物。

（3）卖方货物旺销，出口商与进口商初次成交，卖方对买方资信不甚了解，顾虑买方收货后不按合约履行付款义务。为了收汇安全，卖方提出预付货款作为发货的前提条件。

（二）货到付款

货到付款（payment after arrival of goods）是指出口商先发货、进口商后付款的结算方式。此方式实际上属于赊账交易（open account transaction）或延期付款（deferred payment）结算。

1.货到付款的特点

（1）货到付款对买方有利。这主要是因为，买方不承担资金风险，货未到或货不符合合同要求则不付款，在整个交易中买方占据主动地位；由于买方常在收到货物一段时间后再付款，无形中占用了卖方资金。

（2）货到付款使卖方承担风险。这是因为卖方先发货，必然要承担买方不付款的风险；货款常常不能及时收回，卖方资金被占用，造成一定的损失。

2.货到付款在国际贸易中的应用

（1）售定（goods sold），是指买卖双方成交条件已经谈妥并已签订了成交合同，同时确定了货价和付款时间，一般是货到即付款或货到后若干天付款，由进口商用汇款方式通过银行汇交出口商。这种特定的延期付款方式习惯上被称为“先出后结”，又因价格事先已经确定，故亦被称为售定。

在售定方式下，卖方在没有收到货款之前先交出单据或货物，然后由买方按合同规定主动汇款。对卖方来说，货款能否按时顺利收回只能凭借买方的信用。如果买方拒不付款或拖延付款时间，卖方就要遭受货款落空或晚收款的利息损失，因此除非买方信誉可靠，卖方一般不轻易采用这种方式收取货款。这种结算方式对买方而言比较有利，买方可以先提货然后付款，有利于资金周转，且可以节省采用其他结算方式所需要支付的费用。

目前我国“先出后结”主要用于以下两种情况：

① 在对中国香港、澳门地区供应中，为方便客户、巩固和扩大市场，对一些常年供应的鲜活商品采用这种结算方式。为了收款安全，在合同中除了规定“买方必须在货物到达若干天内，按发票金额通过银行将货款汇交我方；否则，由此造成的一切损失由买方负担”的条件外，还可根据情况，要求买方先在指定银行存入一笔款项，由买方委托该银行于货到若干天内凭我方发票付款，以防买方拖延付款日期，使我方遭受损失。对分期交货的合同，还可要求买方先交一笔押金，作为卖方安全收汇的保证。

② 在我国空运进出口合同中，有时也采用这种结算方式，以适应空运货物到货迅速的特点。卖方在货物装运出口后，将货运单据不通过银行而是直接递交买方，买方在收到货运单据时或约定的一定时期内按约定的价格将货款通过银行汇交卖方。由于这种结算方式对卖方风险较大，一般仅限于对某些资信可靠、双方关系密切的客户采用。

（2）寄售（consignment），是由出口商先将货物运至国外，委托国外商人在当地市场代为销售，货物售出后，被委托人将货款扣除佣金后通过银行汇交出口商。

寄售是一种先发运后销售的现货买卖方式。以寄售方式销售，可以让商品在市场上与用户直接见面，按需要的数量随意购买，而且是现货现买，能抓住销售时机。所以对开拓新市场，特别是消费品市场，寄售是一种行之有效的方式。

寄售方式下出口商承担一定的风险和费用。这是因为：

其一，货未售出之前发运，售后才能收回货款，资金负担较重。

其二，货物需在寄售地区安排存仓、提货，代销人不承担费用和风险。

其三，如果代销人不守协议，如不能妥善代管货物或出售后不及时汇回货款，则将给出口商带来损失。

其四，如果货物滞销，需要运回或转运其他口岸，那么出口商将遭受损失。

出口商采用寄售方式结算时应注意以下几个问题：

第一，着眼于开拓新市场，既销售商品，又树立企业形象，建立客户关系，故而所选商品应优质适销。

第二，选择合适的寄售地点。寄售地点应选择交通便捷的贸易中心或自由港、自由贸易区，以方便货物进出转运，降低费用。

第三，选择合适的代销人。代销人应在当地有良好的商誉，有相关商品的营销经验和推销能力，并有能力代办报关、存仓等业务。

第四，重视安全收汇。应在寄售协议中作出相应规定，如要求代销人开立银行保函，或以承兑交单方式发货。

二、汇款方式的特点、风险及防范

（一）汇款方式的特点

1.汇款方式以商业信用为基础

汇款是建立在商业信用基础上的结算方式，客户采用汇款方式就是委托银行通过它遍布全球的分支机构或者代理行体系，通过转账、资金划拨来付款，为买卖双方提供便利的结算条件，即使使用其他的结算条件最终也要依靠银行来付款，所以汇款是其他结算方式的基础。

2.风险分布不平衡

对预付货款来说，买方一旦付款，对方是否会按时发货，就完全取决于对方的信誉；对货到付款来说，正好相反，卖方在发货后能否顺利收回货款，要依靠买方的资信状况。银行不介入进出口双方的买卖合同，对合同规定的双方的义务不提供担保，不对货物的买卖和货款收付的风险承担责任，所以买卖双方中必然有一方承担较大的风险。

3.资金负担不平衡

预付货款方式下，进口商在未收到货物之前就要首先付款，这样出口商完全可以占用进口商的资金备货和运货；如果是货到付款的方式，进口商在收到货物甚至把货物卖掉以后，再向卖方付款，完全不占用己方的资金。所以在国际贸易中使用汇款的方式，资金完全由一方承担，并且买卖双方无法从银行获得融资。

4.手续简单，费用较低，节省时间

汇款方式灵活方便，费用相对其他结算方式而言较为低廉，因此，如果双方已经建立长期的贸易伙伴关系，或者是公司内贸易，以及小金额的贸易、支付定金、佣金、运费、保险费、样品费等，汇款结算是一种较好的结算方式。

拓展阅读3-2

（二）汇款方式的风险及防范

1.汇款方式存在的风险

（1）国家信用风险。这种风险并不是进出口商所造成的，而是由进出口国（地区）政治、经济风险所引起的。比如，经济衰退、货币贬值、战争都可能使进口方或出口方无法履行付款或交货的义务。

（2）商业信用风险。汇款方式属于商业信用，买卖双方能否取得货款或货物，完全取决于对方的信用。如果卖方收款后不发货或者买方收货后不汇款，都可能使对方钱货两空。

❖ **案例3-6**

国内收款人持中国香港某商业银行的汇款申请书向中国某银行查询一笔100万美元的电汇是否入账。该行根据该汇款申请书所列内容查阅了有关的对账单和往来电文，并未发现有这笔汇款，但允诺代其查询，并即电中国香港汇出行查询，请其提供详细汇款路线。在此期间，收款人多次来电称此笔汇款保证无问题，要求银行立即入账，银行以未见账户行贷记报单不能入账的原则给予婉拒。后来，中国香港汇出行来电称，该汇款申请书系部分伪造，所谓的汇款人根本不知此事。

【案例提示】这是一起典型的假汇款案。本案例提示，银行工作人员虽应时时刻刻想到为客户服务，但必须坚持原则。在汇入款业务中，汇入行必须坚持不垫款原则，只有在确实收到账户行的贷记通知时才能解付或入账。在对外贸易中，也会发生国外进口商以汇款申请书（或证明书）作为已汇出款项的证明，要求国内出口商立即发货或指示托收银行向其交出装运单据。另外，即使汇款申请书是真的，作案者也会随即指示汇款银行取消该项汇款，而仍保留原汇款申请书（或复印件）进行作案，这应引起国内有关当事人注意。

资料来源　张炜．银行业务法律合规风险分析与控制［M］．北京：法律出版社，2011：105-106.

（3）结算风险。企业买卖商品时，由外汇市场上汇率波动而产生的损失被称为结算风险。由于达成交易签订合同的时间与具体的付款时间不一致，如果合同中没有对使用的汇率作出明确的规定，这段时间里汇率发生较大的变化，无论升降，都会对其中一方产生不利影响。

2.汇款方式的风险防范

（1）仔细了解交易对手的资信情况。买卖双方可以多渠道、多方面了解对方的资信状况，如通过有涉外服务的银行、国外的商会、外交使领馆、同业公会等。对出口商而言，在收到全部货款之前要注意对单证的控制，不能轻易将单证交给进口商。对进口商而言，可通过银行与出口商达成解付款项的条件协议，常称为“解付条件”，由解付行在解付时执行。解付条件中规定：

①收款人取款时，要出具个人书面担保或银行保函，担保收到货款后如期履约交货；否则，退还已收到货款并附加利息。

②保证提供全套货运单据等。

（2）利用汇款与其他结算方式相结合的办法来转嫁风险。在货到付款的条件下，出口商可以采用福费廷或保理等方式，把商业风险、国家风险、外汇风险转移给包买商或保理商；也可以与银行保函方式相配合，要求进口商开立银行保函。如果进口商到期拒付，由担保银行承担付款责任，从而降低卖方收汇的风险。在预付货款条件下，进口商也可以要求出口商提供银行保函。如果卖方未如期发货，也未退回预付款，由担保银行承担买方的损失。

（3）通过向保险公司投保降低风险。在汇款方式下，卖方应尽量采用CIF或CIP的贸易条件，由卖方负责办理货物运输保险。如果货物在运输途中发生保险范围内的损失，卖方可以直接向保险公司索赔。出口商还可向保险公司投保出口信用保险，把进口商不付款的风险转嫁给保险公司。

本章小结

汇款又称汇付，是指交易双方订立商务合同后，进口商将货款交给进口银行，要求银行通过一定的方式，委托在出口地的代理行或联行，将款项交给出口商的一种结算方式。按照所使用的支付工具的不同，汇款可分为电汇、信汇和票汇。

在国际贸易中利用汇款结算买卖双方的债权和债务时，可采用预付货款和货到付款两种方式。汇款方式简单灵活、费用低廉，在非贸易结算中被广泛使用。国际贸易结算下由于买卖双方互不信任、互不了解，以汇款方式进行结算存在较大的风险，因此，采用汇款方式进行结算时应注意对风险的防范。

关键概念

汇款（remittance）；电汇（telegraphic transfer，T/T）；信汇（mail transfer，M/T）；票汇（remittance by banker's demand draft，D/D）；中心汇票（draft on center）；预付货款（payment in advance）；货到付款（payment after arrival of goods）；售定（goods sold）；寄售（consignment）

基本训练

第三章即测即评

❖ 简答题

1. 什么是汇款？汇款可分哪几种？
2. 汇款方式有哪些当事人？他们的基本职责是什么？
3. 什么是电汇、信汇和票汇？其各自业务流程是什么？
4. 简述预付货款、货到付款的特点及适用范围。
5. 汇款偿付方式有哪几种？
6. 简述汇款方式的特点及风险防范。

❖ 案例分析

1. 甲交给乙一张经付款银行承兑的远期汇票，作为向乙订货的预付款，乙在票据上背书后转让给丙以偿还欠丙的借款。丙于到期日向承兑银行提示取款，恰遇当地法院公告该行于当天起进行破产清算，因而被退票。丙随即向甲追索，甲以乙所交货物质次为由予以拒绝，并称10天前通知银行止付，止付通知及止付理由也同时通知了乙。在此情况下丙再向乙追索，乙以汇票系甲开立为由推诿不理。丙遂向法院起诉，被告为甲、乙与银行三方。

讨论：法院将如何依法判决？理由何在？

2. 东方国际集团上海市对外贸易有限公司（以下简称“上海外贸公司”）与匈牙利金城豪克国际贸易有限责任公司（以下简称“豪克公司”）签订了一份95HTI4E025售货合同，约定：由上海外贸公司供给豪克公司不同规格的儿童棉服和儿童羽绒服，货物总计数量为28 000件，总金额为365 600美元，装运数量允许有5%的增减，价格条件为CIF布达佩斯，装运口岸为中国上海，目的地为匈牙利布达佩斯，付款条件为提单日后70天内电汇付款。售货合同签订后，上海外贸按合同约定在最迟装运期前将货物装上船只，取得提单并交给豪克公司。但货物到港后，一部分被匈牙利海关没收，一部分下落不明，豪克公司因此拒绝付款，上海外贸遭受很大损失。

讨论：出口商在进行出口贸易时采用电汇付款存在哪些风险和问题？出口商应该如何处理？

第四章 国际结算方式——托收

学习目标

理解托收的定义及托收业务中各当事人的权利和义务；掌握跟单托收业务的流程；掌握托收结算方式中的风险和防范。

❖ 导入案例

中国棉花进口总公司向古巴农产品总公司出口1 000吨棉花。中国棉花进口总公司委托中国农业银行北京分行办理托收，交单条件为D/P即期，并指定古巴国民银行哈瓦那分行为代收行。你会开具跟单汇票吗？你知道托收的具体流程吗？

第一节　托收的定义及当事人

一、托收的定义[①]

国际商会（ICC）《托收统一规则》（URC522）第2条规定：托收是指银行依据所收到的指示，处理金融单据或商业单据，以便取得付款或承兑，或凭付款或承兑交出商业单据，或凭其他条款或条件交出单据。

上述托收定义所涉及的单据包括金融单据和商业单据。金融单据通常包括汇票、支票、本票、付款收据或其他用于取得付款的类似票据。“凭其他条款或条件”一般是指凭信托收据或承诺付款书等。商业单据通常包括发票、运输单据、权利凭证或其他类似单据。

根据国际商会的上述定义，托收（collection）的概念可概括为：托收是银行（托收行）依据委托人（债权人）的指示，通过该行在付款人（债务人）所在地的联行或代理银行（代收行）向付款人取得付款和/或承兑，或在取得付款和/或承兑或其他条款、条件之后，向付款人交出单据的一种结算方式。

① 姚新超．国际结算与贸易融资［M］．北京：北京大学出版社，2010：56-57.

托收是建立在商业信用基础上的一种结算方式，尽管银行参与结算，但银行不提供信用，即委托人最终是否能取得付款或承兑，依赖付款人的信用，银行仅提供服务而不承担责任，只要其本身没有过失。

二、托收的当事人

（一）委托人

委托人（principal）通常是指委托银行办理托收业务的一方。他可以是光票托收中的债权人，也可以是跟单托收中的出口商。若有汇票，他往往也是该汇票的出票人和收款人。

委托人在委托银行办理托收时，应填制由银行提供的托收申请书，以及向该银行提交相关的金融单据或商业单据，并交付有关的托收费用。

（二）托收行

托收行（remitting bank）是指接受委托人的委托办理托收的银行。一旦接受委托，托收行就负责将有关单据寄送代收行，因而托收行又称寄单行。该银行通常为债权人所在地银行。若有汇票，托收行可以是该汇票的收款人或被背书人。

（三）代收行

代收行（collection bank）是指接受托收行的委托，依照托收行的指示，向进口商或债务人收款的银行。该银行一般为托收行在付款人所在地的联行或代理行。若有汇票，该银行可以为该汇票的被背书人或收款人。

（四）付款人

付款人（payer/drawee）是指依照托收委托，由代收行向其提示单据并要求其付款的人。若有汇票，该付款人为汇票的受票人，应立即支付汇票金额（即期汇票），或承兑汇票（远期汇票）并于到期日付款。在跟单托收中，付款人一般为进口商。

此外，在托收中有时还涉及提示行及需要时的代理。

提示行（presenting bank）是向付款人提示单据的银行，一般是代收行，但当代收行与付款人无往来关系，但与其开户行有账户往来时，为了方便其往来银行向付款人融资，并如期取得付款、承兑、交单，代收行可委托付款人的往来银行为提示行。此时，代收行与提示行分别为两家银行。

需要时的代理（principal's representative in case of need）是委托人为了防止因付款人拒付而发生无人照料货物的情形，在付款地事先指定的代理人。该代理人被授权在发生拒付时代为办理货物存仓、转售、运回等事宜。

三、托收主要当事人之间的关系

1.委托人与付款人之间的买卖关系

委托人是出口商，付款人是进口商，双方按买卖合同履行各自的义务，即出口商应按合同规定按时发货并提交符合要求的单据，而进口商应按合同规定及时付款。

2.委托人与托收行之间的委托-代理关系

两者的委托-代理关系的依据是委托人填写的托收申请书。托收行接受委托人的托收申请书，双方的代理关系即告成立，托收行应按委托人的指示办理相关业务。

3.托收行与代收行之间的委托-代理关系

托收行和代收行之间的委托-代理关系以托收行签发的托收委托书为依据，代收行作为代理人，应严格执行托收行的指示办理代收业务。

4.代收行与付款人之间的关系

代收行和付款人不存在契约关系，付款人是根据他和委托人之间的合同承担付款的责任。在实务中，为方便收款，托收行一般选择付款人的开户行作为代收行。

在托收方式下，银行只是接受出口商的委托，以代理人的身份向国外进口商收款，并不承担保证收到货款的责任，因此，托收方式仍然是以商业信用为基础的结算方式。货款能否收取，取决于进口商的资信。

四、托收方式下各当事人的责任

（一）委托人的责任

委托人的责任主要有两个方面：首先是作为出口商，应履行与进口商之间签订的贸易合同的责任；其次是作为委托人，应履行与托收银行签订的委托-代理合同的责任。两方面的责任具体表现如下：

1.按时、按质、按量发运货物

这是出口商最主要、最基本的合同义务，是履行贸易合同的第一步，也是跟单托收的前提条件。

2.提供符合贸易合同要求的单据

跟单托收中，单据是进口商得以提货的必要凭证。因此，出口商在发货后应缮制或取得有关单据，如商业发票、运输单据、保险单（CIF、CIP贸易术语中）等，并提交给托收行。这些单据的种类、份数及内容应符合合同的要求。只有提供了符合合同要求的单据，才能证明出口商已经履行了贸易合同。

3.填写托收申请书，开立以进口商为付款人的汇票，并随有关单据一并交托收行

在办理托收手续时，委托人应正确清楚地填写托收申请书，在申请书上详细载明委托的内容及双方的责任范围等。托收行接受委托人的申请书后，即构成委托-代理关系，托收申请书便成为委托-代理合同。

托收申请书（见附样4-1）的主要内容应包括：

附样4-1

托收申请书

APPLICATION FOR DOCUMENTARY COLLECTION

To：Remitting Bank（full name & address）

We enclose the following draft/document(s) as specified hereunder which please collect in accordance with the instructions indicated herein.

This Collection is subject to URC522.

Date:________

Drawer (full name & address)	Tenor	
	Draft/Inv. No.	Currency and amount
Drawee（full name & address）		

DOCUMENTS

DRAFT	COM. INV.	PACKING LIST	B/L	N/N B/L	AWB.	ORIGIN CERT.	INS. POL.	INSP. CERT.	GSP FORM A	CABLE COPY	

Special instructions：（see box marked “×”）

☐ Please deliver documents against ☐payment ☐acceptance.

☐ All your charges are to be borne by the drawee.

☐ In case of a time bill，please advise us of acceptance giving maturity date.

☐ In case of dishonor，please do not protest but advise us of non-payment/non-acceptance giving reasons.

☐ Please instruct the Collecting Bank to deliver documents only upon receipt of all their banking charges.

Disposal of proceeds upon collection:

For________

Authorized Signature(s)

（1）付款人及其账户行的名称和地址。付款人是银行收款和交单的对象，必须填写清楚；同时应写明付款人的账户行，以便托收行选择代收行。如果代收行是付款人的往来银行或账户行，那么通过它转交单据，可以减少环节，使委托人早日收款，付款人尽快提货，并且费用较低。

（2）交单方式，即代收行将单据交付进口商或付款人的条件。交单方式有付款交单和承兑交单两种。交单方式对出口商能否顺利收款有很大影响，应慎重选择。

（3）收妥货款的处理方式。代收行收妥货款后，通常是贷记托收行账户，然后以信函通知托收行。托收行在收到代收行的贷记报单后，再对委托人结汇。如果委托人要尽早收款，就必须指示以电报划款及电传通知，但委托人应负担电报费和电传费。

（4）银行费用的分摊。一般情况下，委托人和付款人应分别承担本国银行的费用，即委托人承担托收行费用，付款人承担代收行费用。在付款人不愿支付时，代收行可将自己应收的银行费用从收到的货款中扣除。但根据惯例，如果委托书中规定代收行的费用必须由付款人承担，代收行只能向付款人收取这些费用，代收行对因此而发生的付款延期或额外开支不承担任何责任。

（5）拒付处理。拒付处理包括两方面内容：

第一，是否作拒绝证书。委托人可指示银行在付款人拒付时作拒绝证书，必要时向法院提起诉讼，状告其不履行合同。不过，在一般情况下，委托人不会轻易向法院提起诉讼。所以根据惯例，在委托人没有明确指示时，银行不必去作拒绝证书。

第二，拒付时货物的处理。付款人拒付时，银行尚未交单，货物所有权仍属于委托人。这时，委托人对货物的处理，通常有以下几种方式：

① 委托人在当地找到新的买主，就地将货物处理掉，这是最理想的方式。

② 由委托人在进口地的可靠代理人付款提货。这一代理人即预备付款人，须在汇票上记载。

③ 指示代收行凭单提货，办理存仓、保险手续，以便委托人再去寻找买主。

④ 运回货物。只有在没有可能出售货物时，委托人才会这么做，因为这样会损失运费。

4.对意外情况及时指示

在托收进程中，难免会发生一些意外情况，当银行将这些情况通知委托人时，委托人必须及时作出指示；否则，因此而发生的损失均由委托人自己负责。

❖ 案例 4-1

A公司出口一批货物，其总价值共985 000美元，合同规定付款条件为D/A 20天。该公司依合同规定按时将货物装运完毕，有关人员将单据备齐，于3月15日向托收行办理D/A 20天到期的托收手续。4月25日，买方来电称，至今未收到有关该货物的托收单据。A公司经调查得知，是因单据及托收委托书上的付款人地址不详。5月15日接到代收行的拒付通知书。单据的延误致使进口商未能按时提取货物，货物因雨淋受潮，付款人故拒绝承兑付款。A公司损失惨重。

【案例提示】本案例中，A公司的单据及托收委托书上的付款人地址不详导致损失惨重。托收业务中，委托人委托银行办理托收，须向托收行提交托收申请书；托收行委托代收行代收票款要签发托收委托书，代收行按照托收行在托收委托书中的指示行事。所以托收申请书和托收委托书的内容必须齐全、清楚。若因托收申请书指示有误或指示不完全、不明确等造成托收延误或损失，将由委托人承担。本案例中由于委托人在申请书下提供的付款人地址不详，造成代收行无法向付款人承兑交单，使付款人不能及时提货而拒绝付款，由此给委托人造成的损失，代收行是不负任何责任的。因此，出口商在制作单据和填写托收申请书时必须严格、谨慎，保证内容完整、明确，这是顺利收取托收款项的基本前提。

5.承担收不到货款的损失

如果因付款人拒付而收不到货款，一切损失应由委托人自己承担，并且委托人仍应支付代理人的手续费及代理人为执行委托而支出的各项费用，如电报费、邮费、公证费等。

（二）托收行的责任

在托收业务中，托收行完全处于代理人的地位，其职责主要是根据委托人的指示行事，并对自身的过失承担责任。托收行的具体职责如下：

1.缮制托收委托书

托收行在接受委托后要制作托收委托书（见附样4-2）或托收委托函，其内容应与委托人的申请书严格一致，并将托收委托书与单据一起寄给代收行。

2.核对单据

托收行应核对实收单据的种类与份数是否与委托人在申请书中填写的情况相同，但没有义务审核单据的内容。

3.按常规处理业务，并承担过失责任

凡委托人在申请书中没有提出要求的方面，托收行都应按常规处理，如选择代收行、航邮单据等。对按常规处理业务所造成的损失，托收行无责。比如代收行破产，使委托人收款受到影响，托收行不承担责任。但银行必须谨慎从事，否则就要对其过失负责。如果代收行通知付款人拒付，托收行却未立即通知委托人，结果因未及时指示如何处理货物而使委托人受到损失，则托收行对此应承担过失责任。

❖ **案例** 4-2

国内某公司以D/P at sight方式出口，并委托国内A银行将单据经由第三国B银行交给进口国C银行托收。后来C银行破产无法办理托收，该公司要求退回有关单据却毫无结果。请问托收银行应负什么责任?

【案例提示】托收银行不负任何责任。根据URC522的规定，在托收方式下，银行只作为卖方的受托人行事。为实现委托人的指示，托收银行可选择委托人指定的银行或自行选择银行作为代收行；单据和托收委托可直接或间接通过别的银行寄给代收行。托收银行只要尽到“遵守信用、谨慎从事”的义务，对托收过程中所发生的各种非自身所能控制的差错，包括因代收行倒闭致使委托人货款及单据无法收回的损失，不负任何责任。

资料来源　徐进亮．国际结算惯例与案例［M］．北京：对外经济贸易大学出版社，2007：79.

附样 4-2

托收委托书

INSTRUCTION FOR DOCUMENTARY COLLECTION

To: Collecting Bank (full name & address) Date: ____________

Dear Sirs: Our Ref. No.: ____________

Please collect in accordance with the instructions indicated herein.

Drawer			Drawee	
Draft/Inv. No.	Tenor/Due Date	Amount	Charges	Total Amount

The relative documents are disposed as follows:

	DRAFT	COM. INV.	PACKING LIST	B/L	N/N B/L	AWB.	ORIGIN CERT.	INS. POL.	INSP. CERT.	GSP FORM A	CABLE COPY	
1ST												
2ND												

PLEASE CREDIT/REMIT THE PROCEEDS BY TELEX/SWIFT TO OUR ACCOUNT WITH QUOTING OUR REF. NO. UNDER YOUR TELEX/SWIFT ADVICE TO US.

Special instructions: (see box marked "×")

☐ Please deliver documents against ☐ payment ☐acceptance.

☐ Please acknowledge receipt of this Collection Instruction.

☐ All your charges are to be borne by the drawee.

☐ Please delivery documents against payment/acceptance only upon receipt of all your banking charges.

☐ In case of a time bill, please advise us of acceptance giving maturity date.

☐ In case of dishonor, please do not protest but advise us of non-payment/non-acceptance by telex/SWIFT giving reasons.

This Collection is subject to URC522.

For (Bank's Name)

____

Authorized Signature(s)

（三）代收行的责任

代收行与托收行一样处于代理人地位，其基本责任与托收行相同，即执行委托指示。除此之外，代收行还有如下责任：

1.保管好单据

在托收中，交单即交货，而交货又以进口商付款或承兑为条件。因此，代收行在进口商付款或承兑以前绝不能将单据交给进口商。在付款人拒付时，代收行应立即通知托收行。如果发出通知90天后仍未收到指示，则代收行可将单据退回托收行。

❖案例4-3

某年3月15日，出口商A与美国B进口公司签订买卖合同，约定支付方式为即期付款交单。同年5月19日，出口商A将货物通过海运从上海运往纽约，并取得海运提单。出口商A当日就持全套单据以及美国代收行D的资料前往当地的中国某银行C办理托收。当地C银行在审查全套单据后，签发了托收指示函并将全套单据和托收委托函寄给美国代收行D。美国代收行D于6月11日签收装有全套单据和托收委托的邮件。6月20日美国代收行D在B公司未付款的情况下，自行放单给B公司，B公司于6月25日将货物全部提走，且于当日向出口商A表示无力付款。尽管出口商A多次向B公司交涉，都无疾而终，出口商A损失巨大。

【案例提示】本案例中由于美国代收行D违反托收的国际惯例，在进口商B没有付款的情况下，就将全套单据交予进口商，致使出口商A钱货两空，代收行负有不可推卸的责任，出口商可向代收行提出索赔。

2.及时反馈托收情况

代收行是委托人直接与付款人接触的代表，它应将各种异常情况及其原因立即用快捷的方式通过托收行通知委托人，便于委托人及时了解托收情况并采取必要的措施。

3.谨慎处理货物

代收行原则上无权处理货物，只有在付款人拒付时，可根据委托人指示办理提货、存仓、保险等手续。不过，在发生天灾人祸等紧急情况下，代收行可以不凭委托人指示处理货物，以使委托人避免或减少损失。

（四）付款人的基本责任

付款人的基本责任是履行贸易合同的付款义务，不得无故延迟付款或拒付。

第二节 托收的种类

以托收时是否附带商业货运单据，托收分为光票托收和跟单托收两大类。

一、光票托收

光票托收（clean bill for collection）是指委托人仅提交金融单据不附带商业单据的托收，即仅把金融单据交给银行代为收款。由于仅处理金融单据，不涉及相关商业单据或贸易合同，光票托收的业务程序相对简单。在国际贸易中，光票托收通常被用于收取货款尾数、样品费、佣金、代垫费用等。但在非贸易结算中，光票托收被广泛使用。

❖ 案例 4-4

某出口商A与进口商B拟采用光票托收的方式进行贸易，运输方式为空运，很快出口商接到进口商开来的以国外某银行为付款人的支票，金额为10万美元。出口商很快将货物装运出口，并要求出口地的某银行为其办理光票托收。但是当支票寄交至国外付款行的时候，被告知此支票为空头支票，出口商A因此蒙受了重大损失。

【案例提示】采用光票托收进行国际贸易支付的时候，经常使用的金融单据是支票。这时出口商必须鉴别此支票的真实性，不能盲目出货。最好在出货之前能够要求进口商出具银行保付的支票，或者先光票托收货款后发货，以避免不必要的损失。不到万不得已的时候不要采用光票托收进行大额交易，尤其是在航空运输的情况下，由于航空运单不是物权凭证，出口商更应谨慎。

资料来源 徐进亮. 国际结算惯例与案例［M］. 北京：对外经济贸易大学出版社，2007：79.

二、跟单托收

跟单托收（documentary bill for collection）是指卖方（出口商）除开具汇票以外，还附有货运单据的托收。实务中，跟单托收所附单据主要有提单、保险单以及装箱单等。在办理跟单托收时，委托人需将汇票和所附货运单据等一并提交托收行，由托收行寄交代收行凭此向进口商收取货款。

没有汇票仅以货运单据提交银行向买方即进口商收取货款的做法，也属跟单托收的性质。不用汇票，是因为欧洲大陆国家及有些地区为了避免印花税负担，一般即期付款的托收可以不用汇票。实务中，如果出口商委托办理出口托收，仅交来货运单据而无汇票，那么银行也接受办理。

跟单托收的汇票分为即期和远期两种。在远期汇票托收的情况下，进口商在汇票到期付款以前都希望得到货款单据，先行提货出售，加速资金周转。因此，在跟单托收业务中产生何时移交单据的问题。跟单托收根据付款人取得货运单据的方法及时间不同分为承兑交单和付款交单两种方式。买卖双方在贸易合同中应明确列出交单方式。

（一）承兑交单

承兑交单（documents against acceptance，D/A）是指由出口商（或代收行）以进口商承兑远期汇票为条件交付单据。承兑交单必须有一张远期汇票，进口商只要对远期汇票进行承兑，不需付清货款，即可从代收行那里取得货运单据。

采用承兑交单结算时，在贸易合同中通常列明："The buyers shall dully accept the documentary draft drawn by the sellers at...days sight upon first presentation and make payment on its maturity. The shipping documents are to be delivered against acceptance."

承兑交单对进口商很有利，因为进口商承兑后即可凭单提货，如果销售顺利，至汇票到期日应付款时，货物已经售出，往往可以不必自备资金，有利于进口商加速资金周转。

承兑交单对出口商风险很大，因为在承兑交单时，尽管进口商对汇票金额承诺一定时期后付款，但毕竟没有付款。对出口商来说，一旦提交了货运单据，他就不能以物权——货物运输单据来约束进口商付款。如果进口商到期拒付，则货款可能全部落空。虽然从理论上讲，出口商可凭付款人承兑的远期汇票依法起诉，但跨国诉讼手续麻烦，费用很高，即使胜诉，进口商也不一定有能力赔偿全部货款和诉讼费用。因此，对资信不是很好或不是很了解的进口商不宜采用D/A方式。

承兑交单的业务流程如图4-1所示。

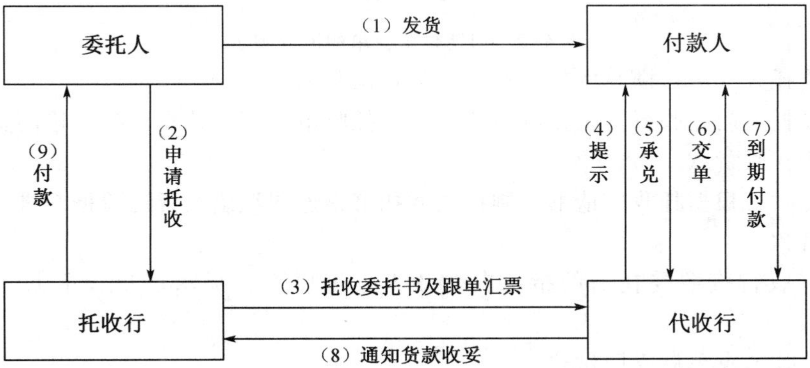

图4-1 承兑交单流程图示

（二）付款交单

付款交单（documents against payment，D/P）是指出口商（或代收行）以进口商付款为条件交单，即被委托的代收行必须在进口商付清票款之后，才能将货运单据交给进口商。

付款交单按照付款时间可分为即期付款交单和远期付款交单。

1.即期付款交单

即期付款交单（D/P at sight）是由出口商开具即期汇票，将汇票及单据通过托收行寄到进口地的代收行，代收行提示给进口商，进口商审核有关单据无误后，立即付款赎单，票款和物权单据两清。

即期付款交单的合同条款如下："Upon first presentation the buyers shall pay against documentary draft drawn by the sellers at sight. The shipping documents are to be delivered against payment only."

即期付款交单条件下，进口商应在单据提示时立即付款，凭付款取得单据。在实务中，有些付款人为了将风险降低到最低程度，往往坚持在货物到达后才予以付款，有些非洲国家甚至以法令规定，即期付款交单一律要到货物到达才可付款。即期付款交单的流程如图4-2所示：

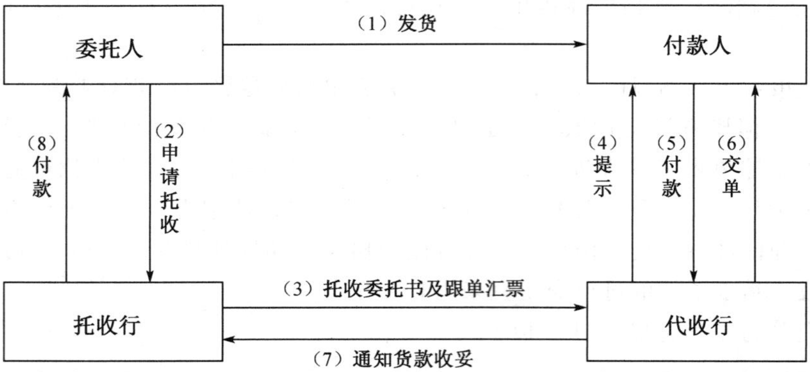

图4-2　即期付款交单的流程图示

(1) 委托人（出口商）发货，获取相关货运单据。

(2) 委托人向托收行提出托收申请，填写托收申请书，开立汇票，连同货运单据交托给委托行代收货款。

(3) 托收行根据托收申请书缮制托收委托书，连同汇票及货运单据交进口地代收行委托代收货款。

(4) 代收行按照委托书的指示向付款人（进口方）提示汇票和单据（或仅提示单据）。

(5) 付款人审单后立即付款。

(6) 代收行向付款人交单，付款人凭单提货。

(7) 代收行通知托收行货款已经收妥。

(8) 托收行向出口商付款。

2.远期付款交单

远期付款交单（D/P at...days after sight）属远期付款交易，指出口商开具远期汇票，附单据寄到进口地代收行，代收行向进口商提示汇票，进口商见票并审核单据无误后立即承兑汇票，汇票到期时付款赎单。

远期付款交单下，通常在合同中规定："The buyer shall dully accept the documentary draft by the seller at...days after sight upon first presentation and make payment on its maturity. The shipping documents are to be delivered against payment only."

采用远期付款交单的方式，目的在于给进口商一段时间以准备或筹备资金。在到期付款之前，单据仍由代收行掌管，以维护出口商权益。但如果远期付款的期限较长，而有关货物运抵目的地时间较短，若坚持到期日付款赎单，则影响进口商提货，进口商多不愿意接受。在这种情况下，进口商可以提前付款赎单，只要进口商付款，通过办理一定的手续，代收行就是可以交单的。另外，进口商还可以向代收行申请，经代收行同意后开立一张信托收据（trust receipt，T/R），凭此信托收据向代收行借出单据，提出货物，待货物出售取得货款后，再付款给代收行，换回信托收据。以信托收据向银行借出单据，是进口方银行给予进口商融通资金的一种方式。

代收行有责任保管好单据，一旦将单据借出，如果进口商（借出单据的人）到期不能付款，代收行就要代为偿款。因此，一般代收行为了控制风险，只有在付款人信誉较好时才愿意借单。当然，如果托收委托书上同意可以凭信托收据借出单据，而到期日借单人未能如数付款，代收行不承担责任。如果未经委托人或托收行同意而自行借出单据，代收行必须承担到期日付款的责任。

远期付款交单的流程图如图4-3所示。

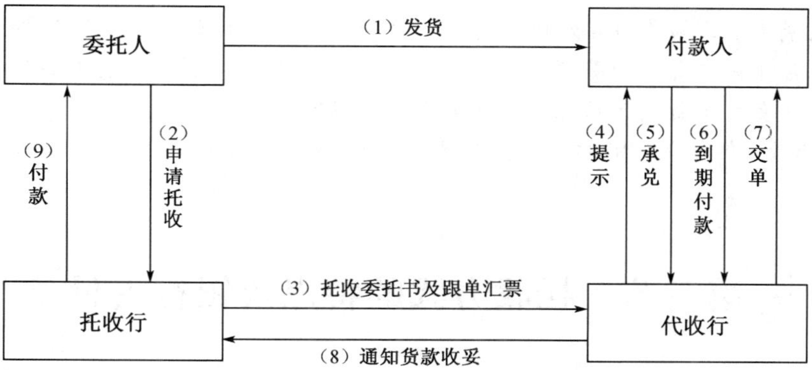

图4-3　远期付款交单流程图示

一般来说，远期付款交单的方式下，进口商在未付款前不能取得货运单据，不能掌握货物。如果到期日汇票遭到拒付，代表货物所有权的货运单据仍在代收行手中，出口商仍然保有对货物的支配权。从这点来说，远期D/P方式对出口商来说，遭受损失的风险要小一些。但是由于一些国家的远期付款交单条件使进口商得不到资金融通，货物单据借不出，加之遇到市场行情变化，所进口的货物价格下跌，进口商也不愿意借单据，因此，一些拉美国家规定远期D/P一概作D/A处理。此外，随着货运效率的不断提高，经常发生货物早早抵达卸货港而单据未到的尴尬情况。远期D/P方式更使得进口商迟迟不能提货而需承担滞港费、罚金等，给贸易双方带来不必要的经济损失和时间成本。因此，进出口双方如果要采用远期付款交单方式进行结算，应充分全面考量各类因素及后果，并采取一定措施，以降低风险。

❖ 案例4-5

我国某出口商C公司与中东地区进口商B公司签订一批合同，向其出售T恤衫，付款条件均为D/P 45 days。从1月至10月，C公司相继委托某托收行办理托收业务10笔，指明通过A银行代收货款，付款条件为D/P 45 days，付款人是B公司，金额共计150万美元。托收行均按托收申请书中指示办理。A银行收到跟单汇票后，陆续以承兑交单（D/A 45 days）的方式将大量单据放给进口商。其中多张承兑汇票已逾期，但承兑人一直未曾付款，使C公司蒙受重大损失。托收行向A银行质疑，要其承担擅自放单之责任，但A银行以当地习惯抗辩，称当地认为D/P远期与D/A性质相同，推诿放单责任，拒绝承担责任。

【案例提示】从理论上说，D/P与D/A是两种不同的交单条件，但在实务中D/P

远期使用不多。这是因为远期交易原是出口商向进口商供货的一种优惠条件，是让进口商获得资金融通的便利，但付款交单的条件使进口商得不到资金融通，因而从其自身内涵来看似乎矛盾。从票据角度来看，付款人既已承兑了一张远期汇票，就成为汇票的主债务人，承担到期必须付款的法律责任；如到期不付款，便受票据法的制约，既承担了法律责任，又不能取得物权单据，有欠公允。因此，有些国家和地区一直将D/P远期作D/A处理。对出口商来说，在签订商业合同时应尽量避免使用D/P远期付款方式。如必须使用，建议远期天数不能太长，一般不要超过货物运输航程，避免发生货到而承兑汇票还未到期的情况。

资料来源 蒋先玲. 国际贸易结算实务与案例［M］. 北京：对外经济贸易大学出版社，2005：198.

第三节 托收方式的特点及银行支付

一、托收方式的特点

（一）以商业信用为基础，出口商承担了较大的风险

跟单托收基本属于“一手交钱，一手交货”的结算方式，与汇款方式相比，安全性有所提高。但出口商要先发货后收款，并且收款主要依靠进口商的商业信用；如果进口商不付款或不承兑及故意拖延付款，或破产倒闭无力付款，出口商就无法收回货款，因此出口商仍然承担了较大的风险。进口商在托收方式下的风险较小，但仍有遭遇单货不符或收到伪劣货物的风险。

（二）资金负担仍不平衡

托收方式下，出口商承担了较重的资金负担，但比货到付款方式下的资金负担略轻，并且可以通过托收出口押汇，提前收回资金，一定程度上减轻了资金负担。而进口商不但资金负担较轻，还可通过信托收据方式和提货担保，在付款前提前从银行借单提货，货售出后再付款，相当于做一笔无本生意。

（三）手续比较烦琐，费用较高

托收方式的手续比汇款方式复杂，费用也比汇款方式高；但与信用证方式相比，托收的手续还是相对简单的，费用也低。

鉴于以上特点，跟单托收方式在一般贸易结算中的应用不是很广泛，但在加工装配贸易中以及跨国公司的不同子公司之间常采用托收结算方式。

拓展阅读4-1

二、托收方式下的银行支付

托收方式下银行的支付是指代收行在收妥款项后，按照托收行指示的路线进行付款的活动。托收行在委托代收行收款时，应在托收委托书中明确指示代收行如何收取和传递托收款项。

根据托收行和代收行之间的账户开立情况，常见的收款指示有以下三种：

（一）托收行在代收行开立账户

托收行在代收行开立账户时，托收行应在托收委托中写明："When collected, please credit our account with you under your SWIFT/airmail advice to us."（收妥款项，请贷记我方在你行的账户，并以SWIFT或航函方式通知我方。）代收行收妥款项后贷记托收行账户，并发出贷记报单，托收行接到贷记报单，得知款项已收妥后，再向委托人付款（如图4-4所示）。

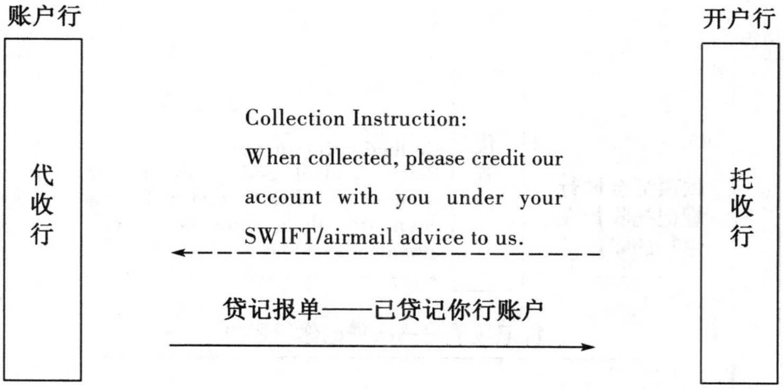

图4-4　托收行在代收行开立账户图示

（二）代收行在托收行开立账户

如果代收行在托收行开立账户，托收行在托收委托中应写明："Please collect the proceeds and authorize us by SWIFT/airmail to debit your account with us."（请代收款项并以SWIFT或航函方式授权我方借记你行在我方的账户。）代收行收妥款项后，发出支付委托书，授权托收行借记自己的账户。托收行收到支付委托书后，借记代收行账户，并向委托人付款（如图4-5所示）。

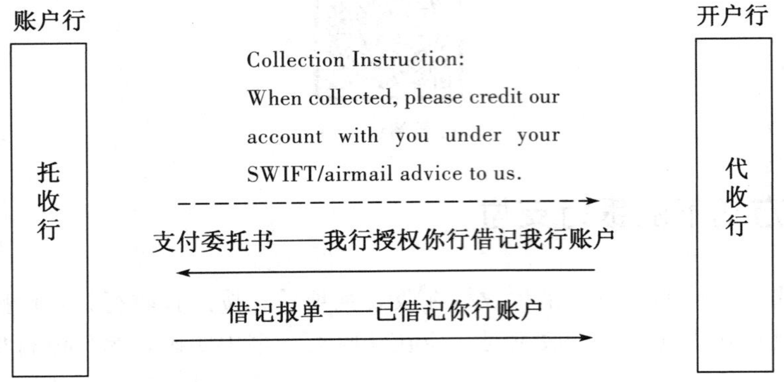

图 4-5 代收行在托收行开立账户图示

(三) 托收行与代收行无账户关系，但在同一家银行（共同账户行）开立账户

当托收行和代收行没有账户关系，但有一家共同账户行时，托收行在托收指示中应列明：“Please collect and remit the proceeds to ×× Bank for credit of our account with them under their SWIFT/airmail advice to us.”（请代收款项并将款项汇至××银行贷记我行在该行账户，并请该行以SWIFT或航函方式通知我行。）当代收行收妥款项，汇交××银行贷记托收行账户并通知托收行后，托收行再向委托人付款，完成这笔托收业务（如图 4-6 所示）。

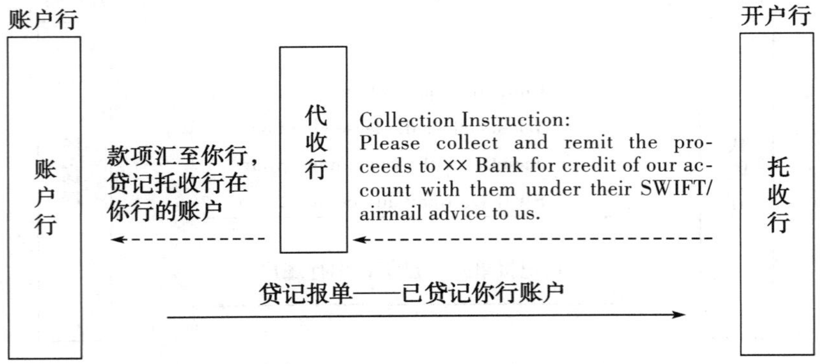

图 4-6 托收行与代收行在同一家银行开立账户图示

三、托收方式下的汇票

托收下的汇票由出口商（出票人）开立，付款人为进口商，收款人（汇票的抬头）的写法有以下三种：

1. 以出票人为抬头的方式

以出票人为抬头时，应由出票人作成空白背书，交给托收行；再由托收行作成以代收行为收款人的记名背书，交给代收行。

2. 以托收行为抬头的方式

以托收行为抬头时，应由托收行作成以代收行为收款人的记名背书，交给代收行。托收业务中的背书都是托收背书，只代理收款，而不转让票据所有权，后面加注“for collection”字样。

3. 以代收行为抬头的方式

由代收行持汇票直接向付款人收款，然后将所收取的款项通过托收行交给委托人。

第四节 托收方式下的风险及防范

一、进口商的风险及防范

（一）进口商的风险

对进口商来说，在跟单托收中，即使验单无误，按照合同规定对出口商进行付款或承兑，其也承担了风险。因为一方面，进口商付款或承兑后，凭单提到的货有可能与合同不符，或根本就是假货；另一方面，在遇到市场行情上涨幅度较大的情况时，进口商即便已经承兑了远期汇票，也有可能无法从代收行取得货运单据，错失市场良机。此外，进口商还可能承担付款后货到进口国时，进口国国内政策变化不准进口或发生战争、罢工等无法卸货或货卸到其他口岸而带来的风险。

（二）进口商的风险防范

在托收业务中，进口商为防止出口商以次充好，或到期无法取得货运单据的风险，可在贸易磋商过程中争取采用以FOB、CFR贸易条件成交，并在合同中明确规定货到目的港后，进口方有抽查货样的权利，以保证货款的支付与进口商品的交付紧密地联系在一起，从而降低风险。

二、出口商的风险及防范

（一）出口商的风险

对出口商来说，采用托收方式结算货款时，由于是先发货后收款，再加上各种意外因素的影响，使其遭受风险的可能性会更大一些。出口商面临的风险主要有：

1. 信用风险

这种风险是出口商在托收结算中最常见的一种。由于国际市场行情动荡不定，在行情下跌的情况下，进口商往往会借口出口商履约不当而撕毁合同，拒绝付款；或借口单据所载规格、包装、交货期等不符合合同的规定，要求减价，否则便不付款。此外，进口商破产和丧失偿还能力时，也会给出口商带来货款落空的风险损失。

❖ 案例 4-6

出口商A向进口商B请求采用D/P即期结算方式出口一批货物，但进口商不同意，建议采用D/P-T/R方式结算。由于此时国际市场上这种商品处于供大于求的阶段，出口商A无奈，只有答应进口商B的要求。待商品出口后进口商B很快杳无音信。试问本案例中出口商A的损失应由谁来承担?

【案例提示】应该由出口商自己承担。如果出口商没有授权代收行通过T/R方式借出单据给进口商，代收行如擅自将单据借给进口商，则代收行要为其行为负责。但在本案中出口商采用了D/P-T/R方式结算，这意味着代收行可以通过T/R方式借单给进口商。这种借单行为是由出口商授权的，此时如果进口商不付款，出口商要承担由此所带来的所有风险和损失。所以出口商在选择结算方式时，要慎重考虑，以免造成不必要的损失。

2.政治风险

这种风险是由进口商所在国的政治因素或某些法律、规定的实施造成的。例如进口商因国内政治局势的变化或对某些商品的进口实行许可证管理，而未能如期取得许可证或外汇额度，导致进口货物被罚没或拒付货款等损失。

3.进口商办理货物保险的风险

在以FOB、CFR贸易术语对外成交的情况下，当货款遭受拒付时，往往出口商处于极为被动的境地。因为当进口商准备拒付货款时，其对这批货物一般已失去了兴趣，不再愿意花费办理保险，这样万一货物遭受损失，出口商就无法从保险公司那里取得赔款。退一步来说，即使进口商已办好了保险手续，在因货物损失遭到进口商拒付的情况下，向保险公司索赔时，除非进口商将保单转给出口商，或者出口商将货运单据交给进口商，否则也得不到赔款。而这时进出口双方往往会因拒付引起紧张关系，从而难以在索赔问题上进行合作。

❖ 案例 4-7

出口商A以FOB贸易术语向美国进口商B出口一批商品，其结算方式采用D/P见票后30天。但后来此种商品的国际市场价格大幅下跌，当汇票到期时进口商没有付款。与此同时，由于采用FOB贸易术语，货物保险由进口商办理，当货物抵达目的港后，由于无人照料，部分变质。出口商只有将货物在当地低价出售，由此蒙受了重大损失。

【案例提示】本案例表明，一旦成交商品的国际市场价格大幅下跌，一些资信不佳的进口商就极有可能不付款，因此出口商在出口业务中应慎用D/P远期方式。如果采用D/P远期进行贸易结算，最好能够将贸易术语改为CIF或CIP。这是因为采用上述贸易术语，为货物投保的是出口商；一旦进口商到期不付款，对货物在运输途中所产生的一系列承保风险，出口商就可以向保险公司索赔。出口商也可以投保出口信用保险，以尽可能减少自身的损失。

4.货物损失的风险

当进口商拒不赎单提货时，出口商不但不能收款，而且因为银行没有代为其提货、存仓和保管的义务，所以承担了货物损失的风险。其主要包括：

① 货到目的地后因变质、重量短缺发生的损失；

② 转售货物可能发生的价格损失；

③ 转售不出去时，将货物运转他国或运回本国的运费负担；

④ 因储存时间过长，由当地政府有关部门贱价拍卖的损失。

（二）出口商的风险防范措施

1.加强对进口商的资信调查

加强对进口商的资信调查，掌握进口商的经营作风、财务状况，根据进口商的资信确定适当的授信程度和交单方式，从而降低信用风险。

2.在托收申请书中明确、完整地列明委托事项

出口商在提交银行的托收申请书中，除了列明付款人及其相关当事人的名称和地址、交单条件及利息与费用处理等内容外，还应对拒付后的货物处理作出适当的安排，以便拒付发生后，及时将货物存仓或妥善处理。对此，在可能的情况下，出口商应预先在委托书中指定忠实可靠的“需要时的代理”；如果无法安排，则可委托代收行代为提货、存仓和保管，以免遭受钱货两空的损失。

3.了解进口国有关法令和商业习惯，以防止货到后不准进口或不能及时收汇等风险

对有些采用与国际托收惯例相悖的地区性惯例的进口商，应采用即期付款交单成交，以防止进口地银行将远期付款交单作成承兑交单的风险。

4.尽量争取以CIF价格条件成交

对出口商来说，力争自己投保，一方面可在进口商拒付货款情况下，为出口商就受损货物向保险公司索赔提供保障；另一方面，在向银行要求叙作托收出口押汇时，银行为保证自身利益的安全，一般也要求掌握保险单。当然，如果情况需要进口货物在进口国办理保险，出口商也可采用FOB和CFR条件成交，但这时为补救保险单不在出口商手中可能蒙受的损失，可另行投保相关保险。

5.选择好交单方式

出口商应尽量选择以即期付款交单方式成交，避免承兑交单方式。如果不得不采用承兑交单方式，则应明确规定在进口商承兑远期汇票时，应加上代收行的担保，要求代收行凭对方保证交单。

6.投保出口信用保险

出口商可以向保险公司投保出口信用保险，把进口商拒绝付款或无力付款，及由于进口国政策、法律、政局等变化导致货物被拒收或货款无法收取的风险，转嫁给保险公司，从而有效降低风险。

7.谨慎选择代收行

代收行的选择直接关系到货款的顺利收取。资信好的代收行，会根据委托人的指示，要求付款人及时付款，并保管好单据；但资信差的银行会对委托人的指示不予理睬，甚至与进口商相互勾结，拖延付款或拒付，使委托人蒙受损失。

本章小结

托收是债权人通过出具汇票及相关单据，委托银行向债务人收取款项的结算方式。托收分为光票托收和跟单托收两大类。根据交付单据的条件不同，跟单托收可分为付款交单和承兑交单。托收是建立在商业信用基础之上的一种结算方式，银行与委托人的关系是受托与委托的关系，银行并未向委托人提供资信担保，银行只要履行了其应尽的义务，对款项能否收妥概不负责，出口商能否正常收回货款主要取决于进口商的资信，因此出口商仍承担了较大风险。但通过对进口商资信的调查，掌握好授信额度、交单方式、价格条款以及投保短期出口信用保险等措施可以较好地防范风险。

关键概念

光票托收（clean bill for collection）；跟单托收（documentary bill for collection）；承兑交单（documents against acceptance，D/A）；付款交单（documents against payment，D/P）；远期付款交单（D/P at...days after sight）；即期付款交单（D/P at sight）

基本训练

第四章即测即评

❖ 简答题

1. 托收的含义和特点是什么？

2. 简述托收方式下的当事人及其关系。

3. 托收下的交单方式有哪几种？对出口商而言哪种方式风险最大？为什么？

4. 托收委托应当包括哪些内容？

5. 托收方式下，银行的收款指示有哪些？

6. 试述托收方式下的风险及防范。

❖**案例分析**

山东A公司于4月11日出口欧盟B国果仁36吨，金额为32 100美元，付款方式为D/P at sight。A公司于4月17日填写了托收申请书并交单至我国Z银行。Z银行于4月19日通过DHL邮寄到B国W银行托收。5月18日，A公司业务员小李突然收到外商邮件，说货物已经到达了港口，询问单据是否邮寄，代收行用的是哪一家。小李急忙联系托收行，托收行提供了DHL单号，并传真了邮寄单留底联。小李立即发送传真给外商，并要求外商立即联系W银行。第二天客户回复说银行里没有此套单据。托收行于5月20日和5月25日两次发送加急电报。W银行于5月29日回电报声称“我行查无此单”。但W银行所在地的DHL提供了已经签收的底联，其上可以清楚看到签收日期和W银行印章。A公司传真给了客户并请转交代收行。然而，W银行不再回复。外商却于6月2日告诉小李，B国市场行情下跌，必须立即补办提单等单据，尽快提货，否则还会增加各种占港费等。重压之下，A公司于6月4日电汇400元人民币到相关机构挂失普惠制原产地证书FORM A，同时派人到海关总署开始补办植物检疫证书等多种证书。困难的是补提单，船公司要求A公司存大额保证金到指定账户（大约是出口发票额的2倍），存期12个月，然后才能签发新的提单。6月9日，代收行突然发送电报称“丢失单据已经找到，将正常托收”。此刻，无论A公司还是托收行都长出了一口气，这的确是皆大欢喜的结果，不幸中的万幸。然而这个事件让A公司乱成一团，花费和损失已经超过本次出口的预期利润。

讨论：本案例中的代收行应承担什么责任？对我们有何启示？

第五章 国际结算方式——信用证

学习目标

掌握信用证的含义、特点及作用；了解信用证各当事人的责任和权利；熟悉信用证的内容、种类和业务程序，信用证欺诈及防范；熟悉《跟单信用证统一惯例》的主要内容。

❖ 导入案例

A公司是一家专门生产树脂工艺品的企业，产品主要销往东南亚各国。近期收到欧洲某国B公司的询盘，欲购买100万美元的产品，希望采取货到付款的方式。由于对B公司的资信、经营状况不够了解，A公司在还盘时要求采取信用证方式进行结算，以降低风险。经过几轮艰难的谈判，B公司同意用信用证方式进行结算，而A公司也在价格方面作了适当让步。

第一节 信用证概述

一、信用证的含义及特点

在国际贸易中，由于进出口双方互不了解、互不信任，存在较大的贸易风险，出口商希望对方先付款再发货，进口商则希望先收货后付款，往往难以达成协议，不利于国际贸易的发展。为适应国际贸易发展的需要，银行信用开始介入，由此产生了以银行信用为基础的信用证结算方式，并在国际结算中被广泛使用。

信用证（letter of credit，L/C）是指银行根据进口商的请求和指示，向出口商开立的承诺在一定期限内凭规定的单据支付一定金额的书面文件。

《跟单信用证统一惯例》（UCP600）则将信用证定义为：一项不可撤销的安排，无论其名称或描述如何，该项安排构成开证行对相符交单予以承付的确定承诺。所谓承付是指：如果信用证为即期付款信用证，则即期付款；如果信用证为延期付款信用证，则承诺延期付款并在承诺到期日付款；如果信用证为承兑信用证，则承兑受益人开出的汇票并在汇票到期日付款。

从上述定义中可知，信用证是一项附有条件的银行付款保证。对出口商而言，只有在它履行了信用证下的各项义务，且所提交的单据完全符合信用证条款规定的情况下，才能享受开证行保证付款的权利。

与其他结算方式相比，信用证结算方式具有以下特点：

（一）开证行承担第一性付款责任

UCP600第7条规定：开证行自开立信用证之时起即不可撤销地承担承付责任，只要规定的单据提交给指定银行或开证行，并且构成相符交单，开证行就必须承付。

根据该条款，开证行一旦开立信用证，就必须对信用证负责，承担确定的付款责任，只要受益人交来的单据符合信用证条款的规定，无论进口商能否付款，开证行都必须保证付款。因此，信用证是一种银行信用，体现的是开证行对受益人承担的首要的、独立的付款责任。

❖案例5-1

我国某出口公司以CIF价格向美国出口一批货物。合同的签订日期为6月2日。6月28日由美国花旗银行开来了不可撤销即期信用证，金额为50 000美元，信用证中规定装船期为7月中旬。中国银行收证后于7月2日通知出口公司。7月10日，出口公司获悉国外进口商因资金问题濒临破产倒闭。要求：在此情况下，出口公司应如何处理？

【案例提示】出口公司可以尽快办理出口手续，将货物出口。因为根据UCP600的规定，开证行自开立信用证之时起即不可撤销地承担承付责任，即使开证申请人已经倒闭，开证行在接到符合信用证各项条款的单据后仍应负责付款。因此，出口公司应按信用证规定在7月中旬发货并认真制作单据，然后向中国银行议付，并由中国银行向花旗银行寄单索偿。

（二）信用证是一项独立的文件，不依附于贸易合同

UCP600第4条规定：信用证与可能作为其开立基础的销售合同或其他合同是相互独立的交易，即使信用证含有对此类合同的任何援引，银行也与该合同无关且不受其约束。因此，银行关于承兑、议付或履行信用证项下其他义务的承诺，不受申请人基于其与开证行或与受益人之间的关系而产生的任何请求或抗辩的影响。

根据该条款，信用证是一项独立的合同，信用证的当事人只受信用证条款的约束，不受贸易合同的约束。因此，在信用证业务中，各当事人的责任与权利完全以信用证条款为依据，开证行只对信用证负责，并凭符合信用证条款规定的单据付款，出口商提交的单据即使符合贸易合同的要求，但若与信用证条款不一致，银行仍有权拒付。

（三）信用证是纯粹的单据业务

UCP600第5条规定：银行处理的是单据，而不是单据可能涉及的货物、服务或履约行为。

根据这一条款，只要受益人提交的单据在表面上符合信用证的要求，不管装运货物是否与合同一致，银行都应承担承兑、议付或付款的责任，开证申请人也应接受单据并偿还银行支付的款项。反之，如果提交的单据与信用证条款不一致，即使货物符合合同要求，银行和申请人也有权拒绝付款。

UCP600明确规定：单证相符指的是表面相符，开证行只根据表面上符合信用证条款的单据承担接受单据，并对履行上述责任的银行进行偿付的义务。银行对任何单据的形式、充分性、准确性、内容真实性、虚假性或法律效力，或对单据中规定或添加的一般或特殊条件，概不负责；银行对任何单据所代表的货物、服务或其他履约行为的描述、数量、重量、品质、状况、包装、交付、价值或其存在与否，或对发货人、承运人、货运代理人、收货人、货物的保险人或其他任何人的诚信与否、作为或不作为、清偿能力、履约或资信状况，也概不负责。

❖ **案例 5-2**

英国伦敦某进口商与我国某公司签订合同，并按合同规定向伦敦A银行申请开出信用证，金额为68 000美元。我国某公司按信用证条款规定发货，并向我方银行交单议付。我方银行于10月4日议付，并向开证行寄单索汇。开证行接单后于10月18日来电拒付，理由是："受益人未按商务合同规定分两批发货装船。"经查，我方供货人与英国进口商签订的商务合同确有分两批装运的条款，而我方议付行检查来证并无分批发货条款，且单证相符、单单相符，故复电开证行仍要求付款，且要求保留索偿迟付款项利息的权利。

【案例提示】信用证处理的是单据，开证行付款条件是单证相符、单单相符。这里的相符是指单据表面相符，与实质贸易及合同无关。如果提单描述的货物与信用证不符，可以拒绝付款赎单，但货物品质与合同是否相符与信用证结算无关，因此开证行不可拒绝付款。

二、信用证的作用

信用证结算方式是在托收基础上演变而来的一种较为完善的结算方式。这种结算方式以银行信用为基础，保证了进出口双方的货款和代表货权的单据不致落空，降低了进出口商的风险，同时使双方在资金融通上获得便利，极大地促进了国际贸易的发展。

对出口商而言，采用信用证结算的好处在于：

（1）在货物出运后，只要提供符合信用证条款的单据，收款就有了保证，能有效规避进口商不付款的风险；

（2）在实行外汇管制的国家，银行开立信用证一般需经有关当局的批准，出口商取得信用证后，就能规避进口国限制进口或限制外汇转移带来的风险；

（3）可获得银行资金融通，在货物装运前出口商可向银行申请打包放款或其他装船前贷款；

（4）货物出运后可凭合格单据向银行申请议付取得货款，从而加速出口商的资金周转；

（5）若开证行因种种原因不能付款，它有责任把代表货物的单据退给出口商，出口商虽然收不到货款，但货权仍在自己手中，可以减少出口商的损失。

对进口商而言，其好处在于：

（1）申请开证时，只需交部分押金或担保，无须付出全部货款，减少了资金占用，降低了经营风险；

（2）可通过信用证条款控制出口商按规定时间装货交单，并通过适当的检验条款，保证货物在装船前的质量、数量符合合同规定；

（3）进口商付款后就可取得代表货权的单据；

（4）若资金不足，进口商可向银行申请进口押汇或采用信托收据方式，提前从银行手中借出单据，货物售出后再向银行付款。

对开证行来说，开立信用证只是提供一种信用，不必提供资金且可收取手续费；开证行付款后，有出口商交来的单据作保证，如果进口商不付款，开证行有权处理货物获得补偿，风险较小。

对出口地银行而言，凭信用证或单据向出口商融通资金，既能收取利息，又可获得各项服务费用。

但信用证方式仍有风险：

（1）出口商可能遇到进口商不如期开证或开证行倒闭的风险；

（2）进口商可能遇到出口商不交货或以假货、坏货、假单据进行诈骗的风险；

（3）开证行可能遇到进口商倒闭或无理拒收单据的风险；

（4）出口方银行可能遇到开证行倒闭或无理拒付风险等。

三、信用证的当事人及其责任和权利

（一）开证申请人

开证申请人（applicant）是指向银行申请开立信用证的一方，一般是贸易合同下的进口商。申请人受两份合同的约束：一是和出口商签订的进出口贸易合同；二是申请开证时填写的开证申请书。

1.开证申请人的主要责任

（1）按照贸易合同的要求，及时向银行申请开证。如果贸易合同规定以信用证方式进行结算，申请人应在合同规定期限内及时向银行申请开证，以保证出口商有足够的时间备货装船。如果进口商没有及时开证，导致出口商延误装运期，则进口商应承担违约责任。

申请人在向银行申请开证时，应正确填写开证申请书。开证申请书的内容应符合贸易合同规定，开证指示必须明确清楚，以便开证行按开证指示办理。

（2）提供开证押金或担保。申请人在申请开证时应按照银行的要求存入开证押金或提供担保。担保品可以是动产或不动产，也可以是第三方保函。开证押金的比例是货款的百分之几到百分之百，由开证行根据申请人的资信收取。

（3）及时付款赎单。接到开证行的单到通知后，申请人应及时审查单据，在单证相符的情况下及时付款赎单。如果开证行破产倒闭无力付款，则申请人有义务向受益人付款。

2. 开证申请人的权利

（1）有权审查单据，在单证不符的情况下有权拒绝付款赎单。

（2）有权得到符合合同要求的货物；若货物与合同不符，则开证申请人有权向出口商或其他有关当事人索赔。

（二）开证行

开证行（issuing bank）是指应进口商的要求和指示开立信用证的银行。其一般是进口商所在地的银行。

1. 开证行的主要责任

（1）根据开证申请人的指示，正确、及时地开出信用证。在开证时，开证行有义务向申请人提供建议和咨询服务，使信用证简明合理，以有效完成合同货款的支付；同时，有责任使信用证条款单据化，使受益人可以通过单据向开证行及申请人证明其履行了合同规定的义务。

（2）对所开出的信用证承担第一性的付款责任。开证行一旦开立信用证，就表明开证行对受益人作出了付款承诺，只要受益人交来的单据符合信用证条款的要求，就必须首先承担付款责任。开证行的付款为终局性付款，在审单付款后，即使申请人不能付款，也不得向受益人追索。

2. 开证行的权利

（1）有收取押金或取得质押的权利。开证行在开证时有权根据申请人的资信收取一定比例的押金或要求申请人提供担保，以降低风险。如果市场和开证申请人的资信发生变化，则有权随时要求开证申请人补交押金，直到货款的100%为止。

（2）有权审查单据，控制单据及货物。UCP600规定，开证行在承付之前应审查信用证规定的单据，以确定其表面与信用证条款相符合，审单的时间不超过从其收到单据起5个银行工作日。开证行审查单据后如果单证相符，应立即承付。如果单证不符，则有权拒绝付款，拒付时应毫不迟疑地以电讯方式通知寄单银行；若不能采用电讯方式，则应以其他快捷方式，在不迟于自交单的第2天起第5个银行工作日结束前作出拒付通知，并说明拒付理由或原因。

开证行付款后若进口商无力付款，开证行可以取得对货物的质押权，或自由处理货物，以抵偿自己的垫款；对不足部分，开证行有权向进口商追索。

（三）受益人

受益人是接受信用证并享受其利益的一方，一般是贸易合同下的出口商或中间商。受益人受两种合同的约束：与开证申请人之间的贸易合同及与开证行之间的信用证。

1.受益人的责任

（1）在信用证规定的装运期限内装运货物。

（2）按信用证条款规定缮制各种单据，并做到单证、单单、单货、货约一致。

（3）在信用证有效期内向被指定银行或开证行交单。

2.受益人的权利

（1）有权审查信用证。受益人收到信用证后应对信用证各项条款仔细审核，如果信用证条款与合同不符，或者无法接受、无法履行，则有权要求修改；若修改后仍不符，且足以造成不能接受，受益人有权拒绝受证，甚至单方撤销合同，并提出索赔。

（2）有权凭合格单据要求银行付款、议付或承兑；若开证行无理拒付或倒闭，有权要求进口商付款。

（四）通知行

通知行（advising bank）是指应开证行的要求，将信用证通知受益人的银行。其通常是出口商所在地的银行，且是开证行在海外的联行或代理行。通知行的主要责任是验明信用证的真实性，及时澄清疑点，及时通知信用证，但无义务对受益人议付或承付。作为通知行，有权向开证行收取通知信用证的费用。

UCP600第9条对信用证及其修改的通知有如下规定：

（1）通知行通知信用证或修改的行为表示其已确信信用证或修改的表面真实性，而且其通知准确地反映了其收到的信用证或修改的条款。

（2）通知行可以通过另一家银行（第二通知行）向受益人通知信用证及修改。第二通知行通知信用证及修改的行为表明其已确信收到的通知的表面真实性，并且其通知准确地反映了收到的信用证或修改的条款。

（3）经由通知行或第二通知行通知信用证的银行必须经由同一银行通知其后的任何修改。

（4）如果一家银行被要求通知信用证或修改，但其决定不予通知，则应毫不延误地告知自其处收到信用证及其修改或通知的银行。

（5）如果一家银行被要求通知信用证或修改，但其不能确信信用证及其修改的通知的表面真实性，则应毫不延误地通知看似从其处收到指示的银行。如果通知行或第二通知行仍通知信用证或修改，则应告知受益人或第二通知行其不能确信信用证及其修改的通知的表面真实性。

（五）议付行

议付行（negotiating bank）也称押汇银行，是指根据开证行在议付信用证中的授权，买进或贴现受益人提交的汇票和单据的银行。它可以是指定银行，也可以是非指定银行，视信用证条款的规定，分为指定议付和自由议付。在自由议付的情况下，任何银行均可进行议付。

议付行按照信用证中开证行的付款承诺和邀请，并根据受益人的要求对单据进行审核，然后议付。议付后有权凭合格单据向开证行或偿付行要求偿付。若开证行拒付，有权向受益人追索，但是议付行必须保证单证一致，只有在单证相符、开证行无力承付时才可向受益人追索。议付行议付时通常要求受益人以货权作抵押，同时声明在发生拒付时，议付行有权处理单据，甚至变卖货物。

UCP600第12条规定：除非指定银行为保兑行，对承付或议付的授权并不赋予指定银行承付或议付的义务，除非该指定银行明确表示同意并且告知受益人。

根据这一条款，议付行在开证行资信不佳或信用证过于复杂、议付风险较大时，可以拒绝议付。

（六）付款行

付款行（paying bank）是指付款信用证下承担审单付款义务的银行，可以是开证行本身，也可以是开证行指定的另一家银行，即开证行的付款代理人，也称代付行。代付行的主要责任是按开证行的指示审单付款，且一经付款之后，不得向受益人追索，只能向开证行索偿。在开证行资信很差的情况下，被指定付款的银行可拒绝接受其委托，拒绝付款。

（七）承兑行

承兑行（accepting bank）是指远期信用证下对受益人签发的远期汇票进行承兑，并到期付款的银行。其可以是开证行，也可以是开证行指定的另一家银行。承兑行的付款是终局性付款，一经审单付款后，就对受益人没有追索权，承兑行付款后可向开证行索偿。

（八）保兑行

保兑行（confirming bank）是应开证行的要求对信用证进行保兑的银行。保兑行自对信用证加具保兑之时起即不可撤销地承担承付或议付的责任。保兑行付款后，只能向开证行索偿。若开证行无力付款或无理拒付，则保兑行无权向受益人或者被指定银行追索。UCP600规定，被授权加具保兑的银行有权不予照办，但是必须毫不迟疑地通知开证行。为降低潜在风险，被授权加具保兑的银行一般对开证行的资信状况以及信用证的条款要加以严格的审查，然后才能决定是否加以保兑。

❖案例 5-3

我国某出口企业收到国外开来的不可撤销信用证一份，由设在我国境内的某外资银行通知并加以保兑。我国出口企业在货物装运后，正拟将有关单据交银行议付，忽接该外资银行通知，称由于开证银行已宣布破产，该行不承担对该信用证的议付或付款责任。要求：开证银行破产可以构成保兑行拒绝付款的理由吗？银行可以采取哪些做法来减少保兑信用证业务产生的损失？

【案例提示】保兑行和开证行一样均对受益人承担第一性的付款责任，保兑行的这种付款责任不能因为开证行的破产而解除，因此保兑行仍应对受益人提交的单据付款。保兑行管理信用风险的根本在于了解开证行的资信情况，如开证行的资本充足情况、流动性、资产质量等。为避免风险过于集中，保兑行可以为通常来往的开证行设立一定金额的专用于保兑的信贷额度。这样，即使开证行破产，保兑行的损失也控制在核定的范围内，从而避免了风险集中可能带来的巨大损失。

（九）偿付行

偿付行（reimbursing bank）是指应开证行要求或授权，向指定的议付行或付款行进行偿付的银行。偿付行一般是开证行在信用证结算货币清算中心的联行或者代理行，主要是为了头寸调拨的便利，偿付行的费用由开证行承担。偿付行只有在开证行存有足够的款项并收到开证行的偿付指示时才付款，偿付行偿付后有权向开证行索偿。

UCP600规定，开证行必须给予偿付行有关偿付的授权，即向偿付行发送偿付授权书（见附样5-1），授权应符合信用证关于兑用方式的规定，且不应设定截止日；开证行不应要求索偿行向偿付行提供与信用证条款相符的证明；若偿付行不能偿付，开证行并不能解除其自行偿付的义务；若偿付行未能在首次索偿时给予偿付，开证行应当对索偿行的利息负责。

附样 5-1

偿付授权书

REIMBURSEMENT AUTHORIZATION ON LETTER OF CREDIT

Date: ______________

To: Reimbursement Unit

LETTER OF CREDIT NO.____________

FOR USD______________VALID UNTIL__________________

Gentlemen:

We have advised the above Sight/Usance through________________designating you as the reimbursing bank.

Please honor reimbursement requests by debiting our account with as follows:

(　　) All charges are for our account.

(　　) All charges are for beneficiary's account.

(　　) Accept drafts at _______days, date _______or sight.

Acceptance commission and discount charges (if any) are for our/beneficiary's account.

(　　) Special instructions.

Yours very truly

因此，在指定偿付行的情况下，索偿行一方面向偿付行邮寄索偿书，另一方面向开证行寄单。开证行若收到与信用证不符的单据，有权向索偿行追回已经偿付的款项，但开证行不得向偿付行追索。

四、信用证的内容

国际商会对信用证拟定了几种标准格式（见附样5-2和附样5-3），但只是仅供参考，对各国银行并无约束力，各国银行可按其习惯开立信用证。尽管各国银行开立的信用证格式各异，但通常都包含了以下内容：

附样5-2 **不可撤销跟单信用证（致受益人）**[①]

Irrevocable Documentary Credit Form (Advice for Beneficiary)

<table>
<tr><td>Name of Issuing Bank:</td><td>Irrevocable
Documentary Credit</td><td>Number</td></tr>
<tr><td>Place and Date of Issue:</td><td colspan="2">Expiry Date and Place for Presentation Document
Expiry date:
Place for presentation:</td></tr>
<tr><td>Applicant:</td><td colspan="2">Beneficiary:</td></tr>
<tr><td>Advising Bank:
Reference No.:</td><td colspan="2">Amount:</td></tr>
<tr><td>Partial Shipments □allowed □not allowed
Transshipment □allowed □not allowed
□Insurance covered by buyers
Shipment as Defined in UCP600
From:
For transportation to:
Not later than:</td><td colspan="2">Credit Available with Nominated Bank
□by sight payment
□by deferred payment
□by acceptance of draft at
□by negotiation

Against the documents detailed herein:
□and beneficiary's draft(s) drawn on</td></tr>
<tr><td colspan="3">Documents Request:

Description of Goods:</td></tr>
<tr><td colspan="3">Documents to be presented with □ days after the date of shipment but within the validity of the Credit.</td></tr>
<tr><td colspan="3">We hereby issue the Irrevocable Documentary Credit in your favor. It is subject to the Uniform Customs and Practice for Documentary Credits (2007 Revision, International Chamber of Commerce, Publication No.600) and engages us in accordance with the terms thereof. The number and the date of the Credit and the name of our bank must be quoted on all drafts required. If the credit is available by negotiation, each presentation must be noted on the reverse side of this advice by the bank where the Credit is available.

The documents consists of □ signed page(s).
____
Name and Signature of the Issuing Bank</td></tr>
</table>

① 苏宗祥，景乃权，张林森. 国际结算［M］. 3版. 北京：中国金融出版社，2004：176.

附样 5-3　　不可撤销跟单信用证（致通知行）①

Irrevocable Documentary Credit Form （Advice for Advising Bank）

<table>
<tr><td>Name of Issuing Bank:</td><td>Irrevocable
Documentary Credit</td><td>Number</td></tr>
<tr><td>Place and Date of Issue:</td><td colspan="2">Expiry Date and Place for Presentation Document
Expiry date:
Place for presentation:</td></tr>
<tr><td>Applicant:</td><td colspan="2">Beneficiary:</td></tr>
<tr><td>Advising Bank:
Reference No.:</td><td colspan="2">Amount:</td></tr>
<tr><td>Partial Shipments ☐allowed ☐not allowed
Transshipment ☐allowed ☐not allowed
☐Insurance covered by buyers
Shipment as Defined in UCP600
From:
For transportation to:
Not later than:</td><td colspan="2">Credit Available with Nominated Bank
☐by sight payment
☐by deferred payment
☐by acceptance of draft at
☐by negotiation

Against the documents detailed herein:
☐and beneficiary's draft(s) drawn on</td></tr>
<tr><td colspan="3">Documents Request:

Description of Goods:</td></tr>
<tr><td colspan="3">Documents to be presented with ☐ days after the date of shipment but within the validity of the Credit.</td></tr>
<tr><td colspan="3">We have issued the Irrevocable Documentary Credit as detailed above. It is subject to the Uniform Customs and Practice for Documentary Credits (2007 Revision, International Chamber of Commence, Publication No.600). We request you to advise the Beneficiary.
☐without adding your confirmation ☐adding your confirmation ☐adding your confirmation, if requested by the Beneficiary.
Bank-to-Bank instructions:
The documents consists of ☐ signed page(s).

Name and Signature of the Issuing Bank</td></tr>
</table>

1.信用证类型及信用证号码

按照UCP600的规定，信用证均为不可撤销信用证。信用证号码一般由开证行编写，以便进行业务管理和查询。

① 苏宗祥，景乃权，张林森. 国际结算［M］. 3版. 北京：中国金融出版社，2004：177.

2.开证日期和开证地点

开证日期指开证行开立信用证的日期，开证地点为开证行所在地。

3.开证行名称及地址

开证行名称及地址一般已在信用证上印就，通常还应写明开证行的电报、电传、SWIFT等内容。

4.开证申请人的名称和地址

开证申请人即贸易合同下的进口商，其名称和地址应在信用证中详细列明。

5.受益人的名称和地址

受益人的名称和地址应与贸易合同下的出口商的名称和地址相符。

6.通知行的名称和地址

通知行是由开证行指定，向受益人通知信用证的银行，一般是受益人所在地的银行，其名称和地址应在信用证上详细列明。

7.信用证有效期和有效地点

这是指信用证的到期日和到期地点，到期地点一般是指定银行（议付行、付款行等）所在地。

8.信用证金额

信用证金额应文字大写、数字小写，大小写应相符，标明币种，并使用ISO制定的货币代号表示。按UCP600的规定，如果金额前有"about""approximately"字样，表示信用证金额可以有10%的增减幅度。

9.信用证兑付方式

信用证的兑付方式有四种：①即期付款（by payment at sight）；②延期付款（by deferred payment）；③承兑（by acceptance）；④议付（by negotiation），应在信用证中明确列明。

10.汇票条款

如果信用证需要提交汇票，应在信用证中规定汇票出票人、付款人、付款期限、出票条款、出票日期等；如果不需要汇票，则无此项内容。

11.装运条款

装运条款应列明装运港或启运地、卸货港或目的地、是否允许分批装运、是否允许转运及装运期限等。

12.单据条款

单据条款中应列明受益人应提交的单据名称、份数及单据制作的具体要求等。信用证下提交的单据一般包括商业发票、运输单据、保险单据、重量单、装箱单、商品检验证书、原产地证书等。

13.货物描述

信用证应列明货物的名称、规格、数量、重量、单价、包装、价格条件、总金额等。

14.偿付方式和寄单条款

这是指规定单到付款还是指定偿付行付款，或指定付款行付款，并说明寄单方式及开证行的收单地址。

15.开证行对受益人的保证条款

例如在信用证中规定："We hereby engage with beneficiary and/or bona fide holders that drafts drawn and negotiated in conformity with the terms will be duly honoured on presentation."（我行向受益人及/或善意持票人保证，凡按照规定条款开立和议付的汇票向受票人提示时均可兑付。）

16.其他条款

视交易具体情况而定，其他条款通常包括开证行对议付行的指示条款、开证行负责条款、开证行要求通知行保兑条款、限制某银行议付条款、限装运某国籍船只或不许装运某国籍船只条款等。

第二节　信用证的业务程序

一、开证申请人申请开证

进出口双方签订贸易合同约定以信用证方式结算后，买方应及时向银行申请开证。在申请开证时，进口商应正确填写开证申请书，交纳信用证下的押金或保证金，保证金比例由开证行根据进口商的资信、市场动向、货物销售情况等来收取，同时应提供贸易合同、进口许可证等相关文件。

开证申请书是申请人与开证行之间的合同，应完整、准确地填写。开证申请书一般包括正面部分和背面声明两方面的内容。

（一）正面部分

正面部分（见附样5-4）主要是对开证行开证的具体指示，包括以下内容：

（1）信用证下各当事人的名称及地址，包括开证行、开证申请人、受益人的详细名称及地址。

（2）申请书的日期及地点，即填写开证申请书的日期和地点。

（3）信用证金额及支付货币。

（4）信用证的有效期和有效地点。有效期指交单的最后一天，有效期长短视交易情况而定。有效地点即交单地点，通常是信用证指定银行所在地的城市。

（5）信用证的传递方式。信用证的开证可采用航空邮寄、电讯传递的方式，通常由开证行决定使用何种方式传递信用证。电讯传递方式包括电报、电传、SWIFT等。

（6）保兑。说明信用证是否需要保兑。

（7）信用证是否可转让。

（8）信用证的兑付方式。其有即期付款、延期付款、承兑和议付四种，应在申请书上标注。如果要求汇票，应注明付款行的名称及付款期限。

（9）货物的描述，包括货物的名称、规格、单价、数量、价格条件、唛头等，应尽量简洁明了。

附样 5-4

开证申请书

IRREVOCABLE DOCUMENTARY CREDIT APPLICATION

To: Place/Date:

Applicant (full name and address)	**L/C No.** **Contract No.**
Beneficiary (full name and address)	**Date and place of expiry of credit**
Partial shipments □allowed □not allowed **Transshipment** □allowed □not allowed	**□Issue by airmail** **□With brief advice by teletransmission** **□Issue by teletransmission (which shall be the operative instrument)** **□Issue by SWIFT**
□Insurance will be covered by us **LLoading on board/dispatch/taking in charge at/from**__________ For transportation to________ Not later than__________	**Amount (both in figures and words)**
Description of goods: **Packing:**	**Credit available with** □by sight payment □by acceptance □by negotiation □by deferred payment at...against the documents detailed herein □and beneficiary's draft at...days sight drawn on...for...% of the invoice value **Terms:** □FOB □CFR □CIF □or other terms

Documents required (marked with ×):

1. ( ) Signed commercial invoice in______ copies indicating L/C No. and contract No.
2. ( ) Full set of clean on board ocean bills of lading made out to order and blank endorsed, marked "freight [ ] to collect/ [ ] prepaid [ ] showing freight amount" notifying______.
3. ( ) Air way bills showing "freight [ ] to collect/ [ ] prepaid [ ] indicating freight amount" and consigned to.
4. ( ) Memorandum issued by________ consigned to________ .
5. ( ) Insurance policy/certificate in______copies for______of the invoice value showing claims payable in destination in currency of the draft. Blank endorsed, covering ([ ] ocean marine transportation) all risks, war risks.
6. ( ) Packing List/Weight Memo in______copies indicating quantity/gross and net weight of each package and packing condition as called for by the L/C.

续

7. (　) Certificate of quantity/weight in_______copies issued by an independent surveyor at the loading port, indicating the actual surveyed quantity/weight of shipped goods as well as the packing condition.
8. (　) Certificate of quality in_______copies issued by [　] manufacturer/ [　] public recognized surveyor/ [　] .
9. (　) Beneficiary's certified copy of cable/telex dispatched to the accountee within 24 hours after shipment advising [　] name of vessel/ [　] flight No./ [　] wagon No., date, quantity, weight and value of shipment.
10. (　) Beneficiary's certificate certifying that extra copies of the documents have been dispatched according to the contract terms.
11. (　) Shipping Co.'s Certificate attesting that the carrying vessel is charted or booked by accountee or their shipping agents.
12. (　) Other documents, if any.

Additional instructions:

1. (　) All banking charges outside the opening bank are for beneficiary's account.
2. (　) Documents must be presented within_______days after the date of issuance of the transport documents but within the validity of this credit.
3. (　) Third party as shipper is not acceptable. Short form/blank back B/L is not acceptable.
4. (　) Both quantity and amount_______% more or less are allowed.
5. (　) Prepaid freight drawn in excess of L/C amount is acceptable against presentation of original charges voucher issued by shipping Co./air line/or its agent.
6. (　) All documents to be forwarded in one cover, unless otherwise stated above.
7. (　) Other terms, if any.

You correspondents to advise beneficiary □adding their confirmation □without adding their confirmation payments to be debited to our _________account No.________________________________.

Signature: _____________

（10）运输的要求，包括启运地和目的地、装运期限、可否分批装运、可否转运等。

（11）是否由申请人投保。

（12）要求提交的单据。应准确说明单据的名称、份数及其他要求。

（13）交单期限。

（14）特别指示。

（15）结算。根据申请人与开证行之间的偿付协议写明结算方式、账户号等。

（16）申请人签名。

（二）背面声明

申请书的背面是开证申请人的声明或保证，主要是用来明确开证申请人的责任，一般包括以下内容：

（1）开证申请人承认银行可以接受表面合格的单据，对伪造单据、货物与单据不符、货物中途遗失的情况，银行概不负责。

（2）开证申请人承认银行在申请人付款赎单前对单据及单据所代表的货物有所有权，必要时银行可出售货物以抵付开证申请人的欠款。

（3）开证申请人承诺单据到达后如期付款赎单，单据到达前银行可在货款范围内随时要求追加押金。

（4）开证申请人承认银行对电讯传递或邮寄过程中的错误、遗漏或单据丢失等概不负责。

二、开证行开立信用证

开证行在接到申请人的开证申请书后，应仔细审查开证申请人的资信、财务状况、经营状况等，并按申请人的资信状况确定信用额度，收取押金或保证金，查验进口许可证等文件；同时，对开证申请书的内容应进行审核，应注意所填写的各项内容是否准确无误、清楚合理。

开证行开证时应严格按照申请人的指示开立信用证，信用证的内容应与开证申请书的内容一致；否则，开证申请人可以拒绝付款赎单。同时，应选择好通知行或转递行。通知行或转递行一般是开证行在出口商所在地的联行或代理行，以方便业务的办理。

信用证的开证方式有信开和电开两类。

1.信开

信开是指信用证开立后，开证行以航邮方式寄给出口商或出口商所在地的联行或代理行。信开方式传递时间较长，且可能造成邮件的丢失，目前已经很少采用。

2.电开

电开是指开证行以电传、电报或SWIFT等方式将信用证内容通知出口商所在地的联行或代理行，委托其通知出口商。其又分为简电开和全电开两种。

（1）简电开是将信用证的主要内容，如信用证号码、当事人名称和地址、信用证金额、货名、数量、价格条件等预先通知出口方银行的一种通知书，电文中通常会注明“详情后告”或声明以邮寄证实书为有效的信用证文件。该电讯通知不是有效的信用证文件，受益人不能凭以发货，银行不能凭以付款、议付或承兑，开证行发出简电后应及时将信用证证实书寄送通知行。

UCP600第11条规定：若电讯传递中声明“详情后告”或类似词语，或声明以邮寄证实书为有效的信用证或修改，则该电讯传递不被视为有效的信用证或修改。此后，开证银行必须毫不迟延地以与电讯传递不相矛盾的条款开立有效的信用证或作出修改。

（2）在全电开方式下，开证行使用电讯方式将信用证的全部条款传达给出口方银行，该电文就是有效的信用证文件或修改书，无须再邮寄证实书。在电文中有些银行会写明“This cable is the operative credit instrument and no mail confirmation will follow”，以表明该电文为有效的信用证文件。

❖案例 5-4

银行以电报方式开出一份不可撤销信用证，电文中并未声明“以邮寄文本为准”的字句。受益人按照电报信用证的文本将货物装运，并备好符合信用证要求的单据，向当地通知行议付货款；当地通知行出示刚收到的开证行寄到的“邮寄文本”，并以电开文本与邮寄文本不符为由拒绝议付。后经议付行与开证行联系，开证行复电亦称“以邮寄文本为准”而拒绝付款。要求：在这种情况下，开证行有无拒付的权利？

【案例提示】UCP600 第 11 条规定，以经证实的电讯方式发出的信用证或信用证修改即被视为有效的信用证或修改文据，任何后续的邮寄证实书应被不予理会。如果电讯声明“详情后告”或声明以邮寄证实书为有效信用证或修改，则该电讯不被视为有效的信用证或修改。开证行必须毫不迟延地开立有效的信用证或修改，其条款不得与该电讯矛盾。

因此，本案中开证行开出的未声明“以邮寄文本为准”字句的电开信用证文本，完全是有效的信用证文件，受益人完全应该按照它的规定履行自己的交货义务，并有权凭符合它要求的单据进行议付和付款请求，而开证行不能借口“以邮寄文本为准”而拒绝付款。

三、出口方银行通知、转递、保兑信用证

出口方银行接到开证行开来的信用证之后，首先应验明信用证的真实性，核对印鉴或密押。如果发现印鉴或密押不符，应及时向开证行查询核实，然后按信用证要求将信用证通知或转递给出口商。如果通知行被要求加具保兑，而通知行愿意加保，则应及时保兑并承担保兑行的责任；如果通知行不接受开证行的要求，则应尽快通知开证行。

四、受益人审核或要求修改信用证

（一）信用证的审核

受益人在收到信用证后，应仔细阅读信用证条款，并与销售合同核对。如果发现信用证条款与合同不符或无法履行，应及时联系开证申请人修改信用证。如果受益人对开证行资信不了解，可通过开证申请人要求开证行另找一家受益人熟悉的银行对信用证进行保兑。

受益人对信用证的审查主要包括以下内容：

（1）对开证行的审核，包括开证行的政治背景、资信、经营作风等。

（2）对信用证种类和性质的审查。

（3）对信用证金额和支付货币的审核。信用证金额和支付货币应与贸易合同一致，

对附有溢短装条款的来证，应注意总金额有无增减幅度，增减幅度与合同规定是否相符。

（4）对信用证装运期、有效期和交单期的审核。装运期是指信用证对货物装运时间的规定。通常规定最迟装运期，也有少数规定最早装运期，受益人应仔细审核，以免早装或晚装造成单证不符而遭拒付；若由于各种原因不能按期装运，应及时提出展期要求。有效期是指信用证的到期日。信用证有效期和装运期之间应有一定的合理间隔，以使受益人有足够的时间做好制单、交单等工作。交单期是受益人向银行提交单据的时间，一般是在受益人装运货物日后的若干天内，受益人必须在此期限内向银行交单；若无法在规定期限内交单，应及时要求修改。若信用证没有规定具体的交单期，则受益人应在提单签发日后21天内向银行交单。

（5）对信用证到期地点的审核。信用证的到期地点一般应在出口商所在地银行，这样方便出口商交单议付。若到期地点不在出口商所在地，则有关单据必须在到期日前寄达开证行或指定付款行，这样出口商就要承担邮递延迟、邮件丢失等风险。因此，对国外到期的信用证，受益人最好不要接受，以免加大收汇风险。

（6）对信用证装运条款的审核。这主要审核信用证下转运、分批装运条款。除非贸易合同中规定不允许转运或分批装运，一般应要求信用证允许转运或分批装运。若允许转运或分批装运，还应注意有关转运或分批装运的具体要求，如转运地点、船名、转运间隔期限等；若无法做到，则应要求修改。

（7）对信用证保险条款的审核。

首先，应根据交易所使用的价格条件明确由卖方还是买方办理保险；如果以FOB或CFR条件成交，而来证要求卖方办保险，应要求修改。

其次，应审核信用证规定的投保险种及适用的条款与贸易合同是否相符；若不符，则应要求修改。

此外，应审查信用证下的保险金额及加成比例与合同规定是否一致。

（8）对信用证下的其他条款的审核。

（二）信用证的修改

受益人在审核信用证过程中，若发现信用证条款与合同不一致，或某些条款不合理或无法做到，应及时要求修改。根据UCP600，信用证修改应注意以下原则：

（1）未经开证行、保兑行、受益人同意，信用证既不得修改，也不得撤销。

（2）开证行自发出修改书之时起，即不可撤销地受其约束。

（3）在受益人告知通知修改的银行其接受修改之前，原信用证条款对受益人仍然有效，受益人应提供接受或拒绝修改的通知。如果受益人未能给予通知，当交单与信用证以及尚未表示接受的修改的要求一致时，即视为受益人已作出接受修改的通知，并从此时起，该信用证被修改。

（4）通知修改的银行应将任何接受或拒绝的通知转告发出修改书的银行。

（5）对同一修改的内容不允许部分接受，部分接受将被视为拒绝修改的通知。

❖ 案例5-5

某日，上海大众食品公司向朝鲜外贸公司出口大豆5 000吨，双方约定采用信用证方式结算。朝鲜外贸公司要求朝鲜外贸银行开出不可撤销信用证一份，该不可撤销信用证的受益人为上海大众食品公司，开证申请人为朝鲜外贸公司，开证行为朝鲜外贸银行，议付行则为上海A银行。信用证的有效期为5月30日，货物的装运期为5月15日。

4月5日，朝鲜外贸公司通过朝鲜外贸银行发来修改电一份，要求货物分两批分别于5月15日、30日出运，信用证的有效期延展至6月15日。上海A银行在第一时间将信用证修改通知了受益人。5月30日，上海大众食品公司将5 000吨大豆装船出运，在备齐了所有信用证所要求的单据后，于6月3日向上海A银行要求议付。上海A银行审单后拒绝对其付款。

【案例提示】本案例中信用证的修改通知了受益人，而受益人没有明确表明接受或拒绝。在此情况下，若其按旧证内容办理，我们认为他拒绝了修改；若按新证内容办理，我们则认为他接受了修改。本案例的情形显然是上海大众食品公司接受了信用证的修改。该信用证的修改项目有三项：分批装运、装运期、有效期。既然上海大众食品公司接受了信用证的修改，它就必须全盘接受，而不能接受一部分，拒绝一部分。因此，上海大众食品公司接受延展装运期和有效期而拒绝分批装运的做法不符合规定，议付行的拒付行为完全正确。

五、受益人发货交单

受益人审证无误后，就应按照信用证条款的要求及时发货，并制作或取得信用证规定的单据，在规定的交单期限内向银行交单。制单时应严格做到单证相符、单单相符、单货相符。

单证相符是指所提交的单据必须在表面是完全符合信用证条款，制单时应对信用证内容逐字逐句阅读，准确理解信用证各项条款对各种单据的要求，逐条制作单据。

单单相符是指各种单据之间必须一致，不能彼此矛盾；应注意各种单据签发日期必须合理，符合逻辑性，符合国际贸易惯例，各种单据的用词也必须保持一致。①

❖ 案例5-6

某年5月，澳大利亚的MONMEN公司与美国的A公司签订一份买卖合同，前者从后者进口一批货物。6月，MONMEN公司向本国B银行申请开证，B银行按申请人的指示开出信用证，并指定美国的C银行作为该信用证的保兑行。9月，A公司按信用证要求如期装运货物后，备齐信用证所规定的所有单据向保兑行提示，要求保兑行付款。

---

① 顾民．外贸制单与结汇［M］．3版．北京：对外经济贸易大学出版社，2001：128-129.

但是，保兑行发现A公司提交的提单上记载的被通知人名字有误，即把MONMEN错写成MOMMEN了，所以，保兑行认为单证不符，未向A公司付款。随即保兑行电传开证行，请求开证行在存在上述不符点的情况下授予其向A公司付款的权利，但开证行坚持拒绝授权保兑行付款。A公司认为开证行过分挑剔，只因一个字母打印错误而拒付货款，即向当地法院起诉，要求保兑行付款并承担该保兑行因未按信用证条款付款而使A公司所受的损失。法院一审判决A公司败诉。A公司不服，再次上诉，理由是仅名字错误不足以解除保兑行的付款责任。法院二审维持原判。

【案例提示】开证行履行付款责任是以受益人提交严格符合信用证条款要求的单据为前提条件的，即受益人提交的单据，表面上必须与信用证的条款完全一致，绝不能有所差异。如果受益人提交的单据没有严格符合信用证条款的规定，则银行有权拒收，并对受益人拒付。这就是信用证业务中所说的"严格相符原则"。本案例中A公司将MONMEN错写成MOMMEN，已经构成了单证不符，银行有权拒绝付款。因此，受益人在制单过程中一定要严格做到单证相符、单单相符，以免影响收汇。

通常受益人提交的单据只要做到单证相符、单单相符银行就可以付款。而作为一个诚信的商人还应遵循重合同、守信用的基本原则，不弄虚作假、投机取巧，做到单据与货物一致，货物与合同一致。

受益人交单时还应注意单据的提交期限。交单期限由以下因素决定：

（1）信用证的有效期。单据的提交必须在信用证有效期内。

（2）信用证规定的交单期限。如果信用证规定了交单日，必须按规定交单。

（3）运输单据签发后的21天交单。如果信用证没有规定交单日，则应按此惯例交单，但必须在信用证有效期内。

UCP600对有关日期的术语有以下解释：

（1）"在或大概在（on or about）"或类似用语将被视为规定事件发生在指定日期的前后5个日历日之间，起讫日期计算在内。

（2）"至（to）""直至（until，till）""从……开始（from）""在……之间（between）"等词用于确定发运日期时包含提及的日期，使用"在……之前（before）""在……之后（after）"则不包含提及的日期。

（3）"从……开始（from）""在……之后（after）"等词用于确定到期日时不包含提及的日期；"前半月"及"后半月"分别指1个月的第1日到第15日及第16日到该月的最后一日，起讫日期计算在内。

（4）一个月的"开始（beginning）""中间（middle）""末尾（end）"分别指第1日到第10日、第11日到第20日及第21日到该月的最后一日，起讫日期计算在内。

六、指定银行审单、议付、承兑与付款

指定银行在接到受益人提交的单据后应合理谨慎地审核单据，以确定单据表面是否

符合信用证条款。按照UCP600的规定，银行必须在从交单次日起至多5个工作日之内确定交单是否相符。当单证相符时，保兑行、指定银行必须承付或议付，并将单据转递给开证行；当单证不符时，保兑行、指定银行可以拒绝承付或议付。当指定银行、保兑行或开证行决定拒绝承付或议付时，必须给予交单人一份单独的拒付通知，该通知必须声明银行拒绝承付或议付，并说明拒绝承付或议付所依据的每一个不符点。拒付通知应以电讯方式发出；如不可能，则以其他快捷方式，在不迟于交单之翌日起第5个银行工作日结束前发出。银行拒绝承付或议付后，应留存单据听候交单人的进一步指示，或退回单据，或按之前从交单人处获得的指示处理。

拓展阅读5-1

七、指定银行向开证行或偿付行寄单索汇

指定银行在审单承付或议付后，应将单据寄给开证行，并向开证行或偿付行索汇。索汇时应注意正确理解信用证下的偿付条款，找准索汇对象，确定索汇路线，保证及时安全收汇。

信用证下的偿付条款一般有四种：

（1）单到付款，是指议付行向开证行寄单、索偿，开证行审单无误后付款。

（2）授权借记，是指开证行在指定银行开立账户，开证行审单相符后，可授权指定银行借记开证行账户。

（3）主动贷记，是指指定银行在开证行设立的账户，开证行审单相符后可贷记指定银行账户。

（4）通过偿付行偿付，是指开证行指定第三家银行为偿付行。偿付行一般是开证货币的发行国。指定银行承付或议付后，向开证行寄单的同时，向偿付行索偿。

八、开证行或偿付行偿付

开证行收到指定银行寄来的单据后，应审查单据，并在5个银行工作日之内付款或拒付。当单证相符时，开证行应及时偿付。若开证行与指定银行之间有账户关系，则可采取授权借记、主动贷记等方式进行偿付。这种偿付方式也称简单偿付，寄单行可直接从开证行获得资金。

然而要求开证行和每一家指定银行建立账户关系是不现实的，这时就要通过第三家银行进行偿付。当信用证所使用货币不是受益人所在国货币时，也可能需要第三家银行参与偿付。这里的第三家银行即为偿付行。

UCP600对银行之间的偿付安排有以下规定：

（1）开证行必须给予偿付行有关偿付的授权，授权应符合信用证关于兑用方式的规

定，且不应设定截止日。

（2）开证行不应要求索偿行向偿付行提供与信用证条款相符的证明。

（3）如果偿付行未按信用证条款见索即偿，开证行将承担利息损失及产生的任何其他费用。

（4）偿付行的费用应由开证行承担。如果此项费用由受益人承担，则开证行有责任在信用证及偿付授权中注明。如果偿付行费用由受益人承担，则该费用应在偿付时从付给索偿行的金额中扣除。如果偿付未发生，则偿付行费用仍由开证行负担。

（5）如果偿付行未能见索即偿，开证行不能免除偿付责任。

UCP600并未对偿付授权与信用证的关系及偿付授权的内容等作出详细规定，作为银行间偿付安排的补充，国际商会专门制定了《跟单信用证项下银行间偿付统一规则》（URR725），对银行偿付作出了详细的解释。该规则明确了偿付业务下的当事人及其责任、义务，并对银行间偿付业务安排，如偿付的授权、索偿要求的预先通知、预先借记通知偿付授权的修改、偿付保证等作出了具体的规定。

九、开证申请人付款赎单

开证行在付款后应及时通知申请人付款赎单，申请人接到银行通知后应及时审核单据。如果单证相符，则应付清开证行垫付款项，取得单据，此时它与开证行之间的权利、义务关系即告结束；如果单证不符，则申请人可以拒绝付款赎单，此时开证行就会遭受损失。进口商凭单提货后若发现货物与合同不符，或者货物短少破损，不能向开证行提出索赔，只能向出口商或其他有关责任方索赔。

图5-1是信用证业务流程图。

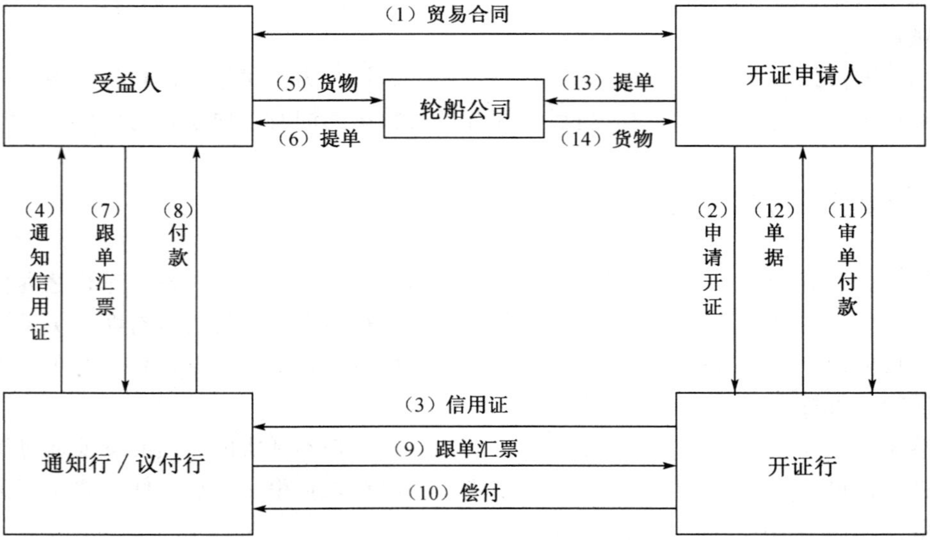

图5-1 信用证业务流程图

第三节 信用证的类型及使用

一、光票信用证和跟单信用证

根据是否附带货运单据，信用证可分为光票信用证和跟单信用证。

（一）光票信用证

光票信用证（clean L/C）是指不附单据，仅凭汇票（或收据）付款的信用证。预支信用证及旅行信用证均属此类。光票信用证由于不附货运单据，受益人可以在装运货物取得货运单据前开出汇票请求银行议付，因此常有“Payment in advance against clean draft is allowed.”或类似文句，起到预先支取货款的作用。

（二）跟单信用证

跟单信用证（documentary L/C）是指凭规定的单据或跟单汇票付款的信用证。国际贸易结算中绝大多数信用证都是跟单信用证。

二、保兑信用证和不保兑信用证

按照是否有另一家银行进行保兑，信用证可分为保兑信用证和不保兑信用证。

（一）保兑信用证

保兑信用证（confirmed L/C）是指信用证有另一家银行保证对符合信用证条款规定的单据履行承付义务的信用证。对信用证加具保兑的银行被称为保兑行。

通常当受益人对开证行的资信不够了解或认为开证行不足以信任，或对进口国的政治、经济有顾虑时才会提出保兑要求；有时开证行担心自身开出的信用证不易被接受或议付，也会主动要求另一家银行对信用证进行保兑。

保兑行通常在信用证上加列保兑文句，如：“This credit is confirmed by us.”“We hereby added our confirmation to this credit.”“This credit bears our confirmation and we undertake that documents presented for payment in conformity with the terms of this credit will be duly paid on presentation.”

保兑行自对信用证加具保兑之时起即不可撤销地承担承付或议付的责任。经保兑的信用证便有了开证行和保兑行的双重付款承诺。

UCP600第8条规定：只要规定的单据提交给保兑行，或提交给其他任何指定银行，并构成相符交单，保兑行就必须承付。其他指定银行承付或议付相符交单并将单据转往保兑行之后，保兑行即承担偿付该指定银行的责任。对承兑或延期付款信用证下相符交单金额的偿付应在到期日办理，无论指定银行是否在到期日之前预付或购买了单据。保兑行偿付指定银行的责任独立于保兑行对受益人的责任。

❖案例 5-7

甲国出口商出口一批货物到乙国，进出口双方约定以信用证方式结算。于是乙国进口商委托其银行（乙银行）开立了一张不可撤销议付信用证，该证由丁银行保兑。甲国出口商根据信用证的规定装船后，在信用证有效期内将全套单据向丁银行提示。丁银行认为单据与信用证条款相符，对单据进行了议付。乙银行收单后经审核认为单据不合格而拒绝接受，丁银行因此而蒙受了巨大的损失。

【案例提示】根据 UCP600 第 8 条，保兑行已经接受单据，因此对受益人没有追索权。如果开证行因为不符点而拒收单据，那些不符点是被保兑行忽略的，那么这样的后果应由保兑行负责，保兑行不能反过来让出票人或善意持票人负责它在审核单据上的错误。本案例中作为保兑行的丁银行因未发觉单据的不符点，而错误地议付，它就丧失了对受益人（甲国出口商）的追索权。同时，由于开证行的付款依据是单单、单证一致，所以，丁银行也无从获得偿付，最终受损的只能是丁银行。

（二）不保兑信用证

不保兑信用证（unconfirmed L/C）是指未经另一家银行保兑的信用证。通常开证行资信良好或信用证金额较小时，无须保兑，因为信用证的保兑费用将增加进出口商的成本。国际结算中大多数信用证都是不保兑信用证。

三、即期信用证、远期信用证、假远期信用证和预支信用证

按照付款期限，信用证可分为即期信用证、远期信用证、假远期信用证和预支信用证。

（一）即期信用证

即期信用证（sight L/C）是指开证行或指定银行收到受益人提交的符合信用证条款规定的即期跟单汇票或单据后立即付款的信用证。受益人交单后可立即得到货款，有利于资金周转，在国际结算中用得最为广泛。即期信用证须明确注明“at sight”或“sight”字样。

即期信用证的付款方式有两种：

一是单到付款或议付，即开证行或指定银行收到受益人的相符交单后立即付款，开证申请人也应立即向开证行付款赎单。

二是电报索偿，用于议付信用证，即受益人所在地的议付行收到相符单据后，用电报或电传向开证行或指定银行发出通知，说明单据已按规定寄送，要求立即付款，开证行或指定银行收到通知后立即付款。若信用证规定向议付行偿付的是第三方银行（偿付行），则应及时向偿付行索偿，偿付行费用由开证行承担。若偿付行未见索即偿，开证行不能免除偿付责任，应承担利息损失及产生的任何其他费用。

（二）远期信用证

远期信用证（usance L/C）是指开证行或指定银行收到符合信用证条款的单据和汇票后，不是立即付款，而是等到信用证规定日期才履行付款义务的信用证。远期信用证的受益人提示单据汇票后，只能在规定的日期获得付款。在远期信用证下，受益人应出具远期汇票，该汇票的付款人应是开证行或被指定银行，由付款人先承兑该远期汇票，注明承兑日期、到期日并签名。承兑后的汇票可以由开证行保留，也可以寄回寄单行，当汇票到期时由承兑行履行付款责任。

远期信用证是卖方先发货交单、买方后付款，实际上是出口商为进口商提供信贷，解决了进口商的资金周转困难问题，出口商要承担一定的风险。因此，出口商接受远期信用证时需谨慎考虑，了解清楚进口商、开证行资信及进口国的政治、经济形势，降低结算风险。

（三）假远期信用证

假远期信用证（usance credit payable at sight）是一种开证申请人远期付款、受益人即期收汇的信用证。若买卖双方达成即期交易，但进口商由于某种目的和需求，在信用证中要求受益人以即期交易价格报价，开立远期汇票，由进口商负担贴现利息及有关费用，而受益人按规定即期收汇，此类信用证即为假远期信用证。

假远期信用证开立的原因主要是某些国家外汇紧缺，国家法令规定进口交易必须远期付款，银行只能开出远期信用证，或对银行开即期信用证有严格限制，于是在即期交易中，进口商就采用开出远期信用证、要求银行保证贴现出口商的远期汇票、贴现利息和费用由进口商承担的假远期做法。此外，进口商也可通过开立假远期信用证的做法以较低的贴现利息和费用来融通资金，减轻费用负担，降低进口成本。

假远期信用证既具备即期信用证的特征，又具备远期信用证的特征，与即期信用证和远期信用证相比，既有相同之处，又有不同之处。

假远期信用证与即期信用证的相同之处在于受益人都可即期收汇。二者不同之处在于：即期信用证下受益人开立的是即期汇票，买方应即期付款，而在假远期信用证下，受益人开立的是远期汇票，由汇票付款人先承兑，买方在汇票到期时才付款。

假远期信用证与远期信用证的相同之处在于：受益人都开出远期汇票，买方在汇票到期时才付款。二者不同之处在于：

（1）远期信用证以远期买卖合同为基础，而假远期信用证以即期买卖合同为基础；

（2）远期信用证下贴现利息和费用由出口商承担，而假远期信用证下贴现利息和费用由进口商承担；

（3）远期信用证下出口商不能即期收汇，而假远期信用证下出口商可以即期收汇。

假远期信用证没有固定的格式，也不注明是假远期信用证，只能通过信用证的一些条款来判断。如果远期信用证中规定：开证行或指定付款行保证即期付款给受益人；远期汇票由开证行或指定付款行贴现；所有费用由买方负担，这种信用证即假远期信用证。

假远期信用证的常见文句有：

（1） The drawee will accept and discount usance drafts drawn under this credit. All charges are for the buyer's account, the usance draft payable at sight basis.

(2) The draft must be discount by the advising bank effecting payment to the beneficiary immediately. Discount charges are for our account.

(3) Please pay the beneficiary on a sight draft basis. Discount charges and stamp duty (if any) are for the buyer's account in excess of the credit amount.

实务中可能出现以下两种情况：

一是条款中仅规定了贴现利息和费用由开证人负担，但未明确规定远期汇票即期付款。如某信用证规定：

Settlement at maturity will be by means of our sight draft on New York. The credit amount includes the interest at rate of 6% for 180 days.

这类条款由于没有明确规定远期汇票即期付款，受益人若要即期收汇，需要通过议付行办理兑现手续，或者办理贴现。如果银行不愿议付或贴现，则受益人无法实现即期收汇。因此，如果进出口商签订的合同是即期收款，而受益人收到的是这类信用证，应立即通知开证申请人修改。

二是条款中仅规定远期汇票即期付款而未表明贴现利息和费用由谁负担。如某信用证规定：

This credit allows for immediate sight reimbursement to the beneficiary.

这类信用证由于没有明确贴现利息和费用由谁负担，容易产生争议。对受益人来说，应及时要求对方修改完善，以免产生麻烦。

❖ **案例 5-8**

某出口公司与新西兰商人成交一批出口货物。原合同规定卖方即期收汇，买方60天后付款。但对方开来的是一张60天的远期信用证，不过在证中规定："Discount charges for payment at 60 days are borne by the buyer and payable at maturity in the scope of this credit." 要求：(1) 此证是否为假远期信用证？(2) 出口公司可否接受？

【案例提示】此证不是假远期信用证。如果出口公司接受，则在不能贴现的情况下势必等到60天后才能收汇，而60天后汇价涨跌如何，难以预计。因此，该出口公司应让买方改证，等其明确远期汇票即期付款并由开证行或付款行负责贴现，而且一切贴现利息和费用由买方承担后，出口公司才能接受。

（四）预支信用证

预支信用证（anticipatory L/C或prepaid L/C）是指受益人可在发运货物前先开出汇票向指定银行收款的信用证。该种信用证的授信条件和远期信用证正好相反，是进口商付款在先、出口商发货在后，实际上是进口商对出口商装船前的融资。买方之所以愿意预付是为了获得市场紧缺的货物，或通过预付全部或部分货款而取得有利价格和其他有利的交易条件。

预支信用证应加列预支条款，其通常包括以下内容：

(1) 允许受益人预支的最高额度；

（2）预支时受益人应保证按时发货交单；

（3）受益人向预支行交单收款时，预支行可扣除预支款和利息；

（4）在信用证有效期内受益人未能交单，预支行可向开证行索偿，开证行保证偿还预支行垫款本息及费用，然后向开证申请人追索。

预支信用证分为全部预支信用证和部分预支信用证两种。

全部预支信用证是一种仅凭受益人的光票付款的信用证。申请人在申请开证时就将全部款项交给开证行，开证行在信用证中加列预支条款，授权指定银行凭受益人提交的光票及保证书，将全部信用证金额在扣除利息后预支给受益人。若受益人违约，预支行可向开证行索取本息。这类信用证对进口商和开证行来说有很大风险，在实际中用得较少。

部分预支信用证指开证行授权指定银行凭受益人签发的汇票和以后补交单据的声明书向其预支部分货款，在货物装运后再凭货运单据支取剩余的部分货款。预支行在付款后向开证行索偿，开证行立即偿付。

四、即期付款信用证、延期付款信用证、承兑信用证和议付信用证

按照信用证的兑用方式，信用证可分为即期付款信用证、延期付款信用证、承兑信用证和议付信用证四种。

（一）即期付款信用证①

即期付款信用证（sight payment L/C）是指开证行、保兑行或指定付款行在收到符合信用证条款规定的跟单汇票或货运单据时立即付款的信用证。该种信用证下的付款银行可以是开证行，也可以是出口地通知行或指定的第三国银行。通常即期付款信用证以出口地通知行作为付款行，即信用证的有效地点是受益人所在地，受益人可直接向当地付款银行交单，且付款行审单付款后对受益人无追索权，对受益人十分有利。若付款行为开证行或第三国银行，则交单到期地点在开证行或第三国银行所在地，受益人将承担单据在邮寄过程中遗失和延误的风险。

即期付款信用证有两种形式：

1.凭汇票即期付款信用证

这种信用证要求受益人开出以开证行或指定银行为付款人的即期汇票，并在规定的交单期内将汇票及单据一起交给开证行或指定银行，付款银行审单后即付款。

2.凭单据或收据即期付款信用证

这种信用证不需要签发汇票，受益人仅凭货运单据或收款收据及单据就可从开证行或指定银行获得付款。不要求汇票的目的在于免去印花税的负担。

（二）延期付款信用证

延期付款信用证（deferred payment L/C）是指开证行在信用证中规定货物装船后若

① 韩常青．国际结算［M］．2版．北京：中国商务出版社，2010：139.

干天或受益人交单后若干天付款的一种远期信用证。受益人不需要开立汇票，也无须承兑。延期付款信用证可由开证行延期付款，也可以由被指定银行延期付款。因为没有汇票，受益人无法在信用证外获得票据法的保护，只能受信用证的保护；如果需要资金融通，也无法进行贴现，只能自行垫款或向银行借款。因而，延期付款信用证对进口商比较有利，而对出口商不利。

延期付款信用证下，受益人交单，若单证相符，被指定银行或开证行受理单据，但要等到规定的日期才付款。付款到期日的计算一般有两种方法：

一是从运输单据签发后若干天起算（available at...days after the date of issuance of transport documents）；

二是从见单后若干天起算（available at...days after presentation of documents）。

此类信用证下的兑用方式为远期付款，又不要求汇票，实际上为了减少印花税负担，但受益人交单后要等到付款到期日才能收款，风险较大。对受益人而言，若被指定银行是保兑行，则收款有直接的保证，到期不管被指定银行是否收到款项，都要保证向受益人付款；若是不保兑的信用证，被指定银行不构成确定的付款承诺，一旦发生意外，如开证行倒闭、进口国实行外汇管制等，受益人则无法正常收汇，很可能钱货两空。因此，受益人为了收款顺利，更倾向接受延期付款加保兑的信用证。

延期付款信用证主要适用于以下情况：

（1）资本货物贸易、承包工程和投标等。这些交易的付款期限很长，有的需要好几年。在这种情况下，出口商往往不能利用短期贴现市场融资，而只能利用出口国银行中长期贷款获得资金来源，这种贷款有时可用延期付款信用证作为抵押。

（2）有些国家的票据法规定，超过6个月的承兑汇票不能在市场进行贴现，或者规定汇票的有效期不超过1年，在上述情况下，远期汇票不能解决远期付款所产生的问题，只能用延期付款信用证来解决。

（3）在欧洲，许多国家承兑汇票需要缴纳很高的印花税，为了减少印花税的支出就使用延期付款信用证，以发票代替汇票作为付款凭证。

（4）有的国家实行严格的外汇管制，禁止银行开立承兑信用证，这些国家的银行就采用延期付款信用证作为替代品，绕开政府法令的限制。

（三）承兑信用证

承兑信用证（acceptance L/C）是指开证行或付款行在收到符合信用证条款的单据和远期汇票时，先对远期汇票进行承兑，汇票到期时再付款的信用证。在该信用证下，银行付款后对受益人无追索权。

承兑信用证需要受益人开立远期汇票。根据UCP600，汇票的付款人是信用证中的指定银行，不得开成以申请人为付款人的汇票。开证行在开立承兑信用证时，可以规定由自己承兑汇票，也可以规定由被指定银行承兑汇票。开证行或被指定银行对受益人开立的远期汇票一经承兑，信用证项下的不可撤销的付款责任就上升到了票据上的无条件付款责任。承兑前，银行对受益人的权利和义务以信用证为准；承兑后，汇票和单据相分离，银行成为汇票的承兑人，即票据法规定的主债务人，对出票人、背书人、持票人承担保证付款的责任。即便出现了欺诈等纠纷，汇票的承兑人也不能拒付，因为该汇票的持票人作为善意的持票人或正当持票人可以受票据法的保护。承兑后的汇票可以退回出票人，但大部分由承兑行保管，承兑行向受益人发出承兑通知书。若承兑行不是开证行，则承兑行向开证行寄单索汇。受益人取得承兑汇票后，可办理贴现，提前取得现款，也可以持有承兑汇票等在到期日向承兑行要求付款。

UCP600第7条规定：指定银行承付或议付相符交单并将单据转给开证行后，开证行即承担偿付该指定银行的责任。对承兑或延期付款信用证下相符交单金额的偿付应在到期日办理，无论指定银行是否在到期日之前预付或购买了单据。开证行偿付指定银行的责任独立于开证行对受益人的责任。该条款在强调开证行对指定银行的偿付责任的同时，也授权指定银行在到期日之前可预付或购买单据，即授权指定银行向受益人融资。

（四）议付信用证

议付信用证（negotiation L/C）是指开证行允许受益人向某一指定银行或任何银行交单议付的信用证。

UCP600第2条将议付定义为："指定银行在相符交单下，在其应获偿付的银行工作日当天或之前向受益人预付或同意预付款项，从而购买汇票（其付款人为指定银行以外的其他银行）及/或单据的行为。"

根据这一条款，议付是指指定银行在获得开证行偿付的当日或之前，买入受益人的汇票或单据，向受益人预付款项。议付实际上是银行对受益人的一种融资方式，使得受益人可以提前获得资金，加速资金周转。

开证行通常在信用证中表明议付的方式，包括有效期、交单地点、议付行名称、对汇票的要求等，如：

This credit is expire on or before______________（有效日期）at______（交单地点，指定银行所在地城市名称）and available with_______________（议付行名称）by negotiation □ against the beneficiary's draft at ______sight（汇票付款期限）drawn on______（汇票付款人名称）and documents detailed herein.[①]

议付信用证下汇票的出票人是受益人，收款人一般也是受益人自己，在银行议付时背书转让给议付行，或者直接以议付行作为收款人。付款人通常是开证行，也可以是议付行以外的其他银行。议付信用证的有效地点一般在指定的议付行所在地；若无指定议付行，则在出口国所在地。

议付信用证可分为限制议付信用证和公开议付信用证两种。

（1）限制议付信用证也称授权议付信用证，是指开证行在信用证中指定出口地的某一家银行进行议付的信用证。受益人必须向该指定银行交单议付。这种信用证通常注明"negotiation restricted to ×× Bank"。其有时可能出现提示单据不方便等问题，对受益人不利。

（2）公开议付信用证也称自由议付信用证，是指开证行授权任何银行进行议付，信

---

① 韩常青. 国际结算［M］. 2版. 北京：中国商务出版社，2010：142.

用证中通常注明“available with any bank by negotiation”。在公开议付信用证下，受益人可向任意银行交单议付，对受益人比较有利。

UCP600第12条规定：“除非指定银行为保兑行，对承付或议付的授权并不赋予指定银行承付或议付的义务，除非该指定银行明确表示同意并告知受益人。”

由此可看出，无论是限制议付还是公开议付信用证，议付行均有权拒绝议付。但在实际业务中，除非开证行资信较差，银行一般都愿意接受议付。这主要是因为只要开证行资信良好，议付后一般都能及时得到偿付，且议付行对受益人有追索权，议付行议付后，若开证行拒付，可以向受益人追索，或通过对货物的处理得到补偿；同时，议付行可获得可观的利息和手续费收入。当然，若开证行或受益人资信差，也可能给议付行带来风险，因此，银行在议付信用证时也应加强对风险的防范。

❖案例5-9

某日，受益人向议付行交来全套单据。经审核，议付行认为单单、单证一致，于是向受益人办理结汇，并将单据寄往开证行索偿。开证行经审核后，认为议付行交来的全套单据不能接受，因为提单上申请人的通信地址的街名少了一个“g”。（正确的地址为“Sun Chang Road”，现写成“Sun Chan Road”）

获此信息后，受益人即与申请人取得联系，要求取消此不符点，而申请人执意不肯。事实上，由于该批货物进口地市场行情下跌，开证申请人决定拒绝接受货物，并由此寻找单据中的不符点，以此为借口拒绝付款。

【案例提示】这是一起由于单证不符遭到拒付的案例。按UCP600的规定，银行审单遵循“严格相符”的原则，即受益人提交的单据必须做到“单据与信用证规定一致”“单据与单据一致”，银行才会接受单据并付款。这是一条刚性原则。虽然曾有不少人提出应软化这一刚性原则，即银行应接受只有轻微瑕疵的单据并付款，但这一主张并未得到大多数国家的接受，也未得到国际商会的认可。实际上，对“轻微瑕疵”的认定，即何种程度的不符才能构成银行拒付的理由，UCP600没有作明确的规定，法院或仲裁庭有很大的自由裁量权。因此，议付行在审单时一定要认真负责，以免使自己陷入被动状况。

五、可转让信用证和不可转让信用证

按照受益人的权利是否可以转让，信用证可分为可转让信用证和不可转让信用证。

（一）可转让信用证

UCP600第38条规定：可转让信用证（transferable L/C）是指特别注明“可转让”字样的信用证。可转让信用证可应受益人（第一受益人）的要求转让全部或部分由另一受益人（第二受益人）兑用。转让行系指办理信用证转让的指定银行，或当信用证规定可在任一银行兑用时，开证行特别授权并实际办理转让的银行。开证行也可担任转让行。

根据上述条款，可转让信用证应注明“可转让”字样或类似条款，以表明该信用证是可以转让的；若没有注明，均视为不可转让信用证。

1. 可转让信用证的适用

可转让信用证通常适用以下情况：

（1）中间贸易。出口商就是中间商（第一受益人），需要从实际供货商（第二受益人）那里购进货物，中间商可要求进口商开立可转让信用证，将信用证下自己作为受益人的权利转让给实际供货商，由实际供货商装运货物出口。利用可转让信用证，有利于增强实际供货商的履约信心，保证中间商从实际供货商处获得货物，赚取差额利润，同时简化了交易及货款支付手续。在转让时，通过用第一受益人的名称替换进口商的名称，使实际供货商无法获知国外进口商的名称和地址，隔断了进口商与实际供货商的联系渠道，有利于保守商业秘密，便于长期从事买卖中介业务。

（2）由总公司对外成交，分公司交货。有些大公司统一对外交易，签订销售合同，但合同履行需要由分公司完成。为了使各分公司直接装运并在当地议付，就要求进口商开立可转让信用证，然后转让给各分公司使用。

（3）当实际供货商受出口资格或某些政治因素的限制，需使用他人名义出口时，也可采用可转让信用证。

2. 可转让信用证的业务流程（如图5-2所示）

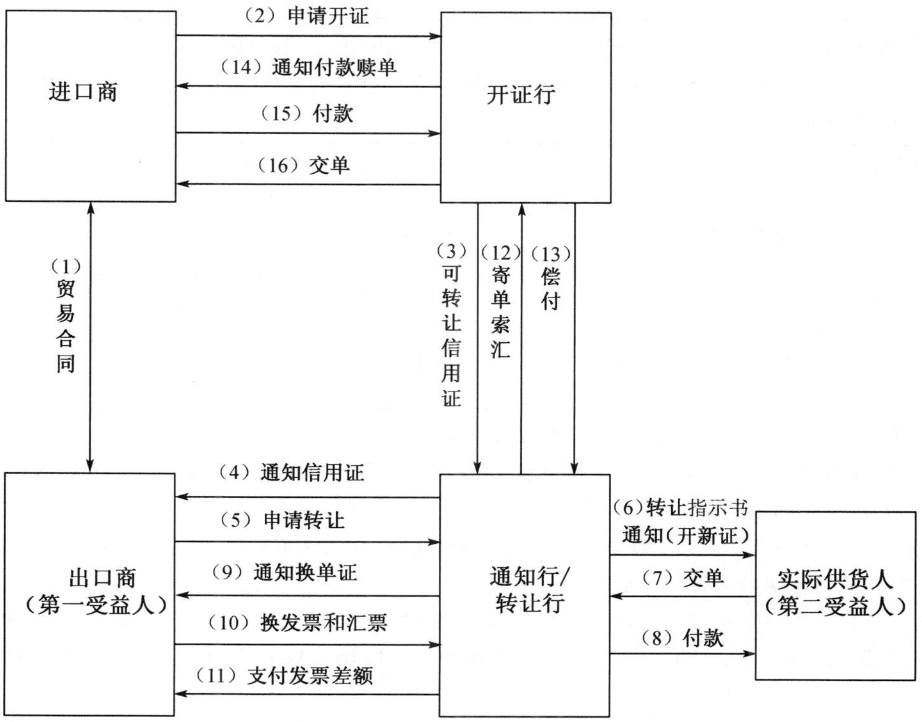

图5-2 可转让信用证的业务流程图

（1）出口商（中间商）与进口商签订贸易合同；

（2）进口商向银行申请开立可转让信用证；

（3）进口方所在地银行开立可转让信用证；

（4）第一受益人所在地银行通知信用证；

（5）第一受益人填写转让申请书（见附样5-5），申请转让信用证；

（6）转让行向实际供货商（第二受益人）发出转让指示书（见附样5-6）；

附样5-5

信用证转让申请书①

APPLICATION FOR TRANSFER OF CREDIT

TO: DATE:

TRANSFERRED CREDIT NO.____________________

PLEASE TRANSFER THE L/C BELOW FOR US （FIRST BENEFICIARY） □ BY SWIFT/□ BY MAIL, DETAILS AS FOLLOWS:

TRANSFERABLE CREDIT NO.
ISSUING BANK OF TRANSFERRED CREDIT
ADVISING BANK OF TRANSFERRED CREDIT
SECOND BENEFICIARY（FULL NAME & ADDRESS）
AMOUNT TRANSFERRED

TRANSFER IN WHOLE AS THE SAME TERMS AND CONDITIONS AS THE TRANSFERABLE CREDIT.

□ TRANSFER AS THE SAME TERMS AND CONDITIONS AS THE TRANSFERABLE CREDIT EXCEPT THE FOLLOWING(S):

AMOUNT	PRESENTATION PERIOD
LATEST SHIPMENT DATE	EXPIRY DATE
UNIT PRICE	QUANTITY
INSURANCE AMOUNT/PERCENTAGE	OTHERS

1.PLEASE FOLLOW THE INSTRUCTIONS MARKED WITH “×”:

（1） OUR NAME IS □ TO BE/□ NOT TO BE SUBSTITUED FOR THAT OF THE APPLICANT IN THE TRANSFERABLE CREDIT.

（2） WE □ INTEND/□ DO NOT INTEND TO SUBSTITUTE OUR OWN INVOICES AND DRAFTS FOR THOSE OF THE SECOND BENEFICIARY.

（3） ANY AMENDMENT UNDER THE TRANSFERABLE CREDIT ARE TO BE ADVISED TO THE SECOND BENEFICIARY □ WITH/□ WITHOUT OBTAINNING OUR APPROVAL OTHER CONDITIONS （SPECIFY, IF ANY）.

（4） PRESENTATION OF DOCUMENTS BY OR ON BEHALF OF THE SECOND BENEFICIARY MUST BE

① 林晓慧，刘玲．国际贸易结算实验教程［M］．北京：经济科学出版社，2010：97-98.

MADE TO □TRANSFERRING BANK/□ISSUING BANK.

2.ATTACHED IS THE TRANSFERABLE CREDIT (ORIGINAL AND AMENDMENT), CONSISTS OF ______ SHEET(S).

3. ALL BANKING CHARGES DUE TO YOU AS A RESULT OF THIS TRANSFER □ EXCLUDING/ □INCLUDING TRANSFERRING CHARGES, AND CHARGES DEDUCTED BY ISSUING BANK/PAYING BANK/OTHER RELATED BANKS ARE FOR ACCOUNT OF THE SECOND BENEFICIARY.

4.PLEASE EFFECT PAYMENT UNDER THIS TRANSFERRED CREDIT ONLY UPON YOUR RECEIPT OF FUNDS FROM THE ISSUING BANK OF TRANSFERABLE CREDIT.

5.THIS TRANSFER IS SUBJECT TO THE UNIFORM CUSTOMS AND PRACTICE FOR DOCUMENTARY CREDITS (2007 REVISION，INTERNATIONAL CHAMBER OF COMMERCE，PUBLICATION NO.600).

6.OTHERS.

附样 5-6　　信用证转让指示书[①]

INSTRUCTION FOR TRANSFER OF CREDIT

TO：

OUR TRANSFER NO.：______________DATE：______________

RE：　　L/C NO.：　　L/C AMOUNT：

ISSUING BANK：

FIRST BENEFICIARY：

AT THE REQUEST OF THE FIRST BENEFICIARY，WE HEREBY TRANSFER THE ABOVE L/C TO THE TRANSFEREE AS FOLLOWS：

TRANSFEREE（NAME & ADDRESS）

1.PLEASE FOLLOW THE INSTRUCTIONS MARKED WITH “×”：

□TRANSFER IN WHOLE AS THE SAME TERMS AND CONDITIONS AS THE ORIGINAL L/C.

□ TRANSFER AS THE SAME TERMS AND CONDITIONS AS THE ORIGINAL L/C EXCEPT THE FOLLOWINGS：

AMOUNT TRANSFERRED	PRESENTATION PERIOD
LASTEST SHIPMENT DATE	EXPIRY DATE
UNIT PRICE	QUANTITY
INSURANCE	OTHERS

ATTACHED IS THE □TRANSFERRED L/C □AMENDMENT(S) CONSISTS OF________SHEET(S).

2. PAYMENT UNDER THIS TRANSFERRED L/C IS SUBJECT TO THE FINAL PAYMENT FROM THE ISSUING BANK OF THE ORIGINAL L/C.

---

① 林晓慧，刘玲．国际贸易结算实验教程［M］．北京：经济科学出版社，2010：99.

3. ALL BANKING CHARGES AS A RESULT OF THIS TRANSFER (EXCLUDING TRANSFERRING CHARGES) AND CHARGES DEDUCTED BY THE ISSUING BANK/PAYING BANK/OTHER RELATED BANKS ARE FOR ACCOUNT OF________________.

4. THIS TRANSFER IS SUBJECT TO THE UNIFORM CUSTOMS AND PRACTICE FOR DOCUMENTARY CREDITS (2007 REVISION, INTERNATIONAL CHAMBER OF COMMERCE, PUBLICATION NO.600).

FOR________________________

AUTHORIZED SIGNATURE(S)

（7）第二受益人发货交单；

（8）银行审单付款；

（9）转让行通知第一受益人换发票、汇票；

（10）第一受益人以自己的发票、汇票替换实际供货商的发票、汇票；

（11）转让行向第一受益人支付发票差额；

（12）转让行向开证行寄单索汇；

（13）开证行审单后偿付；

（14）开证行通知进口商付款赎单；

（15）进口商审单付款；

（16）开证行向进口商交单，进口商凭单提货。

3. 可转让信用证的使用

（1）转让次数和受让人的规定。UCP600第38条规定：只要信用证允许部分支款或部分装运，信用证就可以部分地转让给数名第二受益人。已转让信用证不得应第二受益人的要求转让给任何其后受益人。第一受益人不视为其后受益人。

根据该条款，可转让信用证只能转让一次，第二受益人不得再转让，但可以将信用证回转给第一受益人。在允许部分支款或装运的情况下，信用证可以转让给多名受益人，这些转让可视为该信用证的一次转让。

❖ **案例 5-10**

D银行开立了一张不可撤销可转让跟单信用证，以M作为受益人，A行为该证的通知行。在A行将该证通知M后，M指示A行将此证转让给X，该转让通知的到期日比原证早1个月。第二受益人X收到转让通知后，对其中的一些条款与第一受益人M产生了分歧。双方经过多次协商，终未达成协议，而此时，该转让通知已过期。

于是M请求D行将已过期的未使用的转让通知恢复到原证。鉴于原证到期日尚有1个月，M要求A行将恢复到原证的金额再度转让给新的第二受益人Y。A行认为它不能同意M的做法，因为将该证转让给Y构成了信用证的第二次转让，这违反了UCP600第38条的规定。况且，A行未从第二受益人X处收到任何“货物未出运，转证未被使用或者同意撤销转证”之类的信息。

【案例提示】A行在认识上存在误区，将未使用过的转让通知再次转让给另一新的第二受益人不能被视作二次转让。UCP600第38条规定：除非信用证另有规定，可转让信用证只能转让一次，因此，该信用证不能按第二受益人要求转让给随后的第三受益人。根据此条文意，由第一受益人作出的再次转让并不构成二次转让，而视为一次同时转让给多个受益人的情形。所以此种转让并非为UCP600所禁止。在此案例中，既然第二受益人X并未接受转让通知，第一受益人M当然可以将该证转让。当然，A行也并未有义务接受M再次转让的通知。UCP600第38条又规定：除非转让范围和方式已为转让行明确同意，转让行并无办理该转让的义务。倘若A行同意将该证转让给Y，比较谨慎的做法是：它从X处获取一份书面指示，同意撤销未使用的转证，同时退回转让通知。

（2）转让行的规定。转让行是指开证行授权办理转让的银行。按照UCP600第38条的规定，银行并没有办理信用证转让的义务，除非其明确同意。也就是说，第一受益人在向银行申请转让时，银行有权拒绝办理。只有当第一受益人提出的转让范围和转让方式为转让行明确同意，且转让费用已经由第一受益人付讫时，转让行才受理信用证的转让。由此可见，办理信用证的转让是转让行的权利，而非义务。

（3）信用证转让的要求。UCP600关于可转让信用证有以下规定：可转让信用证必须准确转载原证条款，包括保兑（如果有的话），但下列项目除外：信用证金额和单价、信用证有效期、交单期、最迟装运期或装运期间、保险金额或投保比例。以上这些项目可以减少或增加，期限可以缩短。UCP600还规定：除非原信用证特别要求申请人名称出现于发票以外的任何单据中，允许用第一受益人的名称替换原证中的开证申请人的名称。UCP600同时规定：第一受益人有权以自己的发票和汇票替换第二受益人的发票和汇票，其金额不得超过原信用证金额。替换后，第一受益人可在原信用证项下支取自己发票与第二受益人发票间的差价。

（4）可转让信用证的修改。可转让信用证经开证行、保兑行、受益人的同意可以修改，第一受益人对转让行将修改通知给第二受益人的行为有控制权。UCP600规定：任何转让要求必须说明是否允许及在何条件下允许将修改通知第二受益人。

因此，第一受益人必须明示转让行，自己是否允许转让行将收到的对原证的修改通知第二受益人，且一旦作出指示就不能撤销。当第二受益人为多人时，他们对信用证修改采取的态度可能不一致，对此UCP600规定：如果信用证转让给数名第二受益人，其中一名或多名第二受益人对信用证修改的拒绝并不影响其他第二受益人接受修改。对该接受者而言，该已转让信用证即被相应修改，而对拒绝修改的第二受益人而言，该信用证未被修改。

（5）可转让信用证的交单及兑用。对信用证的兑用地点，UCP600规定：除非原证明确注明该证不适用其规定以外的地点兑付，第一受益人可要求在原证到期前并包括到期日，在信用证受让地点向第二受益人进行承付或议付。由此可见，可转让信用证允许第一受益人在申请转让时，要求转让行将原证的承付或议付地点转移至第二受益人所在地，这将有利于第二受益人及时收汇、结汇。

UCP600同时规定：如果第一受益人应提交自己的发票和汇票，但未能在第一次要求时照办，或第一受益人提交的发票导致了第二受益人的交单中本不存在的不符点，而其未能在第一次要求时修正，转让行有权将从第二受益人处收到的单据照交给开证行，并不再对第一受益人承担责任。这主要是为了保护无过错的第二受益人的利益。

此外，为避免第二受益人绕过第一受益人直接向开证行交单，从而损害第一受益人的利益，UCP600明确规定：第二受益人必须向转让行交单。

（二）不可转让信用证

不可转让信用证（non-transferable L/C）是指受益人不能把信用证下的权利转让给他人的信用证。凡信用证未注明“可转让”字样，均视为不可转让信用证。国际结算中大多数信用证都是不可转让信用证。

六、循环信用证

循环信用证（revolving L/C）是指信用证金额全部或部分被使用之后，可以恢复到原金额再次被使用，直到规定的循环次数或规定的金额用完为止的信用证。一般的信用证使用后即失效，而循环信用证可多次循环使用。进出口双方若签订长期的销售合同，需要均衡地分批装运货物，为了节省开证手续费和保证金，进口商可以申请开立循环信用证。与一般信用证相比，循环信用证多了一个循环条款，用以说明循环的方法、次数及总金额。

循环信用证可分为按金额循环信用证和按时间循环信用证两种。

（一）按金额循环信用证

按金额循环信用证指信用证金额议付后，仍恢复原金额，可再使用，直到用完规定的总金额为止。它又可分为以下三种：

1.自动循环信用证

自动循环信用证（automatic revolving credit）是指受益人按规定日期装货交单议付后，无须等待开证行通知，信用证即可自动恢复到原金额使用。常见条款如下：“This credit shall be renewable automatically twice for a period of one month each for an amount of USD150,000.00 for each period making a total of USD450,000.00.”

2.半自动循环信用证

半自动循环信用证（semi-automatic revolving credit）是指受益人每次装货交单议付后，如果若干天内开证行未提出终止循环的通知，则信用证自动恢复至原金额并可再次使用。例如，某信用证规定：“Should the negotiating bank not be advised of stopping renewal within 7 days, the unused balance of this credit shall be increased to the original amount on the 8th day after each negotiation.”

3.非自动循环信用证

非自动循环信用证（non-automatic revolving credit）是指受益人按规定日期装运货物交议付行议付一定金额后，必须等待开证行通知到达后才能使信用证恢复至原金额并继续使用。例如，信用证循环条款规定：

The amount shall be renewal after negotiation only upon the receipt of the issuing bank's notice stating that the credit might be renewal.

（二）按时间循环信用证

按时间循环信用证，指受益人在一定时间内可支取信用证规定的金额，支取后在下次一定时间内仍可支取。它又可分为积累循环信用证和非积累循环信用证。

1.积累循环信用证

积累循环信用证是指上期未用完的信用证余额可以转到下期一并使用。这种信用证通常是用于受益人在信用证规定期限内应出运的货物因故未能装运，或不能保证每次正好支取规定的金额的情况。此时，受益人可在下期补交货物，而补交货物的款项也在下一期支款时一并支取。若信用证未明确允许积累使用，则不能积累使用。因故未能及时出运的部分货物及原来规定的以后各期货物，未经开证行修改信用证不能再出运。

2.非积累循环信用证

非积累循环信用证是指上期未用完余额不得转入下期一并使用。例如，某信用证规定："This is a monthly revolving credit which is available for up to the amount of USD150,000.00 per month, and the full amount will be automatically on the first of each succeeding calendar month. Our maximum liability under this revolving credit does not exceed USD900,000.00 being the aggregate value of six months. The unused balance of each month is non-accumulative to the succeeding month."

七、对背信用证

对背信用证（back to back L/C）是指信用证的受益人（中间商）以该信用证为保证，要求一家银行开立以该行为开证行、以该受益人为申请人、以实际供货人为受益人的条款相似的信用证。这种信用证通常在中间商转售他人货物赚取差价，或者两国不能直接进行贸易，需通过第三方来进行交易的情况下使用。这种贸易通常有两份合同：一份是中间商与进口商签订的贸易合同；另一份是中间商与实际供货商签订的贸易合同。在中间商与进口商签订的贸易合同下，由进口商申请开立的信用证被称为原信用证；在中间商与实际供货商签订的合同下，由中间商在原信用证基础上要求银行开立的信用证被称为对背信用证。

（一）对背信用证的内容

对背信用证在原信用证基础上开立，其条款与原信用证基本相似，但可略有变动：

（1）原信用证的受益人是中间商，新信用证的受益人是实际供货人；

（2）原信用证的申请人是进口商，新信用证的申请人是原信用证的受益人（中间商）；

（3）原信用证的开证行是进口地银行，新信用证的开证行是出口地银行；

（4）新信用证的金额及单价较原信用证减少；

（5）装运期和有效期提前，交单期缩短。

（二）对背信用证与可转让信用证的区别①

对背信用证和可转让信用证均用于中间贸易，两者有相似之处，但也有很大区别：

1.信用证性质不同

可转让信用证下原信用证和新信用证的开证行是同一家银行，转让行转开新信用证，但无保证付款的义务；新信用证与原信用证是相互联系的，原信用证下的受益人与新信用证下的受益人处于相同地位，两者均可获得原信用证的开证行的付款保证。对背信用证与原信用证的开证行是两家不同的银行，两证是相互独立的，由两家开证行分别承担第一性付款责任，实际供货商只能获得新信用证的开证行的付款保证，与原信用证的开证行没有任何联系。

2.业务性质及开立背景不同

可转让信用证明确规定了信用证可转让的性质，即开证行、进口商、中间商均可能知道出现新信用证的受益人和新信用证业务，且若第一受益人不能如期替换发票，转让行还可直接将第二受益人提交的单据寄给开证行索汇。而对背信用证下原信用证和对背信用证是相互独立的两笔业务，原信用证的开证行、进口商可能并不知道对背信用证的存在，新信用证的受益人（实际供货商）也可能不知道其所使用的信用证是对背信用证。中间商在申请开立对背信用证时还应提供质押，对背信用证开证行不能直接将对背信用证受益人的单据寄给开证行索汇。

3.通知行的地位有所不同

可转让信用证下通知行受原信用证开证行的委托转开信用证，并不改变其地位或增加其责任，它并没有成为一家新的开证行，对第二受益人不负保证付款的义务。而在对背信用证下，通知行若开立新信用证，则其地位发生改变，成为一家新的开证行，必须对开出的信用证承担第一性付款责任。

（三）对背信用证的业务流程（如图5-3所示）

（1）进口商申请开立不可转让信用证；

（2）进口方银行开立信用证（原信用证）；

（3）原信用证的通知行通知信用证；

（4）原信用证的受益人（中间商）申请开立对背信用证；

（5）原信用证的通知行开立对背信用证；

（6）对背信用证的通知行通知信用证；

---

① 姚新超．国际结算与贸易融资［M］．北京：北京大学出版社，2010：163-164.

（7）对背信用证的受益人（实际供货商）备货出运；
（8）实际供货商向对背信用证的议付行交单议付；
（9）对背信用证的议付行审单议付；
（10）对背信用证的议付行寄单索汇；
（11）对背信用证的开证行审单偿付；
（12）对背信用证的开证行通知中间商单到；
（13）中间商向进口商发货；
（14）中间商向银行换发票和汇票等单据议付；
（15）原信用证的通知行（对背信用证的开证行）向中间商支付发票差额；
（16）原信用证的通知行向原信用证的开证行寄单索汇；
（17）原信用证的开证行审单偿付；
（18）原信用证的开证行通知进口商付款赎单；
（19）进口商付款赎单。

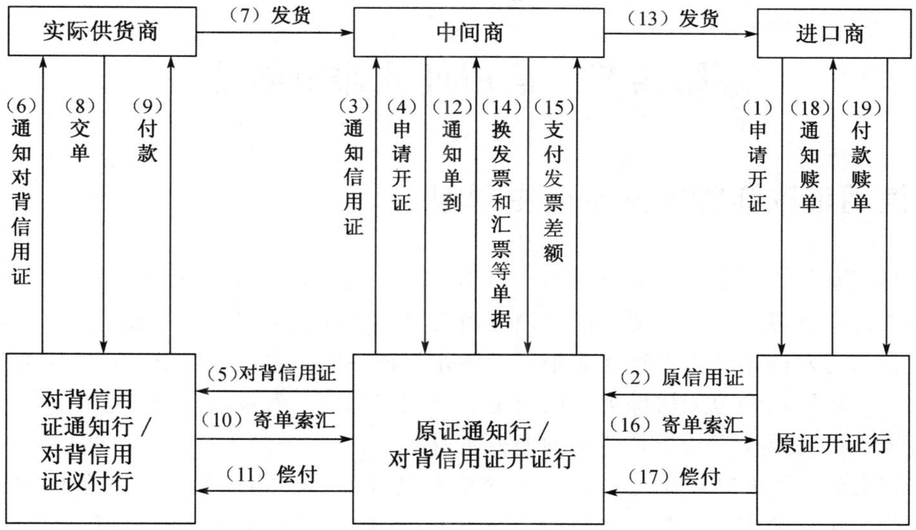

图5-3 对背信用证业务流程图示

八、对开信用证

对开信用证（reciprocal L/C）是指交易双方互为开证申请人和受益人、金额大致相等的两张信用证。对开信用证中，第一张信用证的开证申请人是第二张信用证的受益人，第二张信用证的开证申请人是第一张信用证的受益人，第二张信用证也被称为回头证。对开信用证主要用于易货贸易、补偿贸易和来料加工等贸易方式的结算，在双方互不了解、互不信任的情况下，采取相互开立信用证的做法来约束对方。信用证中通常加列以下条款：

This is a reciprocal credit against ____________________ Bank credit No.________ favoring _______covering shipment of ____________________.（这是凭××银行开立的以××为受益人，运送××货物的第××号信用证所开立的对开信用证。）

对开信用证的生效方式有两种：

一种是同时生效，即第一张信用证开出后暂不生效，待对方开来回头证，经审查认为可以接受后，通知对方银行两证同时生效。

另一种是两证分别生效，即先开出的信用证不以回头证的开出和接受为条件，而是开出后立即生效，回头证一般另开，或者第一受益人在交单议付时，附一份担保书，保证在若干时间内开出以第一证开证申请人为受益人的回头证。这种生效方式对先开证的一方来说存在较大风险，一般只有在双方互相信任的情况下才采用。

拓展阅读5-2

第四节　信用证欺诈及防范

一、信用证欺诈的含义及产生原因

对信用证欺诈的含义，目前国际上还没有一个统一的规定，国际商会在UCP600中也没有对此作出界定。这主要是因为国际商会更倾向就国际银行业务技术的统一进行规定，他们认为对信用证欺诈这类非银行业务作出统一的规定，将可能引起各国立法机构的异议，且国际商会也无法保证这些规定会得到各国的一致承认和遵守。因此，各国对信用证欺诈的主要认定依据是各国的国内法。

《美国统一商法典》规定：若一次交单在其表面上严格与信用证的条件和条款相符，但是其中所要求的一张单据是伪造的或者实质上是欺诈的或者兑付该交付的单据将促成受益人对开证人或开证申请人的实质上的欺诈，那么这种行为就构成信用证欺诈。简而言之，在信用证结算中，只要存在伪造单据或者存在实质上可以认定为欺诈的情形，就可认定存在信用证欺诈行为。

我国2006年1月1日起施行的《最高人民法院关于审理信用证纠纷案件若干问题的规定》第八条规定，凡有下列情形之一，应当认定存在信用证欺诈：①受益人伪造单据或提交记载内容虚假的单据；②受益人恶意不交付货物或交付的货物无价值；③受益人和开证申请人或其他第三方串通提交假单据，而没有真实的基础交易；④其他进行信用证欺诈的情形。

综合相关法律规定，可将信用证欺诈（fraud on L/C）定义为：在信用证业务中，一方当事人故意告知另一方当事人虚假情况或故意隐蔽事实真相，诱使其陷于错误认识而失去其有价财产或某项权利，以从中获取不正当利益的行为。[①]

信用证欺诈产生的主要原因有以下几个方面：

（一）信用证本身的缺陷，即信用证独立抽象性原则

UCP600第4条规定："信用证与可能作为其开立基础的销售合同或其他合同是相互独立的交易，即使信用证含有对此类合同的任何援引，银行也与该合同无关且不受其约束。因此，银行关于承兑、议付或履行信用证项下其他义务的承诺，不受申请人基于其与开证行或与受益人之间的关系而产生的任何请求或抗辩的影响。"

UCP600第5条规定："在信用证业务中，银行所处理的是单据，而不是与单据有关的货物、服务及/或其他行为。"第14条规定："按指定行事的指定银行、保兑行（如果有的话）及开证行须审核交单，并仅基于单据本身确定其是否在表面上构成相符交单。"第34条规定："银行对任何单据的形式完整性、准确性、真实性、伪造或法律效力或单据上规定的或附加的一般及/或特别条件，概不负责；对单据所代表的货物的描述、数量、重量、品质、状况、包装、交货、价格或存在，或货物的发货人、承运人或保险人或其他任何人诚信或行为及/或不行为，清偿能力及资信情况等，也不负责。"

这些条款构成了信用证结算的最核心原则——独立抽象性原则。对银行而言，它确立了银行承付或议付相符单据的绝对责任，即使涉及基础合同的违约，也不能免除银行的责任。同时清楚强调，银行对假单证不负任何把关责任，银行也无义务核对受益人所提供的单据的真实性。因此，这一原则给了不法商人可乘之机，他们利用表面完全相符，但实际上是伪造的单据向银行提示并要求承付或议付，导致信用证欺诈案件频繁发生，给银行及有关当事人带来严重损失。

（二）信用证欺诈能给不法商人带来巨额收益，而风险较小

目前国际贸易中存在大量投机商或不法商人，他们利用信用证业务骗取货款或货物。对欺诈者而言，无须付出重大成本，只要伪造一套单据，就可能获取高额收益，比诚实做买卖既赚钱快，又省力气。国际社会对信用证欺诈尚无有效、有力的制裁措施，在司法管辖权、法律适用、国际司法援助等方面也没有形成一致的做法，这也使得信用证欺诈问题愈演愈烈。

（三）单据文件极易伪造

信用证是一项单据处理业务，银行结汇时只管单据不管货物。随着印刷技术、电子科技的高速发展，伪造单据变得易如反掌，且足以以假乱真。在国际结算中，各国对单据的格式也无统一标准，这样就使得银行或交易者难辨真伪，从而受骗上当。同时，不法商人的诈骗手段也不断更换翻新，且各种手段交织在一起，更具隐蔽性、多样性和复杂性，更加难以防范。

---

① 韩常青．国际结算［M］．2版．北京：中国商务出版社，2010：295-296.

（四）贸易商对交易对方缺乏了解，相关业务人员缺乏业务知识、经验及责任心

信用证业务涉及众多处于不同国家的当事人，对交易对手的资信、经营作风、财务状况进行了解有相当的难度。信用证业务涉及众多国际惯例、法律和复杂的专业技术知识，如一项进口业务涉及许多单证，包括运输单据、保险单据、商业发票及其他单据，以及这些单据下的租船、商检、配载、卸载、管理和交付等行为，还涉及对卖方及船方的资信、货物数量和质量、船舶状况及船员配备状况的了解，以及贸易程序、水文气象、国际法等知识。对一般商人来说，全面了解和掌握这些烦琐的程序和实际情况，并作出精确判断是有困难的，加上有些业务人员责任心不强、警觉性不高，给了一些不法商人可乘之机，加大了贸易和结算风险。防止欺诈的关键是要“知道信任谁，信任到什么程度，应在何种情况下跟谁打交道”。

二、信用证欺诈的类型①

（一）受益人（卖方）对开证申请人（买方）的欺诈

受益人欺诈是指受益人或他人以受益人身份，用伪造的单据或具有欺骗性陈述的单据欺骗开证行和开证申请人，以获取信用证项下的银行付款。这是国际贸易中发案率最高、最容易得逞的一类信用证欺诈。它包括以下几个方面：

1.伪造全套单据

这种欺诈方式是指受益人在根本无货的情况下，伪造与信用证条款要求相符的全套单据，使银行因单证表面相符而付款，从而达到骗取信用证项下货款的目的。

由于银行在信用证结汇中只对有关单证作表面的审查，只要单证一致、单单一致，就应对卖方付款，而对货物不予审查，这就使得一些不法商人有机可乘。卖方利用银行不管货物的特点，销售一些根本不存在的货物，并伪造提单。常见做法有：

① 以根本不存在的某船公司或其代理的名义签发提单；

② 设立假公司，伪造假提单；

③ 涂改真实提单的签名或其他内容。

由于提单及其他单据都是伪造的，根本没有相应的货物，买方付款后无法取得货物，损失难以追回。

2.单据中存在欺诈性陈述

这是指卖方以另一种货物或残次货物代替信用证所要求的货物并伪造相符单据进行欺诈。银行付款时只审单不看货，使得卖方可通过少发货或以假充真、以次充好而提交假提单进行欺诈，骗取货款。

---

① 韩常青．国际结算［M］．2版．北京：中国商务出版社，2010：297-301.

3.与船方共谋欺诈

与船方共谋欺诈包括以下几种类型：

（1）用保函换取清洁提单。在国际贸易结算中，对有船方批注的不清洁提单（货物外表状况不良），银行是不接受的。为达到欺诈目的，卖方与船方串通，出具货物在良好状态下装船的清洁提单，隐瞒货物装船前存在的瑕疵，向买方实施欺诈。通常船方要求卖方出具保函，保证抵偿船方因签发清洁提单所造成的损失。这类保函构成了对收货人或提单持有人的欺诈，一般不具有法律效力。

（2）预借提单或倒签提单。预借提单是指由于信用证规定的装船日期已到，而卖方因故未能及时备货装船，或尚未装船完毕，而要求承运人（船方）签发已装船提单，以便交单结汇。倒签提单则是指货物由于实际装船日期迟于信用证规定的装运日期，如果按实际装船日期签发提单，可能导致银行拒付，为了使提单签发日期与信用证规定的装运日期相符，承运人应托运人要求，在提单上仍按信用证装运日期填写的提单。

预借提单和倒签提单均掩盖了货物迟交的真相，是托运人和承运人合谋签发的不符合信用证装船日期的提单，构成了对买方的欺诈。这两种提单均属于表面符合信用证要求的单据，卖方可凭此向银行要求付款，买方收货后即使发现货物与合同不符，或者交货延迟，也无法免除向银行偿还其已付货款的责任，从而给买方带来损失。

❖案例 5-11

某年7月，中国丰和贸易公司（以下简称“丰和公司”）与美国威克特贸易有限公司（以下简称“威克特公司”）签订了一项出口货物的合同，以信用证方式结算货款。信用证规定最迟装船日期为12月15日，有效期至次年2月1日。但是，由于丰和公司没有能够很好地组织货源，直到次年1月才将货物全部备妥，并于1月15日装船。丰和公司为了能够如期结汇取得货款，要求宏盛海上运输公司（以下简称“宏盛公司”）按12月15日的日期签发提单，并凭借提单和其他单据向银行办理了议付手续，收清了全部货款。

但是，当货物运抵纽约港时，威克特公司对装船日期发生了怀疑，遂要求查阅航海日志，宏盛公司被迫交出航海日志。威克特公司在审查航海日志之后，发现该批货物真正的装船日期是次年1月15日，比信用证规定的装船日期要延迟1个月。于是，威克特公司向当地法院起诉，控告丰和公司和宏盛公司串谋伪造提单，进行欺诈，既违背了双方合同约定，也违反法律规定，要求法院扣留宏盛公司的运货船舶。

美国当地法院受理了威克特公司的起诉，并扣留了该运货船舶。在法院的审理过程中，丰和公司承认了其违约行为，宏盛公司亦意识到其失理之处，遂经多方努力，争取庭外和解。最后，我方终于与威克特公司达成了协议，由丰和公司和宏盛公司支付威克特公司赔偿金，威克特公司撤回了起诉。

【案例提示】倒签提单属于托运人和轮船公司合谋以欺骗收货人的欺诈行为。收货人一旦有证据证明提单的装船日期是伪造的，就有权拒绝接受单据和货物。收货方不仅可以追究卖方（托运方）的法律责任，还可以追究轮船公司的责任。在本案中，托运人在未能及时备妥货物的情况下，应该及时与威克特公司取得联系，请求修改信用证，并求得对方的谅解；即使对方不同意如此做，至多也只付违约金，而且只有在美方公司确有损失的前提下才付赔偿金，而不应该要求承运人倒签提单，从而造成卖方和承运人共同成为被告，被控合谋伪造单据进行欺诈，既蒙受了经济损失，也丧失了商业信誉。

（二）开证申请人对受益人的欺诈

开证申请人利用信用证对受益人进行欺诈主要有以下手法：

1.伪造信用证

有些贸易合同列有出口商预付佣金、质押金、履约金等条款，规定出口商收到信用证后立即支付，开证申请人利用这些条款，以根本不存在的虚假银行的名义开立假信用证，或冒用银行名义开立伪造的信用证，从而骗取出口商支付的佣金、质押金、履约金或货物。

2.在信用证中设立“软条款”进行欺诈

软条款（soft clause）又称陷阱条款，指进口商在申请开证时，故意设置若干隐蔽性的陷阱条款，以便在信用证运作中置受益人于完全被动的境地，申请人或开证行可随时将受益人置于陷阱，并以单证不符为由，解除信用证项下的付款责任。其主要类型有：

（1）在信用证中附加生效条款，即申请人要求开证行开出暂不生效信用证，规定必须取得某种文件或某种条件之后才能生效，如等到申请人确认后才生效，或由开证行签发通知才生效，或受益人先提供履约保证书等。这样，如果开证申请人不通知生效，就会造成出口商不能及时按照信用证条款履行责任，使得支付的佣金、质押金等落入开证申请人手中；或者无法按装运期装货，造成单证不符，遭开证行拒付，给出口商带来巨大损失。

（2）凭证文件规定由申请人或其代理人出具条款，如检验证书由申请人出具或由开证行核实等。此时出口商完全没有提示该单据的主动权，如果申请人不出具该单据，出口商就无法按信用证规定交单，从而蒙受损失。

（3）对货物运输的限制条款，如规定装运港、装船日期或目的港须由申请人通知或经其同意，或船公司、船名应由申请人指定；或受益人必须取得申请人指定验货人签发的装船通知才能装船等。这样，如果申请人不通知装船，则出口商不仅损失质押金，还得承担一大笔货物滞留港口待运的费用。

（4）由受益人出具的商业发票、检验证书等必须由开证申请人或其代理人签名或会签，其签名字迹必须与开证行存档的字迹相符。诈骗分子以申请人代表的名义在受益人出货地签发检验证书，但其签名与开证行留底印鉴式样不符，致使受益人单据遭拒付，货物却被骗走。

❖案例5-12

A进出口公司向卡斯基贸易有限公司出口一笔货物，国外开来的信用证在特别条款中规定："受益人出具证明书证明品质符合202×年6月7日提供的样品。证书并由买方代表杰里迈亚先生会签，其签名须由开证行核实。"

A进出口公司根据装运期的要求办理了租船订舱，并按上述信用证条款于7月26日发电邀请对方代表来装运港验货，但时过半个多月一直未见买方代表。由于买方代表未到又无法进行装船，只好向船方退载，结果向船方交纳空舱费1 000多美元。A进出口公司又连续几次向卡斯基贸易有限公司催促派代表，直至9月20日买方代表杰里迈亚先生才来到装运港，经过认真与样品核对，认为符合要求并同意装船。A进出口公司随即出具证书，证明货物品质符合202×年6月7日提供的样品，该证书由买方代表杰里迈亚先生会签。

A进出口公司于9月30日装运完毕，10月3日备齐所有单据向议付行交单办理议付。但开证行收到单据后，提出单证不符拒付："第××××号信用证项下你方单据中，关于货物品质符合样品的证书，虽然已由买方代表杰里迈亚先生会签，但其签名并非本人签名，经与我行备案的签名存样对照，根本不一致，所以不符合信用证要求。单据暂在我行保管，速告处理意见。"A进出口公司又直接发电责问卡斯基贸易有限公司，为何杰里迈亚先生的签名与开证行存样的签名不一致。但买方一直不答复，而开证行又再三催促如何处理。A进出口公司为了避免货物遭到更大的损失，只好委托我驻外机构直接在当地处理了货物而结案。

【案例提示】本案中的特别条款是典型的软条款，出口商由于没有认真对信用证条款进行审核，使自己处处被动，遭受了重大损失。因此，出口商在接到信用证后应仔细审核，从信用证的生效环节、货物检验环节、货物装船环节到货物验收环节，需一一审查其中是否含有软条款；一旦发现，就应立即电请开证申请人修改，并说明由此引起的时间延误应通过信用证展期予以弥补。

3.伪造信用证修改书

伪造信用证修改书指诈骗分子不经开证行而是直接向通知行或受益人发出信用证修改书，引诱受益人发货，以骗取货物。其特征是：原信用证虽是真实合法的，但含有某些制约受益人权利的条款。例如，信用证中规定"船名及目的港在以后的信用证修改书中通知"；信用证修改书以电报或电传方式发出，盗用银行密押；信用证修改书不通过开证行发出，而是直接发给通知行或受益人；规定装运后邮寄一份正本提单给申请人；装运期和有效期较短，迫使受益人仓促发货。

4.利用可转让信用证欺诈

这类欺诈主要发生在转口贸易中，一些不法分子利用中国香港这一转口贸易中心，通过中间商转让国外信用证方式进行诈骗。在这类可转让信用证中通常有以下条款：

（1）交单期和有效地点在中国香港，且交单期限很短，比如要求提单签发日7天之内应寄到中国香港某转让行。由于交单期限短，很容易造成逾期交单，有效地点在中国香港，中国内地出口公司较难控制。

（2）规定中国香港转让行收到国外原开证行付款后，再付款给中国内地公司，这实际上是将信用证方式改为托收方式，易造成出口商的损失。

5.利用远期信用证欺诈

远期信用证是一种卖方先发货、买方后付款的结算方式，受益人在发货交单后，只能在规定的日期获得付款。一些不法商人利用这段时间制造付款障碍，以达到骗取货物的目的，如取得货物后将财产转移或变卖，宣布企业破产，使得受益人钱货两空。这种欺诈方式具有较强的隐蔽性，因此在使用远期信用证时，受益人一定要慎之又慎。

（三）开证申请人和受益人共谋的信用证欺诈

这种欺诈方式是指申请人与受益人相互串通勾结，编造虚假贸易合同，或虚报、谎报进口货物名称及金额，利用信用证独立于贸易合同，只要受益人提交相符单据银行就必须付款的特点，由申请人向银行申请开证，受益人向银行提交表面相符但实际上是伪造的单据，骗取银行付款。这种申请人和受益人共谋的欺诈，隐蔽性很强，不明真相的银行往往容易受骗。

（四）开证申请人与开证行共谋的信用证欺诈

这种欺诈行为主要表现为开证申请人与开证行勾结，利用信用证软条款来欺诈受益人，使得受益人误入软条款陷阱，开证行免除了付款责任，申请人获取欺诈利益，给受益人带来损失。

三、信用证欺诈的防范

（一）进口商的防范措施①

1.加强对出口商资信的调查，谨慎签订贸易合同

进口商在和出口商洽谈贸易合同之前应仔细了解出口商的资信、经营范围、经营作风、财务状况等，选择资信良好的贸易商作为交易伙伴，以减少风险损失及贸易纠纷。在签订贸易合同时，应详细列明各项条款，尽可能使合同条款严密，无懈可击。

2.明确订立信用证条款，严格审查单据

进口商在申请开证时，应明确订立信用证条款，不能含糊其辞、模棱两可，特别是对受益人提交的单据应提出明确具体的要求，从而避免出口商利用信用证条款含糊不清的情况而提交不符合合同要求但符合信用证要求的单据来骗取货款。进口商也可在信用证中加列一些条款来约束受益人，如规定装运期限、装运港、卸货港、是否允许分批装运、是否允许转运、规定交单期限等，以约束出口商按时发货交单。此外，进口商应严格审查受益人提交的单据，若发现单证不符可拒绝付款。

---

① 梁树新．跟单信用证与对外贸易［M］．北京：人民邮电出版社，2007：91-92.

3.选择正确的价格条件

在签订贸易合同时，进口商应尽量选择FOB价格成交。在FOB价格条件下，租船订舱、办理保险的主动权都掌握在进口商手中，进口商可选择信誉良好的船方运输货物，在装船前可以派出有关人员核对清点货物名称、数量、规格、包装情况等是否与合同相符，从而有效防范卖方以次货、坏货、假货、无货进行欺诈的风险。

（二）出口商对风险的防范

1.加强对进口商和开证行资信的调查

做好对进口商资信的调查是出口商防范风险的重要手段之一，资信的高低直接关系到进口商的履约能力及能否诚实守信地履行贸易合同下的各项责任。同时，出口商应掌握开证行的资信状况及经济实力。信用证下开证行承担第一性付款责任，开证行的资信直接影响到出口商的货款能否顺利收取。如果对开证行资信不了解或不信任，出口商可拒绝接受其开立的信用证，或者要求开证行以外的另一家银行进行保兑，从而降低收汇风险。

2.仔细审核信用证条款

接到信用证之后，出口商应对信用证条款进行仔细审核；如果发现信用证条款与合同不符，或者存在一些似是而非、对自己不利的陷阱条款，应及时要求对方修改，从而确保自身利益。

3.投保出口信用保险

出口商可以向保险公司投保出口信用保险，从而将收汇风险转嫁给保险公司。

（三）银行对风险的防范①

1.严格审查开证申请人的资信及提交的文件

银行在申请人提出开证申请时，应对申请人的经营情况、财务状况、资金周转情况、资信状况、贸易项目情况、进出口合同等进行严格审查，并通过保证金或其他担保机制来控制开证申请人的信用风险，对凭第三方担保的开证，应确认担保的合法、合规性及担保人的主体资格。

2.认真缮制信用证，加强信用证业务的管理

银行应在进口商填写申请书时给予必要的指导，劝阻进口商在开证申请书中加注过多的细节以及对单据提出一些不切实际的要求，比如使用“第一流”“著名”之类词语来描述单据出单人。在缮制信用证时应注意信用证条款应明确无误，各条款必须相互一致，不能自相矛盾。信用证中的寄单要求、偿付条款等应清楚。开立信用证的正文应加注“依照UCP600开立”的文句（使用SWIFT开证的除外）。简电开证时，必须随即寄送证实书，证实书与简电内容应一致。同时，银行要加强对信用证相关文件，如信用证副本、开证申请书、购汇申请书、开证额度申请书等文件的档案管理。

---

① 张炜．银行业务法律合规风险分析与控制（下册）［M］．北京：法律出版社，2011：62-70.

3.全面、严格审查单据，以确定银行是否承担付款责任

银行应按照UCP600的要求，认真、谨慎地做好审单工作。审单时要注意：

（1）提交单据是否在信用证规定的交单期及有效期之内；

（2）汇票金额或索汇金额是否符合信用证规定；

（3）单据的种类、份数等是否与信用证条款相符；

（4）如果信用证限制指定银行议付/付款/承兑，则单据是否由指定银行提交等。

4.认真负责地核验信用证的真实性、有效性，掌握开证行的资信

银行在接到国外银行开来的信用证时，应仔细核对印鉴、密押是否相符，以防假冒和伪造；如果发现信用证中含有主动权不在自己手中的“软条款”或其他不利条款，应迅速与出口商联系，并提示出口商要求对方修改，或采取相应的防范措施。

对受益人提交的单据应严格审查，在审单中如果发现不符点，应及时联系受益人修改，不符点应一次性提出。如果不符点无法改正，经受益人同意可以电讯方式向开证行提出不符点，征询其意见。如果开证行同意接受不符点，按单证相符处理；如果开证行不同意接受不符点或迟迟不予答复，银行不能付款，可将单据交受益人自行处理。

四、信用证欺诈例外

独立抽象性原则是信用证制度赖以生存和发展的基石，它旨在保护受益人利益并避免银行卷入基础合同的纠纷。然而这一原则也给了不法商人可乘之机，使得信用证欺诈案件频繁发生，给有关当事人带来严重损失。为弥补信用证本身的缺陷，遏制不断发生的信用证欺诈案件，许多国家通过立法和司法判例，确立了信用证欺诈例外原则，即允许银行在存在欺诈的情况下拒绝付款或承兑汇票；受欺诈的买方也可以要求银行拒付或拒绝承兑，或要求法院颁发禁令，禁止银行对受益人付款或承兑，从而保护开证行和买方的合法利益。

信用证欺诈例外是在肯定信用证独立性原则的前提下，允许银行在存在欺诈的情况下，不予付款或承兑汇票，法院也可颁发禁止支付令对银行的付款或承兑予以禁止。

信用证欺诈例外作为一种法律救济制度，通常有两种做法：一是申请人向法院申请止付令，禁止银行付款；二是开证行一旦发现欺诈或确认了申请人所声称的欺诈行为，就可主动对受益人拒付。但在实务中，银行较少主动拒付。这是因为要银行去审查信用证项下货物、服务等的真实性与合法性，会产生增加成本、拖延付款、影响银行信誉、卷入买卖合同纠纷等负面后果，同时银行要承担错误拒付的赔偿风险，银行在应用信用证欺诈例外原则时一般都很谨慎。因此，大多数此类案件都是由申请人请求法院发布止付令，通过司法程序来平衡信用证下各当事人的利益。

法院发布止付令禁止银行付款通常应具备以下条件：

第一，受益人确有欺诈的事实；

第二，申请人能举证证明该欺诈事实；

第三，止付令必须在银行付款或承兑之前发出，并且不损及善意第三人的利益。

信用证欺诈例外原则的适用具有较大的不确定性，是否构成欺诈，法官具有很大的裁定权。为了防止该原则的滥用，各国法院对信用证欺诈例外原则的适用条件都非常严格，以尽可能维护信用证交易的稳定性和可靠性。[①]

信用证欺诈例外原则在一定程度上构成了对独立抽象性原则的否定，因为根据独立抽象性原则，开证行在审查单据时仅仅以单据表面是否和信用证条款相符而不是单据是否与基础合同相符为准来决定是否承付，开证行不能越过单据本身去看信用证背后的基础交易。而信用证欺诈例外原则必然要求开证行除了看单据，还要越过单据看单据外的基础合同。但我们也应看到，这种否定并不是绝对的，而是有保留的。信用证欺诈例外原则是信用证独立抽象性原则的有益补充，它在保障交易安全的目的上与独立抽象性原则是一致的。此外，为了保护信用证交易中善意第三人的利益，各国在确立欺诈例外原则的同时，通常还确立"欺诈例外的例外"或"欺诈例外的豁免"原则，即在某些情况下，即使存在欺诈，开证行和申请人也不能申请止付，仍需履行付款责任。因此，信用证独立抽象性原则、欺诈例外原则及欺诈例外的例外原则共同构成了各方当事人之间的利益平衡机制，既维护了信用证赖以存在与发展的制度基础，又防止了欺诈企图的轻易得逞，还兼顾了善意第三人的利益，这三者的巧妙配合促成了信用证制度下各方当事人的利益平衡。[②]

学思践悟

电子信用证助力我国供应链金融健康发展

在大数据、区块链、物联网等金融科技快速发展的大背景下，不断提升支付结算等金融服务领域的数字水平是顺应时代发展的必然趋势。中国人民银行清算总中心深入贯彻新发展理念，积极落实党中央、国务院关于畅通国内国际双循环、"六稳""六保"等重要发展目标，持续推进电子信用证等供应链金融数字化生态建设，为社会提供现代化支付结算便利以及数字化金融服务，有效助力金融服务实体经济、服务中小企业。

1.进一步完善电证系统功能，推进供应链金融项下支付结算工具转型升级

2019年12月，电证系统投产，显著推动了国内信用证的数字化发展。截至2021年年底，电证系统法人银行参与者达117家，福费廷子系统参与者达51家。通过系统开立信用证3.66万笔，金额为1.67万亿元。未来，电证系统将继续根据市场需求不断丰富贸易融资支付场景，增加保理、保函等功能，构建数字供应链金融平台，进一步推进基于供应链金融场景下支付结算工具的转型升级。

2.践行"支付为民、普惠金融"，有效提升对中小金融机构及实体经济的支持力度

一是加大对中小金融机构与中小企业的服务力度，覆盖越来越多的中小机

① 姚新超．国际结算与贸易融资［M］．北京：北京大学出版社，2010：283.
② 李金泽．UCP600适用与信用证法律风险防控［M］．北京：法律出版社，2007：44.

构。目前，电证系统已有超过100家中小银行参与者，服务的中小企业数量超11 000家。

二是大幅降低供应链企业融资成本。截至2022年3月底，银行通过电证系统为企业办理贸易融资约1.3万亿元，相较流动资金贷款大幅降低了企业的融资成本。

三是切实降低中小机构业务办理门槛。电证系统通过统一业务标准与协议文本，为中小银行节省"一对一"沟通成本，并通过建设完备的电证共享前置系统，为中小银行提供"免开发"的系统接入方案。目前，已有20家中小银行通过共享前置系统加入电证系统。

3.推动国内信用证等供应链金融风险防控

一是将贸易信息与资金清算紧密结合，形成闭环，促进贸易资金流、信息流、商流、物流的"四流合一"，从而有效降低行业操作风险、流动性风险和资金风险。

二是改变传统线下模式为线上模式，通过加强对参与者身份识别与管理，统一业务规则与行为规范，从而净化市场环境，促进行业健康长远发展。

三是回归支付本源，严把真实交易关系原则，建立供应链金融发票库，防范发票重复性融资风险。

四是运用金融科技手段促进监管科技水平提升，助力业务穿透式监管。

思考题：

面对区块链、大数据等新兴技术的发展及"一带一路"建设的推进，国际结算工具和结算单据应如何创新发展？

资料来源　中国支付清算协会. 中国支付产业年报2022［R］. 北京：中国支付清算协会，2022.

本章小结

信用证结算是以银行信用为基础的一种较为完善的结算方式，保证了进出口双方的货款和代表货权的单据不致落空，减少了进出口商的风险，同时使双方在资金融通上获得便利，极大地促进了国际贸易的发展，在国际贸易结算中被广泛使用。本章主要介绍信用证的性质和作用、信用证的当事人及其权责、信用证的业务流程、信用证的类型及使用、信用证欺诈及防范。

关键概念

信用证（letter of credit，L/C）；开证行（issuing bank）；受益人（beneficiary）；开证申请人（applicant）；信用证欺诈（fraud on L/C）；信用证欺诈例外原则（exception rule of fraud on L/C）；软条款（soft clauses）

基本训练

第五章即测即评

❖ 简答题

1. 试述信用证审核的主要内容。
2. 如何理解信用证下单据制作中的单证相符、单单相符和单货相符？
3. 议付行为何愿对受益人的单据进行议付？
4. 跟单信用证有哪些基本特点？
5. 可转让信用证与对背信用证的主要区别是什么？
6. 修改信用证应注意哪些问题？

❖ 案例分析

1. 某公司接到国外开来的信用证，规定"于或约于5月15日装船"。该公司于5月8日装船，并向银行提交了一份5月8日签发的提单，却遭到银行拒付。

讨论：银行拒付的原因是什么？

2. 中方某进出口公司与加拿大商人在1月3日按CIF条件签订一出口10万码法兰绒的合同，支付方式为不可撤销即期信用证。加拿大商人于当年5月通过银行开来信用证，经审核与合同相符，其中保险金额为发票金额加10%。我方正在备货期间，加拿大商人通过银行传递给我方一份信用证修改书，内容为将投保金额改为按发票金额加15%。我方按原信用证规定投保、发货，并于货物装运后在信用证有效期内向议付行提交全套装运单据。议付行议付后将全套单据寄开证行，开证行以保险单与信用证修改书不符为由拒付。

讨论：开证行拒付的理由是否成立？

第六章 银行保函、备用信用证及银行付款责任

学习目标

掌握银行保函的概念、特点和作用；掌握银行保函各当事人之间的法律关系；理解备用信用证的概念和作用；熟悉银行保函及备用信用证的业务流程；了解备用信用证与银行保函、跟单信用证的异同；了解BPO的产生背景，熟悉BPO的含义、特点及业务流程。

❖ **导入案例**

生产电信设备的甲国A公司与乙国的电信运营商B公司签订了电信设备供货协定。根据该协定，A公司向B公司出口电信设备，B公司付给A公司电信设备的货款，其中：10%为预付定金，在发货前支付；75%为货款，凭发票支付；15%为尾款，在设备正常运营6个月后支付。B公司将货款用信用证方式支付，而预付定金和保留金的支付用银行保函支付，最终不仅A公司安全收汇，而且B公司支付预付定金后A公司也履约发货了。

第一节 银行保函概述

一、银行保函的定义、性质及作用

（一）银行保函的定义及性质

保函（letter of guarantee，L/G）又称保证书，是指银行、保险公司、担保公司或个人应申请人的请求，向第三方开立的一种书面信用担保凭证。保证在申请人未能按双方协议履行责任或义务时，由担保人代其履行一定金额、一定期限范围内的某种支付责任或经济赔偿责任。

银行保函（bank’s letter of guarantee）是由银行开立的承担付款责任的一种担保凭证，银行根据保函的规定承担绝对付款责任。

银行保函大多属于见索即付保函（无条件保函），是不可撤销的文件，也有些属于有条件保函。

1.见索即付保函

见索即付保函（demand guarantee）（简称保函）系指由银行、保险公司、其他机构或者个人（统称担保人）以书面形式出具的担保书、保证书或其他付款承诺，不论其名称或描述如何，规定在收到符合承诺条款的书面付款要求以及保函可能规定的其他单据（如由建筑师或者工程师出具的证明书、判决或者仲裁裁决）时即予以付款。

就其性质而言，保函与作为其基础的合同或者投标条件是相互独立的交易，即使保函中有对此类合同或者投标条件的援引，担保人也与该合同或者投标条件无关，且不受其约束。保函项下担保人的义务是在收到表面上与保函条款相一致的书面付款要求及保函所规定的其他文件后，支付保函所规定的金额。

❖案例 6-1

A 国卖方向埃及商人出口一批货物，合同规定以信用证方式结汇，但要求卖方事先提供合同金额 5% 的银行履约保函。于是，卖方委托当地银行向买方开出了一份履约保函。合同执行过程中，双方发生纠纷。买方收到货物后认为货物与合同规定不符，提出在保函项下索赔。卖方则称货物没有任何问题，索赔是不合理的。双方一直争执不下，于是卖方向法院起诉，要求法院颁发禁止令。然而，法庭拒绝颁发禁止令，判担保银行履约付款。

【案例提示】担保银行在保函项下是否履行赔款责任，关键是看受益人的索赔是否符合保函所规定的条件，而不是依据合同条款。银行对买卖双方是否执行合同既不可能，也不应该过分关心，因为保函本身便是一份独立于商务合同的法律文件。此外，除非确信银行知晓或参与欺诈行为，法庭一般不会轻易颁发禁止令。

2.有条件保函

有条件保函（conditional L/G），是指保证人向受益人付款是有条件的，只有在符合保函规定的条件下，保证人才予以付款。可见，有条件保函的担保人承担的是第二性的、附属性的付款条款。

（二）银行保函的作用

保函可以作为国际结算的手段，即保证货款与货物的正常交换，使合同价款的清偿能得到保障。此外，保函通常被用来保证合约的正常履行，预付款项的归还，贷款及利息的偿还，合同标的物的质量完好，关税、佣金、费用等的及时支付，被扣财物的保释等。因此，保函就其本质而言，具有以下主要作用①：

1.支付保证作用

保函可起到合同价款的支付保证作用。例如，买卖合同及劳务承包合同项下的付款保函、逾期付款保函，补偿贸易合同项下的补偿贸易保函，租赁合同项下的租金保付保

① 庄乐梅．国际结算实务精要［M］．北京：中国纺织出版社，2005：141-142.

函，借贷合同项下的还款保函，以及其他诸如佣金、关税等的保付保函、票据保付保函等，都是用来保证合同项下的付款责任方按期向另一方支付一定的合同价款，保证合同价款与所交易的货物、劳务、技术等的交换，保证借贷资金及利息的偿还及清偿。这是保函的一种重要职能，也是保函之所以能够成为国际结算方式之一的基本原因。

2.违约补偿或惩罚作用

用来作为合同违约事情发生时对受害方补偿的工具，或对违约责任人的惩罚手段，这是保函的另一种重要的职能，是保函有别于普通的跟单信用证（不包括作为保函替代形式的备用信用证）的一个重要方面，也是保函能够产生并迅速得到广泛应用的重要原因。

3.避免诉讼麻烦，节约费用

贸易商既可以用保函来充当各种业务支付的保证手段，以解决各种交易中的合同价款及费用的支付问题，又可以利用它来作为对履约责任人必须按期履行其合同义务的制约手段和对违约受害方的补偿保证工具，可以从一定程度上避免或减少合同项下违约情况的频繁发生，省却了为解决争端而进行诉讼或仲裁的麻烦，以及由此而引起的费用开支。

4.使用范围和担保职能较大

保函的使用范围和担保职能要远远大于一般的商业信用证，能够解决一些普通的商业信用证（不包括备用信用证）所无法解决的问题，起到一些商业信用证所无法起到的作用。例如，信用证通常被用来作为买卖合同中的支付保证工具，但在承包合同、租赁合同、来料加工合同和费用保付等合同项下，由于凭以支付的单据种类的不规范和难以提供，用信用证来进行结算有时难度较大，但借助保函的形式来作为支付的保证手段就能使交易获得成功。又如，在买卖合同项下，由于买方担心资金占压、授信额度被挤占以及高额手续费支出，有时只同意采用汇款、托收等商业信用结算方式作为合同支付方式，但卖方期望得到一种银行信用形式作保证以避免风险，因而与买方发生矛盾。在这种情况下，信用证就无法满足买卖双方的不同要求，而保函因其分别具有第一性付款和第二性付款责任的不同作用，能够作为商业信用支付方式的补充保证手段而合理地解决这一矛盾。

二、银行保函的当事人及其权责

银行保函涉及多个当事人，其中主要当事人有四方：申请人、受益人、担保行、通知行。此外，银行保函可能涉及其他一些当事人，主要有保兑行、转开行和指示行、反担保行。

（一）银行保函的主要当事人及其权责

1.申请人

申请人又称委托人，是向银行申请开立保函的人。申请人的权责是：

（1）在担保人按照保函规定向受益人付款后，立即偿还担保人垫付的款项。

（2）负担保函项下的一切费用及利息。

（3）担保人如果认为需要，则申请人应提供部分或全部押金。

2.受益人

受益人是有权按保函的规定出具索款通知或其他单据，向担保人索取款项的人。受益人的权责是：按照保函规定，在保函效期内提交相符的索款声明，或连同有关单据，向担保人索款，并取得付款。受益人是保函项下担保权益的享受人，一般是经济交易中的债权人，如出口商、贷款银行等。

3.担保行

担保行（guarantor bank）是指接受申请人委托向受益人开立保函的银行。担保人的权责是：

（1）在接受委托人申请后，依委托人的指示开立保函给受益人。

（2）保函一经开出就有责任按照保函承诺条件，合理审慎地审核提交的包括索赔书在内的所有单据，向受益人付款。

（3）在委托人不能立即偿还担保行已付之款情况下，有权处置押金、抵押品、担保品。如果仍不足以抵偿，则担保行有权向委托人追索不足部分。

（4）在开立保函之前，有权根据保函条件要求申请人提供保证金、抵押或反担保，有权根据付款金额大小和风险责任大小向申请人收取手续费。

4.通知行

通知行也称转递行（transmitting bank），是指受担保行委托，将保函通知给受益人的银行。一般由在受益人所在地并与担保行有业务往来的银行担任担保行的联行或代理行。

通知行的权责是：

（1）负责审核保函表面的真实性，如核对担保行的印鉴、密押是否真实正确等，并将表面真实的保函及时转递给受益人。

（2）转递保函后，可按规定向担保行或申请人或受益人收取转递费。

（3）如果因某种原因不能转递给受益人，应将情况及时告知担保行，以便担保行采取其他措施。

通知行只对保函表面的真实性负责，对保函内容正确与否不负责任，对保函在邮递过程中可能出现的延误、遗失等均不负责。

（二）银行保函的其他当事人及其权责

1.保兑行

保兑行又称第二担保人，即根据担保人的要求在保函上加具保兑的银行。保兑行通常为受益人所在地信誉良好的银行。若担保银行的资信较差或属外汇紧缺国家的银行，受益人可要求在担保行出具的保函上由一家国际上公认的资信好的大银行加具保兑。若担保人未按保函规定履行赔付，保兑行应代其履行付款义务。

2.转开行和指示行

转开行（reissuing bank）是接受原担保行的请求，向受益人开立以原担保行为申请人及反担保行，以自身为担保行的保函的银行。转开行有权拒绝担保行要其转开保函的要求，并及时通知担保行，以便担保行选择其他的转开行。但是，一旦转开行接受担保行的要求开出保函，它就成为担保行，承担起担保人的责任和义务，而原担保行就变为反担保行。转开行付款后，有权凭反担保函向反担保行（原担保行）索偿。

转开行转开保函后，成为新的担保行，原担保行便成为保函的指示行，也是反担保行。转开行一般是受益人所在地的银行，通常是指示行（反担保行）的联行或代理行，而指示行一般为申请人所在地银行。

3.反担保行

反担保行（counter guarantor bank）是应申请人要求向担保行开出书面反担保函，承诺当担保行在申请人未能作出赔偿后，向担保行提供补偿的银行。反担保行通常是申请人所在地的、与申请人有经济业务往来的银行或非银行类金融机构。

三、银行保函的主要内容

银行保函并没有统一的格式，由于保函的种类多样，所涉及的事项各不相同，因此保函的内容也不太一致。《见索即付保函统一规则》（URDG758）第8条规定，银行保函的内容应清楚、准确，避免列入过多细节。其主要内容包括[①]：

（一）有关当事人

保函中应详细列出主要当事人，即申请人/委托人、受益人、担保行的名称和地址。保函如涉及通知行、保兑行或转开行，还应列明通知行、保兑行或转开行的名称和地址。

（二）开立保函的依据

保函开立的依据是基础合同。保函通常在开头或序言中与基础合同的标题结合在一起，如投标保函、履约保函、付款保函等。在保函中提出开立保函依据的基础合同，主要是为了说明提供保函的目的及防范的风险，而且意味着根据何种基础关系对担保提出要求。关于基础合同的文字一般都很简明扼要，除了申请人、受益人的名称，还包括基础合同签订或标书提交的日期、合同或标书的编号，有时也包括对标的的简短陈述，如货物供应等。保函里指出基础合同并不会把一个独立性保函变成一个从属性保函。

（三）担保金额及金额递减条款

银行作为担保人的责任仅限于当申请人不履行基础合同时，负责向受益人支付一定金额的款项。因此，担保合同中必须明确规定一个确定的金额和币种（担保的金额可以用与基础合同不同的币种表示）。对担保行来说，明确保函项下的特定债务是十分重要的，否则将遭受难以承担的风险。一般情形下，担保金额只是担保债务的少量百分比。

① 沈明其. 国际结算［M］. 北京：机械工业出版社，2006：157-160.

受益人的要求不能超过担保的最大限额，即使其能证明其所遭受的损害或应得的利息远远超过这个数额。

担保金额递减条款是指随着基础合同的逐步履行，担保的最大数额也随之减少。在预付金退还保函中，该条款普遍适用。例如，申请人的工程进度已实现了预付金的价值时，担保金额就递减到零。保函中一般都会规定担保金额递减的方法。有时，保函中没有规定担保金额递减的方法，而在反担保中作了规定。在货物供应合同中，指定出口商提交某些单据，如以出口商自己为受益人的跟单信用证；在建筑工程承包合同和机器设备安装合同中，当申请人提交运输单据或第三方提交单据证实货物已经到达或项目的前期阶段已经完成时，担保的金额相应减少。在履约保函中，担保金额递减条款并不常见，因为履约保函的金额通常只是整个合同价值的一定比例。

（四）先决条件条款

保函生效的先决条件是保护申请人的利益。先决条件条款是指保函在先决条件满足后才能生效，而不是自保函开立之日起生效。因此，只有在先满足了与基础合同有关的某些重要的先决条件时，受益人才能对担保提出要求。

在最终的合同订立之前先开立履约保函的做法在实践中为数不少。例如，出口商认为在合同订立前进口商对其开立履约保函可以表明进口商是慎重的，其财务状况是值得信赖的。但是对进口商来说，尽管这样做可以增强其谈判实力，其也不愿意在这个阶段就提供履约保函。在这种情况下，折中的办法是进口商虽然按照出口商的要求开立履约保函，但是在保函中加入一个条款规定：“合同缔结时本保函才生效”或者“合同中的先决条件已经满足时，本保函才能生效”。有些保函甚至使用上述两种方法，如“本保函在我方（担保银行）收到账户方的书面确认、经我方签发书面修改书后生效”。

银行并不愿意接受这样的条件，因为它很难判断先决条件是否已经满足，这容易导致银行、受益人和申请人在这一点上不能形成一致意见。解决这一问题有两种方法：

第一种方法是在申请人提供的反担保中，强调银行审查先决条件是否满足的责任仅限于尽到合理的注意，或者在银行与债务人的关系方面免除银行的审查义务。

第二种方法对银行来说是最满意的解决方法，即提交某些单据来证明先决条件已经满足，最适合且最常用的单据就是申请人的声明。受益人面临着在先决条件已经满足时申请人却拒绝提交声明的风险。但是这种风险在实践中很少出现，因为一旦申请人拒绝提交这样的声明，也就剥夺了其自身在基础合同中的利益，因为这时基础合同也不能生效。

当根据基础合同的条款，受益人应先支付一笔预付金或开立跟单信用证时，申请人就应将这项义务的履行作为履约保函生效的先决条件。

在预付金保函和留置金保函中，一般都要规定在收到预付金或留置金以后保函才能生效。有时预付金保函或留置金保函中明确规定预付金或留置金要转到申请人在担保银行的账户上，以保持申请人账户的收支平衡，为银行提供附属担保品。

（五）索偿条件

担保行在收到书面索赔书或书面索赔书及保函中规定的其他文件（如有关证书、法院判决书或仲裁裁决书）后，认为这些文件表面上与保函条款一致，即可支付保函中规定的款项。如果这些文件表面上不符合保函条款要求，或文件之间表面上不一致，则担保行可以拒绝接受这些文件。

保函项下的任何付款条款均应以书面作出，保函规定的其他文件也应是书面的。

（六）有效期条款

有效期条款由以下几个部分组成：

1.保函生效日期

除非另有不同的规定，保函自开立之日起生效。在预付金保函、履约保函和付款保函中，保函一旦生效，即使根据基础合同债务人履行合同义务的期限尚未到来，受益人也可以立即对担保行提出要求。为了避免这种风险，可以将保函的生效与担保的先决条件联系起来，或在保函中对保函的生效作出专门规定，如规定保函自开立之日起若干天后生效或者保函开立之日起若干天内不得对担保行提出索款要求。

在履约保函、维修或留置金保函中，在后一保函中加入生效条款，可以避免受益人同时就两个保函提出索款要求。例如，在维修保函中规定，解除履约保函时维修保函才生效。

2.保函失效日期

在保函中应规定保函失效日期。保函失效日期的规定有三种方法：

第一，在保函中规定一个具体的失效日期，这是最常用的方法。

第二，将保函的有效期直接与基础合同联系起来。例如，将失效日期和基础合同的履行或投标的期限协调起来，规定合同的履行期限或投标的期限加上若干月为保函的失效日期（根据基础合同的性质可以加上3~12个月不等）。有时保函中也规定从开立之日起若干日（月）内有效。这种方法没有规定一个具体的日历日期，容易对保函的开始和终止产生争议。

第三，将前两种方法结合起来，如规定保函在基础合同履行完毕再过若干日（月）终止，但最迟不迟于某一具体的日历日期，并以两者中较早者为准。对那些仅仅规定在申请人履行了合约义务后保函失效的条款应避免使用。因为此时有可能出现由于受益人方面的原因（如破产、倒闭等）使得申请人无法履约，而担保人的担保责任无法得以解除的情况。

不管银行保函中是否规定失效条款，当保函退还给担保人或受益人书面声明解除担保人的责任时，则不管是否已将保函及其修改书还给担保人，都认为该保函已被取消。

3.保函延期条款

投标保函与履约保函往往赋予受益人将保函延期的权利，即经受益人要求，保函的有效期可以延长。在评标的日期或最后完成的期限难以预先确定时，或者受益人和申请人、担保人在保函的有效期难以达成一致意见的情况下，往往会使用延期条款。与受益人企图要求的无期限保函相比，延期条款有利于银行和申请人。但是，延期条款也可能使申请人处于一种危险境地，因为受益人经过请求可以使保函无数次地延长。在见索即付保函中虽然没有延期条款，但申请人仍然有可能因为受益人提出付款或延期的要求而面临相同的风险。

4.退还保函条款

保函中应规定，保函到期后，受益人应将保函退回担保行。这样做一方面是为了便于担保行办理注销手续，另一方面是为了避免可能出现的不必要的纠纷。但在实践中，不论退还保函是法律上还是合同上的义务，都不存在行得通的、能使受益人放弃保函的做法。因此，退还保函的条款有时难以奏效。如果在保函中有这样的条款，也应明确规定该条款与受益人的权利无关。

（七）关于基础合同的修改与变更条款

未经担保人同意，债权人和债务人对基础合同进行修改与变更是否可以解除担保人责任的问题，从法律角度来说，是一个涉及银行保函与基础合同之间关系的问题。国际商会《见索即付保函统一规则》（URDG758）规定，保函就其性质而言，独立于基础关系和申请，担保人完全不受这些关系的影响或约束。保函为了指明所对应的基础关系而予以引述，并不改变保函的独立性。担保人在保函项下的付款义务，不受任何关系项下产生的请求或抗辩的影响，但担保人与受益人之间的关系除外。

（八）银行保函司法管辖权与法律适用

对银行保函司法管辖权与法律适用，国际商会《见索即付保函统一规则》（URDG758）规定，保函的适用法律应为担保人开立保函的分支机构或营业场所所在地的法律，担保人与受益人之间有关保函的任何争议应由担保人开立保函的分支机构或营业场所所在地有管辖权的法院专属管辖。

四、银行保函的业务程序

银行保函的开立是一项手续复杂、内容繁多、政策性强的工作。一般开立银行保函的基本程序如下①：

（一）申请人提出申请

申请人与受益人签订合同或协议后，应根据合同或协议规定的条件和期限向银行申请开立保函。保函的申请人要求银行出具保函，一般应提供的材料或履行的手续包括：

1.申请人的基本材料

申请人的基本材料如加载统一社会信用代码的营业执照、法人及授权人的签章。

---

① 顾建清，姚海明，袁建新．国际结算［M］．2版．上海：复旦大学出版社，2008：174-177.

2.填写并提交保函申请书

保函申请书是申请人请求担保行为其开立保函的文件，是担保行凭以开出保函并澄清申请人法律义务的依据。其主要内容包括：

（1）担保行、申请人、受益人的名称和地址。

（2）合同、标书或协议的名称、号码及日期。

（3）合同或协议项下商品或项目的名称和数量。

（4）保函的币种和金额（大小写）。

（5）保函的种类和用途。

（6）保函的有效期，包括生效日期和失效日期。

（7）保函的发送方式，即保函是电开还是信开。

（8）保函的开立方式，即保函是直接开给受益人，还是通过通知行通知、转开行转开或经保兑行保兑；若是后者，还需写明通知行、转开行或保兑行的全称及详细地址。

（9）申请人的保证，即当受益人按照保函索偿条件提示所需文件，并提出索赔时，申请人将承担全部责任，保证补偿担保人因承担担保责任对受益人所作的任何支付，且付款后无追索权。

（10）申请人申明。其内容包括同意按照国际惯例、有关法规和担保行内部规定处理保函业务的一切事宜，明确双方各自的责任，并由申请人承担由此产生的一切责任。

（11）申请人的开户银行名称、账号及联系电话。

（12）申请人的单位公章、法人签章及申请日期。

3.提交有关的业务参考文件

业务参考文件如标书、合同、契约和协议等（副本），以便银行对拟担保的项目本身作出审查，并据此作出是否接受申请及收取抵押比例大小的决定，同时便于担保人据此对所开立的银行格式进行审查。

提交财务报表以及与交易有关的资料，即申请人应向银行提交出口许可证、项目可行性研究报告等有关资料及财务报表，以供银行查阅。

4.缴存保证金或落实反担保

这是指向银行缴存一定金额的保证金、提供抵押物或提交反担保文件，落实反担保措施。

（二）担保行审查

担保行在收到申请人的保函申请书之后，要对是否接受开立保函申请进行审查。担保行的审查内容主要有：

1.担保范围的审查

这主要是审查所申请的保函内容是否在《中华人民共和国民法典》（以下简称《民法典》）规定的担保业务范围内，是否有法规规定不能担保的内容。

2.对申请手续的审查

（1）审查申请书内容是否填写清楚、准确、完整，申请人的法人签章和公章是否齐全、正确。

（2）审查申请人应提交的其他文件，如合同副本、反担保文件、企业财务报表是否真实、准确、齐全。

此外，外资企业在第一次申请开立保函时，还需提交全套的审批文件、合资合同、章程、营业执照、董事会决议等。

3.对交易项目的审查

担保行对保函所涉及项目的合法性、可行性、效益情况作出判断，包括：

（1）项目合同的内容是否符合我国的有关政策和平等互利的原则，贸易合同是否符合国家进出口许可制度；

（2）借款项目是否已纳入国家利用外资的计划，是否报经国家外汇管理部门批准；

（3）项目的配套资金、原材料是否落实，产品市场前景如何，项目的经济效益、借款人的偿债能力如何等。

4.审查反担保及抵押情况

（1）审查反担保人资格。按照《民法典》，允许提供外汇反担保的机构仅限于经批准有权经营外汇担保业务的金融机构和有外汇收入来源的非金融性企业法人，政府部门和事业单位不得对外提供外汇担保。对人民币保函进行反担保的单位也必须是资信较好、有偿债能力的金融机构和企业法人。不满足上述条件的反担保人开立的反担保函，银行应不予接受。

（2）审查反担保文件。反担保必须是不可撤销的，受益人必须是开出保函的银行，其责任条款应与银行对外出具的保函责任一致，金额、币种应与保函的金额、币种一致，有效期应略长于保函的有效期。反担保中应明确规定反担保人在收到书面索偿通知后若干天内应立即无条件支付所有的款项；否则，担保行有权从反担保人账户中自动划款。

（3）审查保证金或抵押物情况。对外汇保函，如果申请人缴存了100%的现汇保证金，或只提交由合法的担保人出具的人民币反担保，视同保证金到位。对人民币保函，申请人缴存100%的人民币保证金或提交合法的担保人出具的人民币反担保，同样视为保证金到位。审查抵押物时，首先，审查抵押物是否合法；其次，了解抵押物的质量、价格和变现能力等市场情况。

❖案例6-2

中国A公司向国外银行借款5亿日元用于支付进口设备款项。国外银行的贷款条件是必须由金融机构出具贷款保函。为此，A公司向中国B银行申请借款保函，并提供了当地城建局出具的反担保函。B银行经审查无误后，便对外开立了不可撤销的借款保函。

在贷款期内，A公司因经营不善，出现亏损状况，只付了第一期本金和利息，余下的几期无力偿还。国外银行便根据保函向担保银行（B银行）索赔。B银行找到反担保单位（城建局）要求赔款。但城建局属政府机关，本身不具备经济实力，经过再三交涉未果。为了维护银行信誉，B银行不得不向贷款银行赔付到期应付的本息，且剩余的还款仍无着落。为了避免遭受更大的损失，B银行要求A公司把全部设备抵押给B银行，但抵押物的价值也弥补不了B银行对外承担的债务。同时，由于日元汇率持续上升导致借款成本增加，B银行蒙受了严重的经济损失。

【案例提示】B银行之所以如此被动，首先是没有认真审核反担保人的资格，《民法典》规定，政府部门不得提供担保；其次是没有考虑到汇率风险，更没有采取预防措施，从而给自己造成巨大损失。

（三）担保行开立银行保函

担保行对申请人提供的上述资料审查无误后，便可根据申请书的要求开立保函。根据保函的用途和实际交易的需要，银行保函的开立方式主要有以下三种①：

1.直接开给受益人

直接开给受益人即担保行应申请人的要求直接将保函开给受益人，中间不经过其他当事人环节。这是保函开立方式中最简单、最直接的一种。其主要业务流程（如图6-1所示）如下：

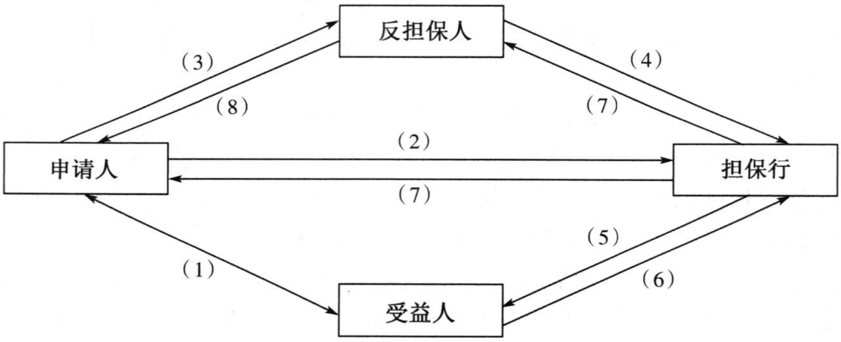

图6-1 直接开给受益人的保函流程图

（1）申请人和受益人之间签订合同或协议；

（2）申请人向担保行提出开立保函的申请；

（3）申请人向反担保人提出申请开立反担保函；

（4）反担保人向担保行开立不可撤销反担保函；

（5）担保行向受益人直接开出保函；

（6）受益人在申请人违约后，向担保行提出索赔，担保行赔偿；

（7）担保行在赔付后向申请人或反担保人索偿，申请人或反担保人赔偿担保行损失；

（8）反担保人赔付后，向申请人索赔。

受益人一般不愿接受这种形式的保函，这是因为：

其一，受益人接到担保行开来的保函，无法辨别保函的真假，因此无法保障自身的权利。

① 梁远辉，刘丹．国际结算［M］．武汉：华中科技大学出版社，2007：87-89.

其二，索偿不方便。即使申请人违约，受益人具备索偿条件，但要求国外担保行进行赔偿不太方便，如文件的起草和翻译、对依据的标准和法律规定的了解、赔偿的支付等都有一定困难。

2.通过通知行通知或转递行转递

由于受益人往往难以辨别国外开具的保函的真伪，受益人往往要求开具通过通知行或转递行通知的保函，这样通知行或转递行可以验明保函的真伪，不必担心保函是伪造的。因此，这种开立方式较为普遍，其业务流程（如图6-2所示）如下：

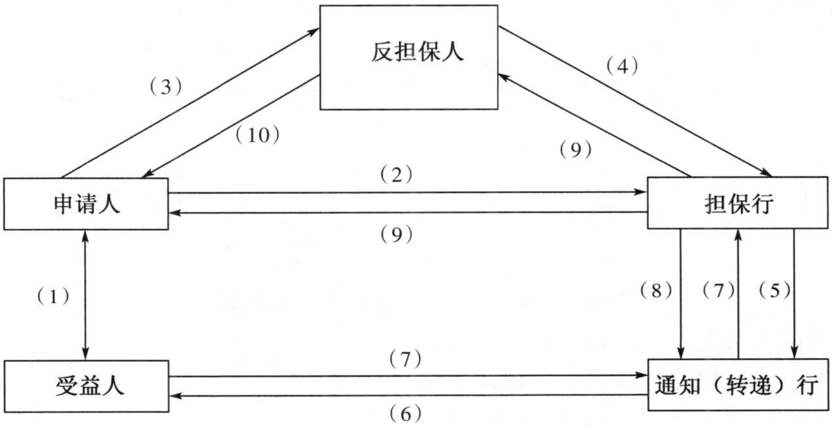

图6-2　通过通知行（转递行）开立保函业务流程图

（1）申请人与受益人签订合同或协议；

（2）申请人向担保行提出开立保函的申请；

（3）申请人向反担保人申请开立反担保函；

（4）反担保人向担保行开立反担保函；

（5）担保行开出保函后，将保函交给通知行或转递行通知受益人；

（6）通知行或转递行将保函通知或转递给受益人；

（7）受益人在申请人违约后通过通知行或转递行向担保行索偿；

（8）担保行赔付；

（9）担保行赔付后向申请人或反担保人索偿，申请人或反担保人赔偿担保行损失；

（10）反担保人赔付后，向申请人索赔。

以这种开立方式开立的保函，受益人不用担心保函是伪造的，但在该方式下，受益人索偿不方便的问题仍然存在。受益人只能通过通知行或转递行向担保行索偿，而通知行或转递行只有转达的义务，它们本身不承担任何责任。因此，实际上还是受益人向国外担保行索赔。

3.通过转开行转开

国际贸易中的合同双方当事人往往处于不同的国家和地区。由于某些国家法律上的规定或出于对他国银行的不了解和不信任，有些国家的受益人往往只接受本地银行开立的保函。然而申请人直接去受益人所在地银行申请开立保函，往往不现实或不可能，这样申请人就不得不求助其本国银行，要求本国银行委托其在受益人所在地的往来银行向受益人出具保函，并同时作出在受托行遭到索赔时立即予以偿付的承诺。转开保函使受益人的境外担保变为国内担保，产生争议和纠纷时受益人可在国内要求索赔。这样不仅可以使索赔迅速，而且可利用本国法律来进行仲裁，且不存在语言、风俗习惯等差异，因此，转开保函可以有效保障受益人的利益，对受益人最为有利。

在转开保函业务中，原担保行变成了反担保人，而转开行变成了担保人。转开行转开保函后，对受益人的索偿应承担赔偿责任，赔偿后再向原担保行索偿。其业务流程（如图6-3所示）如下：

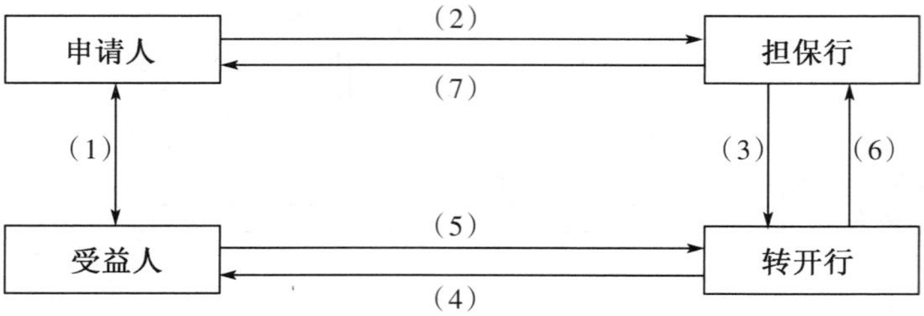

图6-3　通过转开行开立保函业务流程图

（1）申请人与受益人签订合同或协议；

（2）申请人向担保行提出开立保函的申请；

（3）担保行开立反担保函并要求转开行转开；

（4）转开行转开保函给受益人；

（5）受益人在申请人违约后向转开行索偿，转开行赔付；

（6）转开行根据反担保函向担保行索赔，担保行赔付；

（7）担保行向申请人索赔，申请人赔付。

这种开立方式对受益人最有利，它解决了受益人对国外担保行不了解和不信任的问题，同时由于受益人和转开行同属一个国家，不存在语言、风俗习惯、法律等方面的差异，索偿很方便，且双方易于了解，容易辨别保函真伪。

❖ 案例6-3

中国甲公司与A国的进口商签订了出口电视机合同。按照合同约定，A国进口商开立了以甲公司为受益人的不可撤销信用证，但该信用证的生效条件是A国进口商收到A国乙银行开立的以其为受益人的不可撤销履约保函，金额为合同总价的10%。

为此，甲公司向丙银行申请开立此项履约保函。丙银行经过审查甲公司的经营状况、生产能力和产品质量等相关情况，向A国乙银行开出了保函，保函到期日为202×年5月10日，委托乙银行以丙银行的保函为反担保，向A国进口商开立履约保函，并规定了索赔条件是收到受益人出具的证明申请人未能履约的书面文件后付款。

202×年4月30日，甲公司按照合约规定装运货物并议付单据。202×年5月2日，丙银行收到乙银行的来电，要求保函展期3个月，否则要求赔付。丙银行征求申请人意见，申请人对此不予接受。理由是申请人已经履行了合约，因而其合约责任已经解除，保函没有必要展期。丙银行根据申请人的要求，对乙银行的展期要求予以拒绝，并向乙银行提供了证实甲公司履约的提单等复印件，同时提醒乙银行注销保函，乙银行对丙银行的拒绝电没有答复。

202×年5月15日，乙银行又向丙银行提出索赔，理由是受益人已经提交了一系列证明，并且申请人没有在原有效期内提交履约证明，所以乙银行认为履约保函仍然有效，而且乙银行已经赔付受益人，故丙银行必须赔付乙银行。

丙银行立即去电拒付索赔款，并驳斥了乙银行的索赔理由：保函已于202×年5月10日到期，申请人已经履行了合约义务，并且在保函有效期内，受益人未能提交符合要求的索赔单据。因此，受益人无权得到赔付。

【案例提示】转开保函涉及的当事人比较复杂，包括申请人、受益人、反担保行和担保行（转开行），受益人和担保行往往关系比较密切。因此，当受益人提出开立转开保函时，申请人和反担保行必须仔细调查了解受益人和转开行的资信状况，以避免其相互包庇，提出无理索赔。在委托转开行开立保函时，申请人和反担保行必须小心谨慎，特别是应对保函的有效期和索赔条件作出明确指示；在发生无理索赔时，应该据理力争，保护自己的合法权益。

（四）银行保函的修改

银行保函可以在有效期内修改。导致修改的原因有多种，如交易货物或工程项目所需机器设备价格变动引起保函金额的变动。

不可撤销保函的修改必须经有关当事人一致同意后方可进行，任何一方单独对保函条款进行修改都视为无效。通常情况是，在申请人与受益人就修改内容取得一致意见后，由申请人向担保行提出修改的书面申请并加盖公章。申请书中应注明拟修改的保函的编号、开立日期、金额等内容，以及要求修改的详细条款和由此而产生的责任条款，同时应出具受益人要求修改或同意修改的书面材料。担保行根据申请人的修改内容判别给银行带来的风险情况，经审查认为修改申请可以接受后，方可向受益人发出修改书。修改函仍需经有权签名人签名，修改电应加密押或简电加寄证实书。

保函展期或增额时，担保行应按费率加收费用；保函减额时，担保责任和担保费也相应递减；保函条款修改时，银行可就修改项目单独收费。

（五）银行保函的索偿与赔付

由于保函有付款类保函与信用类保函之别，银行作为担保人，根据不同的保函性质，有时承担第一性付款责任，有时又承担第二性付款责任，因此，并非所有的保函项下都必然会出现索偿和赔付。一般来说，由于担保标的及发生支付前提的不同，付款类保函项下索赔发生的可能性相对要大一些，而信用类保函项下往往并不存在索赔情况。因此，索偿和赔付并非任何保函业务所必须经历的环节。从理论上说，只有在受益人已完成了合同规定的义务，并据此获得了索取合同价款的权利，或在申请人出现违约行为时，保函才可能被受益人索偿并出现相应的赔付事宜。

当受益人提示保函要求的全套正确的单据或文件时，担保行对索偿文件及其他所要求的单据进行审核，若单据与保函完全一致，则应立即付款；如发现不符，可以据此作出拒付决定，或要求受益人在保函的有效期内重新作出修改，并在保函的索偿条件完全满足的情形下向受益人立即付款。

（六）银行保函的撤销

保函在到期后或在担保行赔付保函项下全部款项后失效。如果保函中列有归还保函条款，则在保函到期后，可向受益人发出函电，要求退还保函正本，并将保函留底从档案卷中调出，用红笔注明“注销”字样，连同退回的保函正本一同归于清讫卷备查。如果保函中没有归还保函条款，或者没有明确的到期日，而是制定了一些类似申请人付完最后一笔合同款之日即失效，或业主出具验收证明一年后即失效等条款，则可按照这些规定来推定到期日，在推定到期日到期之时，应及时向受益人发出撤销保函、退还保函正本的通知。如果是以电文形式开出的保函，应联系受益人，委托当地银行或其转开行，用加密押电文证实并通知担保行办理撤销手续。

第二节　银行保函的主要种类

一、出口保函

由商品或服务的提供者、工程的承包商委托开立的保函统称出口保函。出口保函是银行应出口方的申请开给进口方的保证书，其中规定银行保证出口方如未按合同规定交货，由银行负责赔偿进口方一定金额的损失。出口保函主要有以下五种：

（一）投标保函

投标保函（tender guarantee）是指担保银行应投标人（申请人）的委托向招标人（受益人）开出的书面保证文件，保证投标人在开标前不中途撤标、不片面修改投标条件，中标后不拒绝交付履约保证金、不拒绝签约，并承诺当投标人出现上述违约行为时，由担保人赔偿招标人的全部损失。投标保函用于国际工程承包的招标阶段。

对投标人而言，通过向招标人提供投标保函，可以减少由交纳现金保证金引起的资金占用问题；对招标人而言，投标保函可以维护自身利益，避免收取、退回保证金的烦琐手续。

投标保函金额一般为投标报价的2%~5%，不同报价有着不同的比例。投标保函的有效期从其开立之日起至开标日起3~6个月。若投标人中标，投标保函的有效期自动延至招标人与投标人签订合同，到投标人提交履约保函为止。投标保函样本见附样6-1。

附样6-1

投标保函

TENDER GUARANTEE

GUARANTEE NO.: ________________________DATE OF ISSUE: ________________

PRINCIPAL (NAME AND ADDRESS): ____

BENEFICIARY (NAME AND ADDRESS): ______________________________________

GUARANTOR: CHINA CONSTRUCTION BANK CORPORATION ________________BRANCH

GUARANTOR ADDRESS: ____

WE (GUARANTOR) HAVE BEEN INFORMED THAT____________, HEREINAFTER REFERRED TO AS "THE PRINCIPAL" RESPONDING TO YOUR INVITATION TO TENDER NO.______ DATED ON________________.

FOR THE SUPPLY OF________ HAS SUBMITTED TO YOU HIS OFFER NO.______ DATED________.

FURTHER MORE, WE UNDERSTAND THAT, ACCORDING TO YOUR CONDITIONS, OFFERS MUST BE SUPPORTED BY A TENDER GUARANTEE.

AT THE REQUEST OF THE PRINCIPAL, WE HEREBY IRREVOCABLY UNDERTAKE TO PAY YOU AN AMOUNT________ NOT EXCEEDING IN TOTAL OF________ (say:) AFTER RECEIPT BY US OF YOUR FIRST DEMAND IN WRITING STATING:

(1) THE NUMBER AND DATE OF OUR GUARANTEE UNDER WHICH YOUR CLAIM IS MADE; AND

(2) THE AMOUNT YOU CLAIM; AND

(3) THAT THE PRINCIPAL IS IN BREACH OF HIS OBLIGATIONS UNDER THE TENDER CONDITIONS; AND

(4) THE RESPECT IN WHICH THE PRINCIPAL IS IN BREACH; AND

(5) THAT YOU HAVE FULFILLED YOUR OBLIGATIONS IN ACCORDANCE WITH THE CONTRACT AND THUS THE PRINCIPAL CAN NEITHER ASCRIBE THE BREACH OF HIS OWN OBLIGATIONS TO THE BENEFICIARY NOR EXEMPT HIMSELF FROM THE OBLIGATIONS THEREOF.

FOR THE PURPOSE OF INDENTIFICATION YOUR WRITTEN STATEMENT MUST BE DULY SIGNED AND PRESENTED THROUGH YOUR LOCAL BANK AND YOUR SIGNATURE(S). ON THE DEMAND IN WRITING MUST BE VERIFIED AND AUTHENTICATED BY THE PRESENTING BANK WHICH MUST CONFIRM TO THIS EFFECT THROUGH AUTHENTICATED SWIFT (OR TESTED TELEX) MESSAGE TO US.

THIS GUARANTEE SHALL EXPIRE ON________AT THE LATEST. ANY DEMAND FOR PAYMENT AND DOCUMENTS REQUIRED UNDER THIS GUARNATEE MUST BE RECEIVED BY US ON OR BEFORE THAT DATE AT OUR ADDRESS STATED ABOVE. UPON EXPIRY, PLEASE RETURN THE ORIGINAL GUARANTEE TO US. BUT THIS GUARANTEE WILL BECOME NULL AND VOID UPON EXPIRY WHETHER THE ORIGINAL GUARANTEE IS RETURNED TO US OR NOT.

THIS GUARANTEE IS NOT NEGOTIABLE OR TRANSFERABLE OR ASSIGNABLE NOR CAN IT BE USED AS COLLATERAL WITHOUT THE WRITTEN PERMISSION OF THE GUARANTOR.

MULTIPLE DRAWINGS ARE NOT ALLOWED.

THIS GUARANTEE IS SUBJECT TO THE UNIFORM RULES FOR DEMAND GUARANTEES (URDG) (2010 REVISION, ICC, PUBLICATION NO.758).

THE PLACE OF JURISDICTION IS________.

（二）履约保函

履约保函（performance guarantee）是指担保行应申请人的要求向受益人开出的，保证申请人按合同条款履行各项义务，否则由担保行赔偿受益人一定金额损失的保证文件。

履约保函常用于工程承包、物资采购等项目。业主或买方为避免承包方或供货方不履行合同义务而给自身造成损失，通常都要求承包方或供货方交纳履约保证金，以制约对方行为。履约保函是现金保证金的一种良好的替代形式。

在国际承包业务中的履约保函，中标人为申请人，招标人为受益人。保函金额一般为合同金额的5%~10%，有效期通常至合同执行完毕日期。这时保函自动终止，有时再加3~15天的索偿期。若合同规定了质量保证期或工程维修期，保函的有效期可延至工程质量保证期或工程维修期期满为止，有时再加3~15天索偿期。

事实上，履约保函不仅用于工程承包业务，在进出口、来料加工、补偿贸易、融资租赁以及质量维修等方面都被广泛使用。

（三）预付款保函

预付款保函（advance payment guarantee）是指担保银行根据申请人（合同中的预收款人）的要求向受益人（合同中的预付款人）开立的，保证一旦申请人未能履约或未能全部履约，在收到受益人所提出的索赔后向其返还该预付款的书面保证承诺。

预付款保函又称还款保函（repayment guarantee），在贸易合同中还可称定金保函（down-payment guarantee）。在大额交易中，买方或业主在合约签订后的一定时间内，预先向供货方或劳务承包方支付一定比例的款项作为执行合约的启动资金。由于该款项是对供货方或劳务承包方履约之前所作的预付，买方或业主为了避免日后由于这些供货方或劳务承包方拒绝履约或无法履约却又不退款而无端遭受损失，通常要求供货方或劳务承包方在买方或业主预付前的若干日内通过银行开出预付款保函，由银行作出承诺，一旦申请人未能履约或未能全部履约（无论这种行为是有意还是无意造成的），担保行将在收到买方或业主所提出的索赔后，向其返还这笔与预付金额等值的款项，或相当于合约尚未履行部分相当比例预付金的款项；有时，还需加上自买方或业主支付预付金至担保行退还款项这一期间所发生的利息，使买方或业主能顺利收回所预付的款项。

对业主或买方来说，预付款保函保障了预付款的顺利收回，加强了对承包人或供货方按规定履行合同的制约。对承包人或供货方来说，通过提交预付款保函，便利了预付款资金的及时到位，有利于加快工程建设或备货等环节的资金周转。

预付款保函的担保金额视预付款金额而定，一般为合同金额的10%左右。该类保函自申请人收到预付款之日起生效，以免在此之前遭到无理索赔，在申请人履行了合同规定的义务或预付金全部扣减完毕时失效。

（四）质量和维修保函

质量保函（quality guarantee）是指银行作为担保人就合同标的物的质量所出具的一

种担保，凭以保证供货方所提供的货物和承包方所承包的工程项目在一定时间（保修期或维修期）内符合合同所规定的规格和质量标准。如果在这一时期内发现货物的质量或工程的质量与合同规定存在不符的情况，而供货方或承包人又不愿或不予进行修理、更换和维修，则买方或业主有权在这类保函项下向担保行索赔一笔款项，以补偿其所受的损失。

由于维修保函（maintenance guarantee）和质量保函在本质及作用方面有十分相似之处，所以在实务中有混称的现象。但它们之间也有区别：维修保函通常被用在有关工程建设的合同中，它是对工程项目的质量所作的担保；质量保函往往被用在买卖合同项下，尤其在大型机电产品、成套设备、飞机等出口货物中使用较多，它是对货物质量的一种担保形式。

质量保函和维修保函的金额一般为合同金额的5%~15%，自工程完工或设备启用之日起生效，至工程保用期或设备保修期期满时失效。

（五）留置金保函

在大型机械设备的进出口以及国际承包工程中，进口方或工程业主在支付货款或工程款时，常常规定先支付合同金额的90%~95%，其余5%~10%等设备安装完毕运转良好，经买方验收后再支付。这一小部分余额被称作留置金或保留金。如果发现机械设备的品质、规格与合同规定不符，双方洽商减价，从留置金中扣抵。

由于项目涉及金额比较大，压占了资金，出口商或承包商希望提前收回这部分款项。留置金保函（retention money guarantee）就是对这部分尾款的提前收回所作出的承诺担保。具体讲，留置金保函是指出口商或承包商向银行申请开出的，以进口商或工程业主为受益人的保函，保证在提前收回尾款后，如果卖方提供的货物或承包工程达不到合同规定的质量标准，出口商或承包商将把这部分留置款项退回给进口商或工程业主；否则，担保银行将给予赔偿。

对承包方、供货方而言，留置金保函使其可以提前收回尾款资金，解决了流动资金不足的问题，加快了资金周转，提前获得了资金收益。对业主、买方而言，合同后续义务得到了履行的保障，达到了与留置尾款相同的目的。

留置金保函的金额就是保留金的金额，有效期是合同规定的索赔期加3~15天索偿期。

二、进口保函

进口保函是银行应进口方的申请出具给出口方的保函，其中规定出口方按有关合同规定交货后，如果进口方未及时支付货款，则由银行负责付款。它适用于成套设备或需要较长时间付款以及分批付款的巨额进口业务。进口保函主要有以下四种：

（一）付款保函

付款保函（payment guarantee）是银行应进口商或工程业主的要求，向出口商或承包方出具的，保证货款支付或承包工程价款支付的书面担保文件。

付款保函的使用有以下两种情况：

第一，在只凭货物付款的交易中，进口方向出口方提供银行担保，保证在出口方交货后或到货后，或到货经买方检验与合同相符后，担保行一定支付货款；或进口方一定支付货款，如进口方不支付，担保行代为付款。

第二，在技术交易中，买方向卖方提供银行担保，保证在收到与合同相符的技术资料后，如果买方不付款，担保行代为付款。

付款保函金额即合同金额，保函有效期按合同规定付清价款日期再加半个月。它的作用是保证进口商或工程业主履行其对合同价款的支付义务。因此，它既可以作为一种单独的支付方式使用，即由卖方或承包方凭货运单据或工程结算单据直接向担保银行索取款项，也可以作为商业信用结算方式的补充和额外保证工具，即由卖方或承包方先向买方或工程业主索要款项。如果买方不付款，卖方可以凭付款保函向担保银行索赔，并获得赔付。

（二）延期付款保函

延期付款保函（deferred payment guarantee）是银行应买方或工程业主的委托向卖方或承包商开立的，对延期支付或远期支付的合同价款以及由此产生的利息所作出的一种付款保证承诺。

在飞机、船舶、大型机电产品、成套设备等贸易及大型工程项目建造中，由于涉及金额较大，成交期较长，买方或工程业主通常要求卖方或承包方给予延期付款的优惠。而卖方或承包方为了保证自己的利益不受损失，往往要求对方提供银行开立的延期付款保函。比如，进口方按照合同规定预付给出口方一定比例（如货款的10%）的定金，其余部分（货款的90%）由进口方银行开立保函，保证进口方根据货运单据支付一部分（如货款的10%），其余部分（货款的80%）分为10个相等份额，每份金额加利息，连续每半年支付一次，共5年分10次付清全部货款。如果买方不能付款，则担保行代为付款。

（三）提货保函

提货保函（shipping guarantee）又称承运货物收据保证书。在货物进出口贸易中，当货物先于提单到达目的港时，进口商为了防止货物因压仓、变质或遭遇市场价格波动而受到损失，在提单到达之前可要求担保银行出具提货保函，凭此向运输公司提前提货、报关并销售或使用。提货保函保证进口商在收到提单后立即交还给运输公司，并承担因提前提货而可能给运输公司造成的损失。保函金额由双方协商确定，自开立之日起生效，至交还提单或保函项下的付款责任结算之日失效。

（四）关税保函

关税保函（customs guarantee）是担保银行应进口商（含加工贸易企业）的申请而向海关出具的、保证进口商履行缴纳关税义务的书面文件。关税保函主要包括两种类型，即关税保付保函、加工贸易税款保付保函。

❖案例6-4

某年5月2日，甲船公司所属某货轮在中国香港承运一批货物。货物装船后，甲船公司签发正本提单一式三份。提单载明：托运人名称、收货人凭指示、通知人乙公司、启运港中国香港、目的港珠海及相应货物等信息。5月3日，货轮抵达珠海，甲船公司通知乙公司提货，因其不能出示正本提单，甲船公司拒绝交付货物。5月9日，乙公司向甲船公司出具一份银行印制的“提货担保书”。该担保书在提取货物栏记载信用证号码、货值、货名、装运日期、船名等。该担保书在保证单位栏记载“上述货物为敝公司进口货物。倘因敝公司未凭正本提单先行提货致使贵公司遭受任何损失，敝公司负责赔偿。敝公司收到上述提单后将立即交还贵公司换回此担保书”，乙公司盖章并由负责人签名。该担保书在银行签署栏记载“兹证明上述承诺之履行”，落款为丙银行，盖丙银行国际部业务专用章。甲船公司接受提货担保书，签发了提货单。但乙公司其后没有交款赎单，提单最终被退给托运人。

10月6日，托运人持正本提单在中国香港法院以错误交货为由，对甲船公司提起诉讼，要求赔偿货款损失、利息和其他费用。中国香港法院判令甲船公司向托运人支付赔偿金，并承担托运人所发生的律师费。

甲船公司随后提示相应索赔单据向丙银行提出索赔，认为保函申请人乙公司于5月9日凭提货担保书提取货物后，乙公司至今未将该项货物的正本提单交还，要求丙银行赔偿货款损失、利息及其他相关费用。丙银行审核相应单据后向甲船公司进行赔付，并向乙公司提出索赔。

【案例提示】本案例给甲船公司（承运人）、乙公司（申请人）和丙银行（担保行）都带来了一定的启示。对甲船公司来说，虽然根据提货担保书提货是国际惯例，但是提货保函对承运人而言有一定的风险，因此承运人应该仔细审核提货担保书条款以及提货人和担保银行的资信，从而合理保障自己的权益。

对乙公司来说，凭保函提货本是国际惯例，但是该公司在提货后没有按照正常程序付款赎单并将提单交还承运人，企图赖掉其付款责任。这种做法大大损害了自己的信誉以及与银行的业务关系，得不偿失。

对丙银行来说，出具保函就意味着承担了保证责任，因此一定要谨慎审查保函申请人的资信，并严格控制根据提货担保书提取的货物的所有权，从而有效控制自身风险。

关税保函主要适用国家相关进口货物减免税政策未明了前的相关货物进口，境外工程承包建设、境外展览、展销等过程中有关设备、器械等物品临时进入他国关境，加工贸易企业进口料件，海关对某些货物实行先放后征的情况。

关税保函减少了企业因缴纳关税保证金而引起的资金占压，提高了资金周转效率；“先放后征”的方式加快了货物通关速度，避免货物滞留港口加大成本；避免重复办理通关手续；对临时进入他国关境的货物，减少了办理退税手续的烦琐。

保函金额为海关规定的税金，有效期为合同规定施工机械或展品等撤离该国日加半个月。

三、其他形式的保函

（一）租赁保函

租赁保函（leasing guarantee）是指银行作为担保人，根据租赁协议中承租人的申请，出具以出租人为受益人的、旨在保证承租人按期向出租人支付租金的一种付款承诺。

在大额的租赁合约（如飞机、船舶、成套设备的租赁合约）项下，出租人出于其自身资金融通的需要，通常要求这种保函具有一定的可转让性，而且所要求的条件也较为苛刻，目的是使其能够以此作为抵押，从银行或其他金融机构获取贷款用于购买其所出租的设备，如飞机、船只等。因此，在租赁保函项下，要求转让的情况往往多于其他保函。

对出租方而言，租赁保函便利了租赁合约的执行，获得了及时收回租金的保障。对承租方而言，有利于承租方取得设备使用权，获得资金融通，促进资金周转。

租赁保函的金额一般为足额的租金，偶尔也有要求包括附加利息的情况。

（二）透支保函

透支保函（overdrawn guarantee）是指银行作为担保人，对另一家银行或金融机构出具的一种保证申请人透支后偿还的书面承诺。根据该保函，申请人将按照其与该账户透支行签订的透支协议中规定的到期时间归还所透支的款项，或偿付透支行所给予的其他透支便利，若到时申请人无力或拒绝归还所透支的本金和利息，则将由担保行负责予以偿还。

从本质上来说，透支保函仍然属于借贷性质合约项下所作出的还款担保，只不过担保的标的物可能并不仅仅局限于透支的款项，比如可能是开立或保兑信用证及保函的授信额度便利，银行于信用证或保函项下代垫支的款项、票据贴现或加签保付的便利，信托提货的便利，债券买卖的便利等。只要协议到期之时，透支者或保函申请人无法偿还其在透支协议项下对透支行所负担的任何债务，担保行就将给予赔付。

透支保函多由母公司或总公司以其自有资金或自己的良好信用作抵押，通过银行向其子公司透支，减少母公司或公司下属机构的资金投入，节约成本，降低风险。特别是在这些子公司或分公司所在地外汇管制严格的情况下，开立这种透支保函尤其具有特殊意义和作用，这对防止资金调拨中汇率变化所带来的风险和损失是很有益处的。此外，在劳务承包合同项下，这类透支保函也是经常使用的。人们往往将那些出于单纯为获得银行便利的目的而开具的透支保函称为资金融通保函或授信额度担保。

（三）保释金保函

保释金保函（bail guarantee）是指银行作为担保人，根据船主以及承担连带赔偿和支付责任的保险公司、保赔公司、船东互保协会及其他有关方的申请而开立的，以法院、原告或港务当局以及其他有关债权人或利益受损方为受益人的，旨在保释由于海事纠纷、运输合同及贸易合同纠纷，或因牵扯到某一其他案件而被法院或港务当局扣留或留置的船只或其他财产的、带有抵押性质的一种担保付款文件。保释金保函的主要作用是避免由于解决纠纷的案件诉讼旷日持久，被扣留的船只或其他财物因长期无法营运或使用而给船方及财物所有人造成损失。有关法院或港务当局在收到这种作为抵押替代的保函后，由于有信誉较好的银行作担保，既无抵押品灭失之虞，又解除了对抵押品的看管之责，因此也十分愿意凭保函将被扣船只或财物先予放行，使其投入营运和使用。

（四）补偿贸易保函

补偿贸易保函（guarantee for compensation trade）是指在补偿贸易合同项下，银行作为担保人，根据设备或技术的引进方的申请，以设备或技术的提供方为受益人而出具的一种书面保证。担保申请人在设备或技术引进后的一定时期内，将以其所生产的产成品或其他产品来抵偿所引进设备或技术的价值，或以产成品的外销所得款项支付所引进的设备和技术价款。若届时该申请人无法或无力作出支付，则将由担保银行负责偿还其全部应付款项以及相应的利息。

补偿贸易保函若撇开补偿贸易这种贸易的特殊性，其实质仍属于货款保付性质的保函，因此，它实际上只是延期付款保函的一种外延和变种而已。当然，由于补偿贸易的贸易形式不同于一般贸易，因而补偿贸易保函又与一般的延期付款保函有所不同，其最主要的区别在于：补偿贸易保函项下支付的发生必须与受益人（设备或技术的提供方）对补偿产品的回购义务的履行相挂钩，而一般的进口合同项下延期付款保函只是对产品买断的支付提供保证。

❖案例6-5

2021年6月，国内某省A公司与国外B公司签订补偿贸易进出口合同，由A公司从B公司引进全套生产设备和技术，A公司以该套设备生产的产品返销给B公司，用以支付引进设备的全部价款和利息，每半年支付1次，5年内付清。

国内C银行应A公司的申请，于2022年1月开出以B公司为受益人的补偿贸易保函，保证在B公司提供生产设备和技术的前提下，A公司以引进的设备所生产的产品返销给B公司，或以产品外销所得的款项支付给B公司作为补偿。如果A公司不能返销B公司要求的质量和数量的产品，C银行则开立以自己为付款人、以B公司指定的银行为收款人的10张银行承兑汇票，每张汇票面值150万美元，每半年支付一张汇票。

项目投产后，A公司未能按照B公司要求生产，未达到生产规模，更达不到规经解除，保函没有必要展期。丙银行根据申请人的要求，对乙银行的展期要求予以拒绝，并向乙银行提供了证实甲公司履约的提单等复印件，同时提醒乙银行注销保函，乙银行对丙银行的拒绝电没有答复。

202×年5月15日，乙银行又向丙银行提出索赔，理由是受益人已经提交了一系列证明，并且申请人没有在原有效期内提交履约证明，所以乙银行认为履约保函仍然有效，而且乙银行已经赔付受益人，故丙银行必须赔付乙银行。

丙银行立即去电拒付索赔款，并驳斥了乙银行的索赔理由：保函已于202×年5月10日到期，申请人已经履行了合约义务，并且在保函有效期内，受益人未能提交符合要求的索赔单据。因此，受益人无权得到赔付。

【案例提示】转开保函涉及的当事人比较复杂，包括申请人、受益人、反担保行和担保行（转开行），受益人和担保行往往关系比较密切。因此，当受益人提出开立转开保函时，申请人和反担保行必须仔细调查了解受益人和转开行的资信状况，以避免其相互包庇，提出无理索赔。在委托转开行开立保函时，申请人和反担保行必须小心谨慎，特别是应对保函的有效期和索赔条件作出明确指示；在发生无理索赔时，应该据理力争，保护自己的合法权益。

（五）来料加工保函

来料加工保函（guarantee for processing）是指在来料加工合同项下，银行作为担保人，根据加工方的申请，以加工装配所需要的原材料、辅料、零配件、机器设备、生产线等提供方为受益人而出具的一种书面保证，保证申请人按照合同所规定的规格、款式、质量等进行加工或装配，成品的全部或大部分交由提供方或其指定人进行销售，并用所得加工费抵偿或偿还提供方所提供的机器设备或生产线的价款。若届时该申请人不能如期加工成品进行抵偿，却又不予退回前者所提供的原辅料及设备，则将由担保银行负责偿还其所提供的原辅料及设备的价款，以及由此而产生的利息，从而避免受益人遭受损失。

（六）借款保函

借款保函（loan guarantee）是指银行应借款人的请求，向贷款人开具的书面付款担保承诺，保证借款人一定按借贷合同的规定偿还借款并支付利息。若借款人因破产、倒闭、资金周转困难等原因违约，未能偿还本金或利息等，担保行即代借款人向贷款人偿还应还而未还的借款和利息。借款保函提高了借款人的信用评价，有利于借款人取得融资；对贷款人而言，这分散了融资风险，提高了贷款资金的安全性。

借款保函金额一般为借款总额加上贷款期间所产生的利息。保函自开出之日起生效，有效期为借款合同中规定的还清借款及支付利息的日期再加上半个月，在借款人全部还清借款本息之日失效。担保人在保函项下的付款责任随贷款的部分偿还相应递减。

❖案例6-6

甲银行于某年4月为乙公司2 000万元美元借款出具保函，受益人为丙银行，期限为9个月，利率为12%。乙公司投资房地产失误，导致公司负债累累，在还款期满后未能依约归还丙银行贷款。丙银行凭借款保函要求甲银行归还贷款本金及利息。

【案例提示】本案例中，担保行甲银行在乙公司申请开立保函时，没有对申请人的资信及财务状况、反担保人的资信及财务状况和项目可行性及效益等进行详尽的审查，盲目地开出了银行保函，导致银行对外承担了担保责任后又不能从申请人处得到补偿，造成了很大的损失。

拓展阅读6-1

第三节 备用信用证

一、备用信用证概述

（一）备用信用证的含义

备用信用证（stand-by L/C）又称担保信用证（guarantee L/C），是一种特殊形式的光票信用证。对备用信用证至今没有统一的定义，《国际备用证惯例》（ISP98）对此也没有给出明确的定义，而是通过规定备用信用证的性质来实现对其含义的界定。

根据美国联邦储备银行管理委员会的定义，备用信用证是一种“能为受益人提供下列担保的信用证或类似安排：① 偿还债务人的借款或预支给债务人的款项；② 支付由债务人所承担的负债；③ 对债务人不履行契约而付款”。

从以上定义可以看出，备用信用证就是开证行对受益人的一项担保，担保在开证申请人不履行其基础合同义务时，向受益人支付信用证的金额。如果开证申请人按期履行了合同的义务，受益人就无须要求开证行在备用信用证下支付货款或赔款，因此它具有见索即付及备用的性质。备用信用证样本见附样6-2。

备用信用证起源于19世纪中叶的美国。当时，美国联邦法律只允许担保公司开立保函，禁止商业银行为客户提供担保服务。为拓展业务和适应对外经济往来的需要，美国商业银行创立了备用信用证，用来代替银行保函，规避法律的管制。日本法律也禁止商业银行从事担保业务，所以备用信用证在美国和日本的使用较广泛。近些年来不少国家也开始把备用信用证用于买卖合同下货款的支付等业务。

附样6-2

备用信用证

Standby Letter of Credit

Date: Place:

With reference to the loan agreement No. 2021HN028 (hereinafter referred to as "the agreement") signed between Bank of Communications, SHENYANG Branch (hereinafter referred to as "the Lender") and LIAONING ABC CO., LTD. (hereinafter referred to as "the Borrower") for a principal amount of CNY2,000,000 (in words), we hereby issue our irrevocable standby letter of credit No.810LC040000027D in the Lender's favor for amount of the HONG KONG ABC CORPORATION which has its registered office at 8 FL. 2 SEC. CHARACTER RD., HONGKONG for an amount up to UNITED STATES DOLLARS THREE MILLION ONLY. (USD3,000,000) which covers the principal amount of the agreement plus interest accrued from aforesaid principal amount and other charges all of which the Borrower has undertaken to pay the Lender. The exchange rate will be the buying rate of USD/CNY quoted by Bank of Communications on the date of our payment. In the case that the guaranteed amount is not sufficient to satisfy your claim due to the exchange rate fluctuation between USD and CNY, we hereby agree to increase the amount of this standby L/C accordingly.

Partial drawing and multiple drawing are allowed under this standby L/C.

This standby letter of credit is available by sight payment. We engage with you that upon receipt of your draft(s) and your signed statement or tested telex statement or SWIFT stating that the amount in USD represents the unpaid balance of indebtedness due to you by the Borrower, we will pay you within 7 banking days the amount specified in your statement or SWIFT. All drafts drawn hereunder must be marked drawn under XYZ Bank standby letter of credit No.810LC040000027D dated 20 DECEMBER 2023.

This standby letter of credit will come into effect on 20 DECEMBER 2023 and expire on 9 DECEMBER 2024 at the counter of Bank of Communications, SHENYANG Branch.

This standby letter of credit is subject to the Uniform Customs and Practice for Documentary Credits (2007 Revision, ICC, Publication No.600).

For____________________ (Issuing Bank)

____________________ (signature)

从20世纪80年代起，国际商会在UCP400中第一次明确将备用信用证列入信用证的范畴。到20世纪90年代，国际商会又在UCP500中进一步明确指出："跟单信用证包括在其适用范围内的备用信用证。"但是UCP500中只有部分内容能够适用备用信用证，再加上各国和地区相关法律的差异，备用信用证在实际应用中出现了许多问题。在这种情况下，1998年在美国国际金融服务协会（International Financial Service Association，IFSA）、美国国际银行法律与惯例学会（Institute of International Banking Law and Practice）和国际商会银行技术与实务委员会的主持下，《国际备用证惯例》作为国际商会第590号出版物公布，并于1999年1月1日开始实行。

ISP98是在参照UCP500和《见索即付保函统一规则》（URDG458）等国际惯例的

基础上，结合备用信用证的特点制定出来的。该惯例反映了备用信用证一般可接受的实务惯例与做法，它的公布实施使备用信用证有了自己单独的规则，统一了国际上对备用信用证的认识与操作。随着UCP600的发布与施行，ISP98也得以进一步修订与完善。

ISP98规定，任何备用信用证或类似的独立担保书，只要明确注明根据ISP98开立都适用本惯例。因此，该惯例的适用范围比较广泛，不仅适用备用信用证，也适用商业信用证；不但适用国际备用信用证业务，而且适用国内备用信用证业务；既适用银行所开立的备用信用证，也适用非银行金融机构所开立的备用信用证。一份信用证可同时根据UCP600和ISP98开立，在此情况下，它可以同时适用UCP600和ISP98，但在应用顺序上ISP98应优先于UCP600；只有在ISP98的所有条款均未涉及或另有明确规定时，才可根据UCP600原则解释、处理有关条款。①

拓展阅读6-2

（二）备用信用证的特点

备用信用证的特点主要包括以下三点：

1.备用信用证的不可被撤销性

备用信用证一经开立后，开证行的义务便不能由其自行修改或取消，除非备用信用证中有相反的规定或得到其他当事人的同意。

2.备用信用证的独立性

备用信用证一经开出，就与作为其依据的基础合同相独立，开证行在履行信用证项下的义务时，不能以基础合同为条件。

3.备用信用证的单据性

在备用信用证项下，开证行的付款是以对备用信用证所要求的单据表面状况的审核为条件，即开证行履行自身义务的依据是单据。但备用信用证下的单据是受益人提供的证明申请人违约的单据，难以避免受益人伪造单据的问题。因此，为改善申请人的不利地位，一般要求在受益人向开证行索赔时，除了提交证明申请人违约的单据外，还应提供由无利害关系的第三人出具的证明，证实备用信用证的兑付条件已经成立。

❖ 案例6-7

应P的要求，G银行给B开立了备用信用证，规定见索即付，该备用信用证是担保P为B承建的建筑工程。后来B向G银行提交了书面索偿书，随附关于P违约的书

① 叶陈云，叶陈刚．国际结算［M］．上海：复旦大学出版社，2007：157-158．

声明，指出P未能按合同规定如期完工。G银行将该声明转递给P，P否认声明的准确性，G银行以此为由拒绝付款。

【案例提示】如没有确切的欺诈证据或适用法律允许的其他拒付理由，G银行必须付款。因为根据ISP98的规定，G银行只需关心书面违约声明的提交，而非违约事实。

二、备用信用证的当事人

备用信用证中所涉及的当事人主要包括：

（1）申请人，是指申请开立备用信用证或为他人申请开立备用信用证的人，包括以自己的名义，但是为了另一个人而申请的人，或以其自身原因行事的开证申请人。

（2）受益人，是指根据备用信用证有资格获得付款的指定人。

（3）开证行，是指接受申请人的申请，开出备用信用证的银行。

（4）保兑行，是指在开证行的指定下，对开证行的承诺加上自身保证承付该证的担保人。保兑人与开证行的地位相同。

（5）通知行，是指受开证行的委托，将备用信用证通知给受益人的银行。通知行有权不接受开证行的委托，但要及时通知开证行；一旦决定通知，就要核实备用信用证的表面真实性，并及时通知。

（6）指定人（nominated person）。与跟单信用证一样，备用信用证可以指定其他人进行通知、接受提示，作出转让、保兑、付款、议付、承担延期付款的义务或承兑汇票。这种指定并不迫使被指定人采取行为，除非被指定人同意。

三、备用信用证的业务流程①

备用信用证的运作一般按照以下流程进行：

1.开证申请人向银行申请开立备用信用证

根据基础合同的规定，申请人向其所在地的银行或其他机构申请开立备用信用证。经开证行审核同意后，该申请书构成申请人与开证行之间的合同。申请人通常要提供押汇等担保，并支付开证费。

2.开证行开立备用信用证

开证行若接受申请人的要求，应根据申请书的指示开证，并承诺首先向受益人付款。

3.通知行向受益人通知、转交或保兑信用证

通知行无义务必须通知或转交，若该通知行不欲履行通知义务，则需及时通知开证行；若该通知行欲履行通知义务，则在开证行与通知行之间形成一种合同关系，通知行有义务核验备用信用证的表面真实性，有权从开证行处取得报酬。当然，备用信用证也

① 梁远辉，刘丹. 国际结算［M］. 武汉：华中科技大学出版社，2007：99-100.

可由开证行或申请人直接寄交受益人，但在较大金额的交易中，受益人通常会要求通过通知行的专业核验来防止信用证欺诈。

在大宗交易中，受益人也可以要求对备用信用证进行保兑，开证行通常请求通知行提供保兑。通知行无义务必须进行保兑。若该通知行不提供保兑，则需及时通知开证行；若该通知行对备用信用证进行保兑，则成为保兑行，它对受益人承担与开证行同样的义务和责任。

❖案例6-8

某年9月19日，甲银行的A支行提供了国外乙银行出具的备用信用证意向及格式样本，要求甲银行国际业务处予以确认。国际业务处经审核发现上述意向及格式有诸多可疑点，立即通知A支行对该业务提高警惕，暂缓操作，并提醒客户防止欺诈。10月30日，国际业务处收到A支行转来的备用信用证电传稿。该证开证行为乙银行，受益人是甲银行，金额为280万美元，有效期为1年，为A支行某客户申请的人民币贷款进行担保。经审核，该电传没有密押，国际业务处立即向乙银行发出查询，要求开证行加押证实。

11月2日，国际业务处收到乙银行SWIFT回复，称该银行从未开出过此份备用信用证，并提醒此证有欺诈性企图。国际业务处立即将以上情况通知A支行，要求A支行严格禁止发放相应贷款，并提醒其客户丙公司以减少损失，但丙公司已对外支付开证费用。

【案例提示】随着外资金融机构担保项下融资业务的不断发展，不法分子利用备用信用证进行诈骗的案件屡有发生。为防范风险，避免资金损失，银行必须提高警惕，在外汇担保项下办理融资业务时应严格按照有关规定进行操作，增强风险防范意识。贷款办理行应及时联系代理行部门落实担保银行的资信状况，特别是对采用外资银行境外分行出具的备用信用证，须在与代理行部门确认可以接受该银行担保后，方可通知借款人。

4.受益人发货或作出其他履约行为

收到备用信用证后，受益人履行合同下的义务。如果开证申请人也按承诺或基础交易合同的规定履行了义务，备用信用证就自动失效，受益人应将备用信用证退还给开证行。至此，备用信用证的全部交易程序即告结束，这也是大多数正常情况下备用信用证的运作程序。

5.受益人向开证行或保兑行索偿

如果开证申请人未能按照承诺或基础交易合同的规定履行其义务，受益人即可向开证行或保兑行提交符合备用信用证规定的索偿要求以及与备用信用证相符的单据，向开证行或保兑行索偿。

根据《国际备用证惯例》，在备用信用证存在保兑行的情况下，在未明确规定将单据提交给开证行还是保兑行时，交单人可任意选择。开证行或保兑行经审查，如果认为受益人所提交的索偿要求和相关单据符合备用信用证的规定，就必须按约定向受益人支付信用证金额。

开证行或保兑行也可指定一家银行或其他机构，即指定人替它向受益人付款。指定人无义务必须为之。若指定人同意为之，则必须履行审单义务，以确定其表面真实性。因指定人自己的过错导致的错误付款等行为将使它丧失对开证行的索偿权。指定人付款后，将单据寄交开证行索偿已付款项，并取得相应报酬。

6.开证行或保兑行向开证申请人索偿

开证行或保兑行作出偿付后，可以向开证申请人要求赔偿。若申请人不付款或不能付款，则开证行可以从押汇等担保中获得偿付；若开证行或保兑行因没有履行谨慎审单义务而错误地向受益人付款，则丧失对申请人的求偿权；若单证相符，受益人交货与基础交易合同不符，则申请人不能对开证行拒付，只能依据基础交易合同向受益人索赔。

四、备用信用证的种类

1.履约备用信用证

履约备用信用证（performance standby L/C）对受益人由于申请人在基础交易中违约而发生的损失进行赔偿。其用于担保申请人履行合同责任。若申请人未履行合同责任，则开证行将凭受益人提交的、符合备用信用证要求的单据，赔偿受益人备用信用证中规定的金额。

2.投标备用信用证

投标备用信用证（bid bond standby L/C/tender bond standby L/C）用于担保申请人（投标人）在中标后履行其签订和执行合约的义务；若投标人未履行合同，则开证行按规定向受益人履行赔偿义务。投标备用信用证的金额一般为投保报价的1%~5%（具体比例按招标文件规定而定）。

3.预付款备用信用证

预付款备用信用证（advance payment standby L/C）用于保证申请人收到受益人预付款后履行已订立的合约义务；如不履约，开证行退还给受益人预付款和利息。预付款备用信用证常用于国际工程承包项目中业主向承包人支付的工程预付款，以及进出口贸易中进口商向出口商支付的预付款。

4.融资备用信用证

融资备用信用证（financial standby L/C）用于开证行担保借款人到期还款；如果违约不还，那么开证行负责还款。

5.直接付款备用信用证

直接付款备用信用证（direct payment standby L/C）主要用于担保到期付款，特别是与融资备用信用证有关的基础付款义务的到期付款，而不涉及是否违约。其通常用于担保企业发行债券或订立债务合同时的到期支付本息义务。

6.商业备用信用证

商业备用信用证（commercial standby L/C）用于保证在受益人履行交货义务，并将全部单据直接寄给买方时，如果买方尚未付款，则开证行会负责付款。

7.反担保备用信用证

有的国家只允许受益人接受本国银行开立的备用信用证，如果受益人的合约对方申请人在外国，申请人只能申请所在国银行开立反担保备用信用证（counter standby L/C），用于对受益人开出的另一独立的备用信用证提供担保。

8.保险备用信用证

保险备用信用证（insurance standby L/C）用于担保申请人的某一保险或再保险义务。

五、备用信用证与跟单信用证的比较①

（一）备用信用证与跟单信用证的相似之处

UCP600将备用信用证包括在跟单信用证范畴内。备用信用证与跟单信用证有相似之处，主要表现在：

（1）开证行均承担第一性付款义务。

（2）均凭受益人提交的、符合信用证规定的凭证或单据付款。

（3）都具有独立性原则，即都是在买卖合同或其他合同的基础上开立的；但一旦开立就与这些合同无关，成为开证行对受益人的一项独立的义务。

（二）备用信用证与跟单信用证的区别

1.开立目的不同

跟单信用证开立的目的是支付货款，受益人只要提交与信用证要求相符的单据，即可向开证银行要求付款。而备用信用证开立的目的是提供担保，受益人只有在开证申请人未履行义务时，才能行使备用信用证规定的权利。如果开证申请人履行了约定的义务，则备用信用证成为备而不用的文件。

2.适用范围不同

跟单信用证一般只用于国际贸易，使用范围比较窄；备用信用证除了可适用国际贸易以外，还可用于其他多种交易。例如，在投标业务中，可保证投标人履行其职责；在借款、垫款中，可保证借款人到期还款；在赊销交易中，可保证赊购人到期付款等。

3.要求的单据不同

跟单信用证一般以符合信用证规定的货运单据为付款依据；备用信用证一般凭受益人出具的说明开证申请人未能履约的证明文件付款。

4.银行的付款责任不同

在跟单信用证下，银行承担第一性的付款责任，只要受益人交来的单据符合信用证

① 韩常青．国际结算［M］．2版．北京：中国商务出版社，2010：198-199.

条款的规定，银行必须首先付款。而备用信用证下尽管开证行形式上也是承担见索即付的第一性付款责任，但通常是在申请人未能履行基础合同义务时才承担付款责任，因此具有担保的性质。

六、备用信用证与银行保函的比较

（一）备用信用证与银行保函的相似之处

1.两者的性质和用途相同

备用信用证与银行保函都是起担保的作用，即当申请人不履行合同的义务时，受益人可凭保函或备用信用证取得补偿；当申请人履行了其合同项下的义务时，则不发生支付。同时，备用信用证与银行保函均可广泛用于各种国际经贸交往中，如招标交易中的投标担保、履约担保、设备贸易的预付款还款担保、质量或维修担保、国际技术贸易中的付款担保等。

2.两者对单据的处理相同

备用信用证与银行保函都是单据交易，担保行或开证行都是凭受益人提交的、基于银行保函或备用信用证条款中规定的证明申请人违约的单据付款。

3.两者均没有货物保证基础

备用信用证与银行保函一般不可作为融资的抵押品，也不由第三家银行进行议付。

（二）备用信用证与银行保函的区别

1.从属性和独立性方面不同

银行保函作为担保的一种，根据它与它所凭以开立的基础合同之间是从属性还是独立性的关系，银行保函在性质上有从属性保函和独立性保函之分。

备用信用证作为信用证的一种形式，并无从属性与独立性之分，它具有信用证的“独立性、自足性、纯粹单据交易”的特点，受益人以该信用证为准，开证行只根据信用证条款与条件来决定是否偿付，而与基础合同无关。

2.适用的法律规范和国际惯例不同

备用信用证适用UCP600及ISP98，被各国普遍接受和遵守；银行保函主要参照《合同保函统一规则》（URCB524）和《见索即付保函统一规则》（URDG758），尚未有一个可为各国银行界和贸易界广泛认可的银行保函国际惯例，这在一定程度上阻碍了银行保函的发展。

3.所要求的单据不同

备用信用证一般要求受益人在索赔时提交即期汇票和证明开证申请人未能履约的书面声明；银行保函一般不需要提供汇票，但受益人除了要提交表明申请人违约的证明文件，还要提交证明自己履约的文件。

第四节 银行付款责任

一、银行付款责任的含义及产生背景

银行付款责任（bank payment obligation，BPO）是指债务银行（买方银行）在数据匹配的前提下，向收款银行（卖方银行）作出的独立的、不可撤销的即期或延期付款责任承诺。

BPO是国际商会和环球同业银行金融电讯协会为应对大数据的挑战，适应全球供应链发展的需要和全球赊销结算占比持续上升的现实，共同合作研发的新型国际结算方式。为了使这种新的结算方式能够尽快投入运行，国际商会和环球同业银行金融电讯协会组织有关专家着手制定用于规范行业行为的《银行付款责任统一规则》。经过几年努力，该规则在2013年4月国际商会银行委员会里斯本春季会议上表决通过，并于2013年7月1日起正式在全球范围内实施。

BPO的工作原理是，利用环球同业银行金融电讯协会开发的为供应链融资服务的云应用——贸易服务设施（Trade Service Utility，TSU）平台和新的报文信息传递标准(ISO20022)，以及双方合作制定实施的《银行付款责任统一规则》，来构建一个能让买卖双方的购销数据自动匹配的电子化交易匹配平台，以促进交易的成功实现。

BPO产生的背景可归纳为以下三个方面：

1.大数据时代国际贸易发展的需要

随着全球经济的迅速发展，信息科技与金融业务结合，要求银行提供更加高效、安全、便利的结算方式，以满足快速增长的国际贸易的需求。近些年来，在全球贸易、物流行业快速发展的背景下，国际贸易货物供应链的效率已经远远超过仍然停留在烦琐、缓慢的实物文件处理阶段的金融供应链，银行必须尽快适应电子化大数据的趋势，为企业提供更加快速、便利的结算融资产品。国际结算融资领域每天都会产生海量的数据，在BPO方式下银行能够充分利用电子化手段处理贸易数据，并且通过电子数据的匹配作出或获得付款承诺，因此，BPO充分代表了贸易结算环节电子化、数据化的趋势。

2.顺应了当前赊销贸易方式盛行的新形势

随着国际贸易市场逐渐从卖方市场转为买方市场，买方在国际贸易中有着较大的主动权，对进口商最为有利的赊销方式逐渐成了国际贸易的主流方式。目前，在全球贸易中，赊销方式所占比例已超过80%。赊销方式以进口商的商业信用为基础，对出口商来说收汇风险很大。而BPO结算方式能够有效地化解赊销给出口商带来的收汇风险。当买卖双方采用BPO结算方式进行赊销贸易方式下的结算时，卖方只需要在发货后将相关发货数据信息通过卖方银行正确地输入TSU平台就能得到付款，不再担心赊销后买方不付款的问题，从而有效降低赊销方式下的收汇风险。

3.代表了国际结算方式发展的新方向

传统的汇款方式手续简单方便、费用低廉，但由于汇款方式以商业引用为基础，所以对贸易双方特别是出口商而言存在较大的风险。信用证方式以银行信用为基础，有效降低了贸易结算风险。信用证曾经是最重要的国际结算方式，但从20世纪90年代起，其所占比例迅速下降，主要原因在于信用证结算方式手续繁杂、费用较高，同时制单、审单工作复杂，单据流转时间长，效率较低。BPO兼具汇款、信用证的优势，顺应国际贸易新形势，具有巨大的应用价值。它将赊销的便捷性、信用证的安全性、供应链服务的专业性融为一体，能为国际贸易带来彻底的数据化变革，有着广阔的发展前景。

二、BPO的特点

（一）数据化处理

与信用证处理单据不同，BPO处理的是数据，数据化是BPO的核心特点。

在BPO结算方式下，贸易双方签订合同后，买卖双方分别向加入TSU平台的银行提交货物订单中的关键数据，买方银行和卖方银行对这些关键数据通过TSU平台进行订单匹配，并达成交易框架。然后卖方装船发货，并向卖方银行提交发票和运输等重要单据的关键数据，卖方银行将数据录入TSU平台，由TSU平台中的交易匹配应用（Transaction Matching Application，TMA）平台将这些单据的数据与之前的订单数据进行匹配。数据一旦匹配成功，买方银行就承担付款责任，并按事先约定付款或承兑。

也就是说，BPO的关键在于两次数据的匹配：一是卖方银行与买方银行录入的基础贸易信息数据相匹配，建立基线（baseline）；二是卖方银行录入的贸易单据信息与已建立的基线相匹配，或虽不匹配，但买方银行接受不匹配点。在整个过程中，银行仅根据买方或卖方提供的数据进行录入，不对买方或卖方提供数据的来源、真实性、准确性负责，也不需要审查或传递相关贸易单据。

（二）BPO结算方式属于银行信用

在BPO结算方式下，买卖双方通过各自的银行向TSU平台提交贸易数据，并达成共同的基础贸易数据；卖方发货后再次通过卖方银行向TSU平台发送货运贸易数据，只要这些货运贸易数据与之前达成的基线相匹配，买方银行就自动向卖方承担付款责任。这样，BPO就将卖方发货后买方向卖方付款的责任转化成了买方银行向卖方付款的责任，买卖双方之间的商业信用变成了卖方与银行之间的银行信用，较好地解决了赊销贸易方式下卖方安全收汇的问题。

但与信用证不同的是，BPO业务的受益人是卖方银行，而非卖方，BPO是买方银行对卖方银行的付款责任。《银行付款责任统一规则》并未对买方、卖方、船公司等贸易的实际参与方的相关权利、义务关系进行表述，仅规范银行等金融机构之间的权、责、利关系。银行与买方、卖方之间的关系需要另行通过法律文本约定，不在《银行付款责任统一规则》的管辖范围之内。

（三）速度快、成本低和安全性强

与信用证结算方式相比，BPO的处理方式相对简单，银行处理的是电子化的数据，而不处理可能涉及的单据、货物、服务或履约行为。BPO没有信用证开立、邮递单据、审核单据的过程，通过特殊网络进行核心数据匹配，减少了贸易处理环节，实现了无纸化流程，提高了处理速度。便捷高效的数据传输速度是BPO适应现代互联网科技发展的重要特点。据国际商会统计，使用信用证结算，即使是即期付款信用证，从交单到收汇，平均每单交易耗时也要将近11天，而使用BPO通常3~5天就可以完成。

BPO结算方式也降低了银行及进出口商的交易成本。对银行来说，无须再耗费大量人力审核单据，减少了操作成本、人力成本和时间成本，业务处理更为便捷与流畅。对贸易双方来说，降低了制单成本、开证费用，以及由于单据分歧产生的纠纷诉讼成本。

此外，BPO的结汇风险更低，收汇的保障性更强。在跟单信用证实务中，尽管某些不符点无足轻重，但买方以存在不符点为由要求卖方降低货物价格或拖延付款的现象屡见不鲜，从而损害了卖方的利益。而BPO通过电子化的数据匹配来验证卖方银行所提供的关键数据是否匹配，减少了人工审单可能造成的疏漏，降低了信用证下因无谓的不符点被拒付的风险，而且BPO中债务行的付款责任更明确，这也降低了卖方的收汇风险。

三、BPO的业务流程

BPO业务运作一般分为三个阶段：第一阶段是卖方发货前合同数据匹配阶段；第二阶段是卖方发货后货运数据与基线匹配阶段；第三阶段是资金划拨阶段。其具体包括以下步骤（如图6-4所示）：

（1）买卖双方签订贸易合同。

（2）买卖双方将合同相关数据提供给各自银行。

（3）买方银行和卖方银行在TSU平台录入数据。

（4）TSU平台中的交易匹配应用平台对双方银行提交的数据进行匹配。若提交的数据匹配成功，则建立基线，BPO开立。买方与卖方分别从买方银行和卖方银行处得知匹配结果。

（5）卖方按合同要求发货，并将发票、货物发运等相关数据告知卖方银行。

（6）卖方银行再次在TSU平台录入数据。

（7）卖方银行将第二次录入的数据与之前的基线进行匹配。如果数据匹配成功，买方银行向买方发送匹配成功报告；如果数据匹配不成功，则买方银行通知买方是否接受匹配不符。卖方银行获得匹配结果，并将匹配结果通知卖方。

（8）如果匹配成功或在匹配不成功的情况下买方接受匹配不符，则卖方将发票、货运单据等直接发送给买方，买方收到后凭此提取货物。

（9）基线匹配成功后，买方银行付款或承兑，并借记买方账户。

（10）卖方银行向卖方付款。

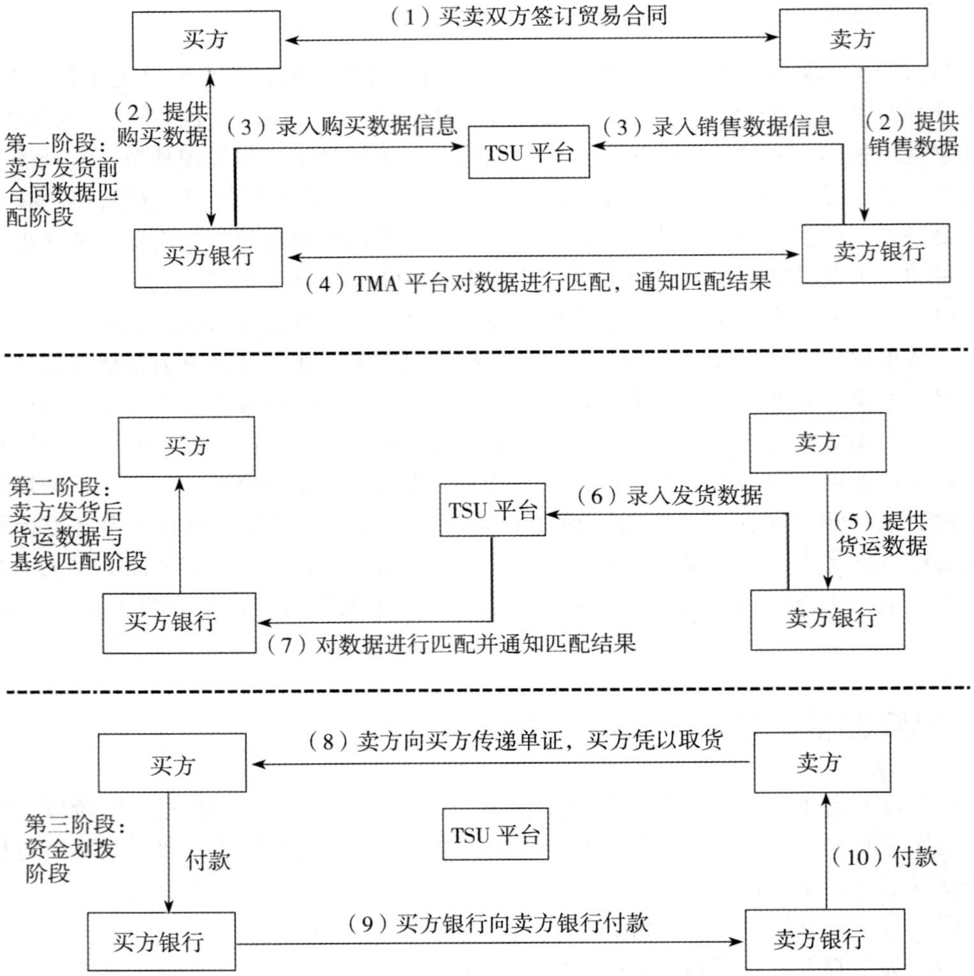

图6-4　BPO操作流程

四、BPO的发展现状及存在的问题

自2013年7月1日《银行付款责任统一规则》正式在全球范围内实施以来，BPO在欧美市场上得到了一定的推广和使用，国内中国银行、中信银行等少数银行也进行了试点，但总体来看，BPO的拓展规模和速度远远低于人们此前的预期。BPO的推广进展缓慢，主要原因有以下几点：

（一）BPO项下买方银行的顾虑

《银行付款责任统一规则》的核心之一就是规范买方银行的责任，即明确约定不论买方银行是否能够从买方处得到偿付，在满足条件时，买方银行即承担独立的、不可撤销的第一性付款责任，因此买方银行责任重大。而相比之下，《银行付款责任统一规则》对卖方银行的相关责任没有明确的要求，只要最终卖方银行录入的贸易单据信息与已建立的订单信息相匹配，或虽不匹配，但买方银行接受不匹配点，就可获得买方银行付款，且不对数据的真实性、准确性负责。在这种制度安排下，买方银行很可能在完全见不到单据的情况下就已承担对外付款责任，对贸易背景的控制相对信用证等传统结算方式要更弱。买方银行的业务风险除了客户本身的信用风险外，还面临一定的卖方及卖方银行风险，包括卖方为确保BPO成立，向卖方银行提交虚假或与实际发货情况不符的数据，以及卖方银行操作失误导致数据录入错误或卖方银行恶意录入虚假数据等风险。因此，买方银行为了控制风险，在采用BPO结算方式时较为谨慎。

（二）BPO操作系统还不够完善，加入的会员银行过少

BPO结算方式下，银行与企业的操作必须进入TSU平台提供的交易匹配应用平台来进行，这就要求贸易双方银行都是TSU的会员，而目前全球只有百余家银行是TSU的会员银行，参与的银行过少。同时，TSU平台本身在适用性、安全性、业务处理功能的多样性、便捷性等方面，还存在许多需要完善和改进的地方。一些银行还难以将自己的业务操作系统与BPO的操作系统进行有效对接，从而实现银行内部自动联动记账，这给银行的记账与数据统计工作带来诸多不便，在一定程度上影响了银行推广BPO业务的热情。

由于操作系统的不稳定性，有些卖方银行对TSU平台签发的BPO依然不放心，仍然会要求买方银行在签发BPO后用SWIFT报文发送新的承诺报文，或对TSU平台不能够涉及的业务信息，要求在TSU平台以外的系统另行确认，这就额外增加了申请人和参与银行的成本，并降低了业务处理效率等。另外，TSU平台也不能处理到期款项的汇付、调拨等，需要借助传统电子结算系统完成收付款。

（三）BPO流程设计加大了欺诈的风险隐患

首先，银行对买卖双方提供的业务数据缺乏可供审核的基础，即对数据很大程度上是基于贸易双方的信用；一旦数据提供方的信誉不佳或有意欺诈，被动接收数据的银行就只能自认倒霉，风险自担。

其次，买卖双方的欺诈成本降低。在信用证项下，双方合谋的欺诈依然需要考虑单据制作、寄送等成本，而在同等条件下，BPO数据的提供几乎是免费的，数据的传输大大缩短了流转周期，减少了欺诈暴露的机会。

最后，银行预防欺诈的手段较少。由于BPO操作简单，即使数据的初始匹配不成功，仍然可以通过对不匹配点的接受来达到匹配的目的。在匹配的过程中，银行往往受制于申请人的意愿或者强势地位。在辅助审核单据较少的情况下，只要数据能够正常地传递，欺诈的第一发现方就不会是银行，只能是持有正本单据的买卖双方，所以，即使发生欺诈，银行也只能被动接受。

在发生BPO欺诈的情况下，银行所处的地位可能是不受保障的，因为对欺诈下可能产生的诉讼等法律途径，BPO的适用法律仍处于真空地带。《银行付款责任统一规则》第16条约定，适用法律限于债务银行分支机构所在地法律或者买卖双方银行在已建立

基线中约定的法律。因此，BPO业务项下一旦发生欺诈情况，在没有明确可以适用的相关司法解释的情况下，根据适用公司法、合同法等民法体系下的纠纷处理的基本原则，银行或许只能够通过自身与买卖双方所签订的各项BPO协议来保障自己的利益。

（四）买卖双方对BPO的接受意愿较低

现阶段买卖双方对BPO的接受意愿主要来自买卖双方银行的推动，是典型的“银行主导推动”的产品模式。该推动模式下，买卖双方一般为银行经过严格挑选的优质客户，既有对BPO业务的尝试性推动，也是银行在充分评估业务背景和客户基础的情况下的风险最小化的考虑；买卖双方叙作BPO的意愿更来自其和银行的合作关系。买卖双方出于对数据交易安全性和法律后果的担忧，很少将BPO作为结算方式的首选，很多情况下只是作为其他结算方式的补充。同时，由于BPO下的受益人不再是作为基础交易的卖方，而是卖方银行，卖方要作为款项的受益人只能够通过与卖方银行的书面协商约定收款的安排，这也在一定程度上影响卖方叙作BPO业务的意愿。

无论是从客户或银行的可接受性、市场的推动与接受、业务交易量等宏观层面，还是从产品设计、流程把握、风险控制的微观方面看，BPO无疑还处于起步阶段。但作为一种顺应全球经济一体化和信息技术发展趋势的新型结算方式，BPO未来完全有可能代替信用证等传统结算方式，具有广阔的发展前景。

学思践悟

EPC模式下保函的风险防范

党的二十大报告提出：“推动共建‘一带一路’高质量发展。”在“一带一路”倡议的影响下，中国企业纷纷“走出去”，拓展大型国际合作项目。越来越多的企业签订工程总承包（Engineering Procurement Construction，EPC）合同，以境内外联合形式组成联合体，作为承包商全流程介入项目建设。EPC模式将项目全部交与承包商负责，如果承包商的设计、施工出现重大瑕疵，将直接影响整个合同的履行，因此，业主通常要求承包商提供预付款保函、履约保函等不同类型的保函，以降低风险。

由于EPC模式流程长、金额大、技术性强、形式多样，所以极易使得承包商发生违约行为，使对应保函面临索赔风险。担保行应及时准确识别风险，用全局眼光看待和解决问题，多维度进行风险防控。担保行在开立保函前应本着合理审慎原则审核项目，了解合同条款和潜在的风险；应坚持保函独立性，做好反担保措施，避免介入业主和承包商之间的合同纠纷；在预付款保函中设置合理生效条件，增加金额递减条款，尽量减少与履约保函相重叠的有效期限；同时，担保行应充分考虑EPC合同分拆后带来的担保责任不明的风险，在遭受索赔之后可依据协议要求分包商补偿不是由于已方过失造成的损失。

思考题：

（1）银行保函在推动“一带一路”发展中可以发挥哪些作用？

（2）担保行应如何防范保函中可能发生的风险？

资料来源　交通银行国际结算中心. 国际结算：实务、前沿与案例［M］. 上海：上海三联书店，2022.

本章小结

银行保函和备用信用证都是银行开立的担保凭证，都是以银行信用弥补商业银行的不足，被广泛用于各种国际经济交易中。本章主要介绍银行保函和备用信用证的含义、特点、种类及业务程序；备用信用证与银行保函、跟单信用证的异同；BPO的含义、特点及业务流程。

关键概念

保函（letter of guarantee，L/G）；银行保函（bank's letter of guarantee）；转开行（reissuing bank）；反担保行（counter guarantor bank）；备用信用证（stand-by L/C）；投标保函（tender guarantee）；履约保函（performance guarantee）；提货保函（shipping guarantee）；关税保函（customs guarantee）；银行付款责任（bank payment obligation，BPO）

基本训练

第六章即测即评

❖简答题

1. 简述银行保函的定义及特点。

2. 银行保函的内容包括哪些？

3. 简述银行保函的开立方式。
4. 简述备用信用证的含义和特点。
5. 简述银行保函与备用信用证的异同。
6. 简述备用信用证与跟单信用证的异同。
7. 什么是银行付款责任（BPO）？其产生背景是什么？
8. BPO有何特点？
9. 简述BPO的业务流程。

❖案例分析

2017年9月18日，交通银行上海分行就上海浦星贸易有限公司（以下简称浦星公司）与保乐力加（中国）贸易有限公司（以下简称保乐力加公司）于2017年7月1日签订的《分销协议》项下的货款出具保函。该银行承诺，就上述货款在收到保乐力加公司索赔文件后，在人民币6 000万元范围内无条件向保乐力加公司支付索赔金额。

保乐力加公司根据《分销协议》约定按时出运货物，并经浦星公司检验签收，但浦星公司未能按时支付货款。2018年5月4日，保乐力加公司根据保函约定，向交通银行上海分行提交索赔文件，要求该银行履行保函项下的担保义务，支付浦星公司应付欠付货款6 000万元。交通银行上海分行认为保函与主合同相关，内容明显受制于《分销协议》，不具备独立性，不符合独立保函的特点；保乐力加公司未取得该银行书面同意就修改《分销协议》及其附件内容，故该银行在保函项下的担保责任解除；保乐力加公司提出索赔时仅提供了相应的订单及出仓单，未满足保函记载的索赔文件要求，因此该银行有理由拒付。保乐力加公司因索赔未果，遂诉至法院，要求交通银行上海分行支付相应款项及利息。

讨论：你认为本案例法院应如何判决？为什么？

第七章

国际结算中的融资业务

学习目标

掌握各种出口贸易融资方式的含义及特点；掌握各种主要融资方式下的风险及其防范；熟悉各种融资业务的流程；熟悉各种结算方式的利弊及综合使用。

❖导入案例

上海某纺织品进出口企业A公司年营业额超过5亿元，常年向欧美出口毛纺织产品。全球金融危机后，纺织业受到冲击，从前通常采用的赊销交易方式风险加大，且进口商的资金亦不宽松，其国内融资成本过高。经商议，双方以开立远期信用证的方式进行付款。该做法虽在某种程度上避免了A公司收不到货款的风险，但从组织货物出口到拿到货款仍需较长一段时间，这让A公司的流动资金出现了短缺。另外，A公司担心较长的付款时间会承担一定的汇率风险。最终A公司决定利用银行贸易融资来解决以上问题。

第一节　出口贸易结算中的融资业务

对出口商来说，并不是在任何时候都能有足够的资金来经营其出口业务，特别是在货物数量多、金额大的情况下，就需要某种形式的资金融通。出口商可以采用的融资方式主要有出口押汇、打包放款、票据贴现、出口信用保险下的融资、国际保理业务、福费廷等。

一、出口押汇

出口押汇（outward documentary bills purchased）是指出口商根据买卖合同的规定向进口商发出货物后，取得各种单据并开出汇票，并将汇票和单据交给出口地某银行，请求该银行对汇票进行贴现。如果该银行审查后同意贴现，即收下汇票和单据，然后把汇票票款扣除贴现利息后，支付给出口商。这种出口地银行对出口商提供的资金融通，被称为出口押汇。出口地银行收下汇票和单据后，在汇票到期时提交给进口商或开证行，请其付款，进口商或开证行付款后，银行收回垫付资金；如果进口商或开证行拒绝支付票款，则出口地银行有权要求出口商归还票款。对出口商来说，通过出口押汇可以在发货后及时收回货款，加速资金周转。

出口押汇一般包括信用证下的出口押汇和托收项下的出口押汇两大类。

（一）信用证出口押汇

信用证出口押汇是指在信用证结算方式下，出口商以信用证项下的单据为质押，请求出口地银行向其垫付资金的一种融资方式。银行在办理出口押汇时需扣除押汇利息和手续费，将余额支付给出口商。如果出口地银行不能从开证行获得货款，则有权向出口商追回所垫付的资金。

1.信用证出口押汇的操作流程

（1）出口商发货制单，向银行提示单据及相关资料，并提出信用证押汇申请。出口商应填写银行提供的押汇申请书，申请书内容包括企业基本情况的介绍、企业的财务状况、申请的金额、申请的期限等。

（2）银行审核押汇条件。出口地银行在接受押汇申请前，应对押汇条件进行审核，以降低风险。审核的主要内容包括：

① 开证行及偿付行所在国的政局及经济形势、开证行的经营作风和资信状况。开证行所在国政局及经济形势稳定，无外汇短缺，无特别严格的外汇管制，无金融危机，且开证行自身资信可靠，经营作风稳健，没有故意挑剔单据不符点而无理拒付的不良记录。

② 出口商的资信程度及经营状况。出口商资信良好，履约能力强，收汇记录良好，有健全的财务会计制度。

③ 信用证条款。信用证条款清晰完整且符合国际惯例，经银行认可，无潜在风险因素。

④ 信用证下的单据。出口押汇的单据必须严格符合信用证条款，做到单单一致、单证一致。对远期信用证项下的出口押汇，须在开证行承兑后方可叙作。

⑤ 控制物权凭证。为防范风险，银行应控制信用证下的物权凭证（提单）。一旦发生风险，银行就可通过变卖提单下的货物得到补偿。

（3）签订押汇协议。在对押汇条件审核后，若符合要求，银行可以接受出口商的押汇申请，并与出口商签订押汇协议。

（4）办理押汇手续。出口地银行扣除押汇利息和手续费向出口商垫付货款，并将单据、汇票寄给开证行，向开证行索汇。信用证出口押汇的押汇金额最高为汇票金额的90%，一般采用预扣利息方式。

押汇利息=信用证金额×押汇利率×押汇天数÷360

（5）押汇款的回收。

2.信用证出口押汇的主要风险

（1）信用证有效性的风险。信用证出口押汇是以信用证项下的单据为质押品，融资银行债权的维护在很大程度上取决于信用证及单据的有效性。银行将承担信用证虚假、无效或存在权利瑕疵方面的风险。

（2）开证行或偿付行的资信及开证行或偿付行所在国家的信用风险。开证行或偿付行资信不佳，所在国政局动荡，经济形势恶化，外汇储备严重不足，都可能使押汇银行无法安全及时收回货款。

（3）单证不符风险。信用证的单证相符、单单相符是受益人获得款项的前提条件，它直接关系到受益人能否如期安全地收汇，并最终偿付银行的融资。因此，银行应严格审核单据，以免因单证不符而遭开证行拒付。

（4）出口商的资信风险。出口押汇尽管是一种对出口商保留追索权的贸易融资，但万一开证行拒付后，出现出口商无力付款或逃逸情况，将使融资银行蒙受损失。

3.信用证出口押汇的风险防范

（1）按照出口押汇的操作规程严格审核，尤其应重点审查信用证是否真实有效，单证是否相符，运输单据是否为物权凭证，有无特别严重的不符点，是否是由通知行通知的正本信用证。

（2）严格审查有关当事人的资信状况，尤其应该认真审查出口商的基本资料、开证行及开证申请人的资信状况，确保融资银行的最终权益得到维护。

（3）严格规范出口押汇质押书。质押书必须经出口商正式签署，同时质押书应明确规定：当汇票遭到付款人拒绝承兑或付款时，银行有权出售出口商所提供的质押品（货物或单据）。在出售的货物不能抵偿贷款时，银行有权向出口商追索差额。银行叙作押汇时，如因非银行原因导致开证行或进口商拒付、迟付、少付，银行有权根据不同情况向出口商追索垫款或短收货款、迟付利息及一切损失。

（二）托收出口押汇

1.托收出口押汇的含义

托收出口押汇是指在跟单托收结算方式下，出口商按照合同规定发货后，将单据交出口地托收行，要求托收行先预支部分或全部货款，待托收款项收妥后归还银行垫款的一种贸易融资方式。在这种融资方式下，托收行买入出口商签发的进口商为付款人的跟单汇票，扣除押汇利息和手续费后将余额支付给出口商。出口商还款的来源正常情况下为托收项下的收汇款，在企业不能正常从国外收回货款的情况下，企业必须以自有资金偿还押汇本金及利息，或允许银行主动从其账户扣划押汇的金额及补收有关的费用。

2.托收出口押汇的作用

出口商利用托收出口押汇向银行进行融资，有以下优点：

（1）出口商交单后即可凭符合要求的单据向银行融资，拓宽了融资渠道；

（2）在收到进口商货款之前从银行提前得到融资，加速了资金周转速度；

（3）融资手续便利；

（4）可根据本外币的不同利率水平或汇率水平选择本币或外币进行融资，规避汇率风险，提高资金收益。

托收出口押汇的业务流程、押汇利息的计算等和信用证押汇基本相同。由于跟单托收下的付款人是进口商，对押汇银行来说，能否收回垫款取决于进口商的资信状况。因此，银行一般不作托收出口押汇，或对押汇条件有严格要求，比如进出口商资信良好，押汇单据必须是全套的货运单据，必须办理出口信用保险等，而且收取较高的押汇利息和手续费。

❖ **案例 7-1**

某年12月10日，我国某市A公司与德国B公司签订了一份出口地毯的合同，合同总价值为USD31 346.86，装运地为中国郑州，目的地为德国法兰克福，收货人为B公司，付款条件为D/P 30天。12月20日，A公司按照合同的要求备齐货物，从中国郑州空运至德国法兰克福。在取得空运单和FORM A之后，A公司将已缮制好的汇票、单据一起交到该市C银行。A公司因近期资金紧张，随即以此单向C银行申请办理押汇。C银行考虑到虽然托收风险大，但A公司资信状况良好，与本行有良好的合作关系，无不良记录，就为A公司办理了出口押汇，押汇期限为50天，到期日为次年2月9日，押汇利率为7.4375%。同日，C银行将押汇款项转到A公司账户，随后A公司便支用了该笔款项。次年1月12日，C银行收到国外提示行电传，声称客户已经承兑，并取走了该套单据，到期日为2月8日；但是，在到期日之后迟迟未见该笔款项划转过来。经A公司与C银行协商，由A公司与买方联系，但买方声称已将该笔款项转到银行。3月25日，C银行发电至提示行查询，提示行未有任何答复。此时，A公司再与B公司联系，B公司一直没有回电，到9月突然来电声称自己破产，已无偿还能力。至此，该笔托收已无收回的可能。C银行随即向A公司追讨，但A公司一直寻找借口，拖欠不还。C银行见A公司无归还的诚意，就将A公司告上法庭，要求A公司履行义务，清偿所欠的银行债务。

在法庭上，A公司认为自己不具有清偿该笔贷款的义务，理由是自己已将全套单据在C银行办理了质押，自己已经将全套单据卖给了银行。既然银行买了全套单据，那么银行应该对这套单据负责，自己虽然可以协助银行追讨欠款，但并无代为付款的义务。

【案例提示】本案例中A公司办理的是出口押汇业务，而非包买票据，故C银行对A公司有追索权，A公司负有偿还此笔贷款的义务。

二、打包放款

（一）打包放款的含义

打包放款（packing finance）是出口商将国外银行开立的、以出口商为受益人且未经议付的有效信用证向其所在地银行抵押，从而取得出口商品短期周转资金的一种融资方式。打包放款属于装船前资金融通，主要用于生产或采购出口商品及其从属费用的支出。

在国际贸易中，出口商与国外进口商签订买卖合同后，就要组织货物出口。在此过程中，出口商往往会出现资金周转困难的情况。于是，出口商通常会用进口国银行向其开立的信用证交付出口商所在地银行作为抵押，借入款项，以解决资金周转困难的问题。此时，由于出口商的出口商品往往是处在包装过程中而没有达到可以装运出口的程度，故这种融资方式被称为打包放款。

打包放款是单纯依靠买方开来的信用证作抵押来操作的。如果由于某些原因，出口商未能满足信用证的全部条件要求，或者出口商根本就未能履约，那么信用证付款承诺就无法兑现。因此，打包放款存在一定的风险，在办理此项业务时必须严格、谨慎。

（二）打包放款的特点

我国打包放款业务的特点有：

（1）专款专用，即仅用于为执行信用证而进行的购货用途，贷款金额一般是信用证金额的60%~80%，期限一般不超过6个月。

（2）信用证正本留存于贷款银行，以确保在贷款银行交单。

（3）正常情况下以信用证项下收汇作为第一还款来源。

打包放款作为出口贸易融资的一种方式，不仅增强了银行业务的品种，扩展了其经营范围，而且这种业务是和结算业务相结合的，方便了出口商，增强了银行的竞争能力。

在国外，打包放款有时也不一定必须以信用证作抵押。国外银行认为，此种贷款的要点是出口商的资信，而商品的销售情况、货物能否按信用证规定的期限和数量装运、单据是否合格，并不是银行事先能把握的。所以，没有信用证，同样可作打包放款。

（三）打包放款的操作流程

1.出口商申请打包放款

当出口商收到国外开来的信用证后，如果决定申请打包放款，应向银行提交打包放款申请书，并提交下列文件：信用证正本及其项下的有关附件、销售合同、出口批文或许可证，以及银行要求的其他资料。

2.银行审核贷款条件

打包放款审核的主要内容包括：

（1）信用证的有效性、开证行的资信情况，以及开证行所在国的政治、经济状况；

（2）信用证条款是否清楚合理，是否有限制他行议付条款，以及有无不易办理的条款，索汇线路是否合理、正常；

（3）出口商的经营范围、经营作风、经营能力、财务状况及出口创汇情况；

（4）信用证项下产品的成本、生产周期及企业的履约能力。

银行根据审核情况决定是否办理放款，以及确定放款的比率、期限、利率。如果不同意放款，则应将信用证正本等文件退还给申请人。

3.银行与出口商签订打包放款合同，向出口商发放贷款

银行审核后如果同意办理放款，则与出口商签订正式的打包放款合同，向出口商提供贷款。银行提供的打包放款占用出口商的授信额度。每个信用证的贷款金额通常不超过信用证金额的90%。

4. 发运货物，偿还贷款

出口商按信用证规定办理发货，制作有关单据向开证行提示付款，收到货款后偿还打包放款的本金及利息。

（四）打包放款的金额和期限

（1）最高金额为信用证金额的80%。

（2）期限不超过信用证有效期后的15天，一般为3个月，最长不超过半年。

（3）展期。当信用证出现修改最后装船期、信用证有效期时，出口商不能按照原有的时间将单据交到银行那里，出口商应在贷款到期前10个工作日向银行申请展期。申请展期时应提交贷款展期申请书、信用证修改的正本。

（五）银行办理打包放款业务的主要风险及防范①

1. 银行办理打包放款业务的主要风险

（1）出口商资信能力方面的风险。由于打包放款在性质上类似于信用贷款，因此出口商的偿还能力极为重要。

（2）信用证的真实性、合法性、有效性方面的风险。信用证作为银行放款的质押品，其性质内容将直接影响到银行债权的受偿情况。

（3）开证行的偿付能力及开证行所在国家的信用风险。

（4）汇率风险。打包放款具有结汇时间上的提前性，大笔交易常常出现由于汇率差异而形成的损益。

2. 银行的防范措施

（1）严格审查出口商的条件，确保出口商偿还能力的真实性。

① 出口商应该是在本地区登记注册、具有独立法人资格、在银行开有人民币账户或外汇账户的企业；

② 财务状况良好，信用等级评定级别高，无不良信用记录；

③ 申请打包放款的出口商应是信用证的受益人，并已从有关部门取得信用证项下货物出口所必需的全部批准文件；

④ 要了解客户是否为制造商，原则上打包放款给厂家的风险较小；

⑤ 银行应分析该信用证项下产品的成本结构，计算生产成本占信用证金额的比例，从而决定打包放款的百分比。

（2）银行应留存信用证的正本，并应认真审查信用证，防止信用证瑕疵给银行带来的风险。银行在办理打包放款时应重点审查：

① 信用证要求的货物是否属客户经常经营范围，货物价格是否与国际行情相符，是否有出口配额等；

② 开证行是否为具有实力的大银行；

③ 信用证条款应该与所签订的合同基本相符；

---

① 陈岩，刘玲．跟单信用证实务［M］．北京：对外经济贸易大学出版社，2005：209-210.

④ 如果信用证指定了议付行，则该笔打包放款应该在议付行办理；

⑤ 信用证类型不能为可转让信用证和备用信用证等；

⑥ 远期信用证的付款期限不得超过1年；

⑦ 开证行所在国的政局稳定，经济形势良好。

（3）对客户所借款项用途的监督。要求客户对打包放款实行专款专用，督促客户及时发货交单。对客户提出以打包放款直接来偿还对银行的其他融资欠款，银行要高度注意，考虑是否为客户企图掩饰其资金往来不正常的状况。

（4）了解客户的贸易背景，防范客户欺诈风险。客户申请打包放款时，银行应该注意其贸易行为的正常性，避免客户在无实际贸易背景之下，利用打包放款骗取银行资金。对客户经常以信用证修改展期为由要求银行延长打包放款到期日的情况，要保持警觉，了解客户的贸易背景，以免客户长期占用打包放款资金。

（5）在打包放款协议中增加出口商保证条款。在签订放款协议时，可要求出口商将全部商品向银行认可的保险公司投保，如有意外，保险赔偿金应优先用于支付银行的贷款；出口商在协议条款等变更前应先征得银行同意；如出口商违反有关规定的要求，银行有权停止对出口商继续提供贷款、提前收回已贷出的款项。协议中应进一步强调出口商的违约责任，如出口商不按协议规定使用贷款以及不按期归还贷款本息，银行有权从出口商的任何银行账户中扣收，并在原定利率的基础上加收罚息；同时，可要求出口商提供抵押物或由第三方进行担保，以降低放款风险。

三、票据贴现

（一）票据贴现的含义及作用

票据贴现是商业汇票的持票人为获得资金，以未到期的票据向银行贴付一定利息所作的票据转让行为。它是商业银行发放贷款的一种方式，是商业信用与银行信用相结合的融资手段。票据贴现这种信用形式能把一定日期以后的现金收入转化为即日的现金收入，以缓解企业当前资金紧缺的矛盾。

我国票据贴现的主要承办机构是商业银行。相对商业银行的其他业务而言，票据贴现业务具有独特的优势：

一是以票据贴现发放的贷款，可以根据银行的资金状况，随时通过转贴现或再贴现的渠道收回，操作灵活，变现能力强，具有较强的流动性；

二是票据的承兑银行由于掌握企业保证金，在票据到期日可以原条件兑付，与传统的信贷业务相比，票据贴现具有更加可靠的安全性；

三是贴现银行无论是赚取贴现利息，还是通过转贴现或再贴现赚取利差，都是在短期内最现实的利润增长点，具有明显的收益性。

对出口商来说，利用票据贴现来获得融资有以下优点：

一是融资手续简便；

二是可立即取得票款，加快资金周转，缓解资金压力；

三是可为进口商提供远期付款的融资便利，扩大贸易机会。

（二）办理票据贴现的条件

商业汇票的收款人或被背书人在需要资金时，可持未到期的商业承兑汇票或银行承兑汇票并填写贴现凭证，向其开户银行申请贴现。贴现银行需要资金时，可持未到期的承兑汇票向其他银行转贴现，也可以向中国人民银行申请再贴现。

商业汇票的持票人向银行办理贴现业务时必须具备下列条件：

（1）申请票据贴现的单位必须是具有法人资格或实行独立核算、在银行开立基本账户并依法从事经营活动的经济单位。

（2）贴现申请人应具有良好的经营状况，具有到期还款能力。

（3）贴现申请人持有的票据必须真实，票面填写完整，签名有效，凭证在有效期内，背书连续完整。

（4）贴现申请人在提出票据贴现的同时，应出示贴现票据项下的商品交易合同原件，并提供复印件或其他能够证明票据合法性的凭证；同时，应提供能够证明票据项下商品交易确已履行的凭证（如发货单、运单、提单、增值税发票等复印件）。

（三）票据贴现的业务流程

1.出口商向银行提出票据贴现申请

符合条件的商业汇票的持票人（出口商）可持未到期的商业汇票连同贴现凭证向银行申请贴现。申请贴现时填写银行提供的“出口商业发票贴现申请书”“出口商业发票额度申请书”。

2.银行审查

银行对进出口商的经营状况、资信及履约能力，以及出口货物的市场行情等进行审查，如果符合条件，则可以和出口商签订“出口商业发票贴现协议”。

3.交单贴现

出口商将合同复印件、单据、汇票等交给贴现银行，由贴现银行在扣除贴现利息、手续费后，向出口商支付贴现净额。贴现银行到期再向票据付款人要求付款，收回资金。

拓展阅读7-1

四、出口信用保险项下的融资

（一）出口信用保险项下融资的概念

出口信用保险（export credit insurance）是各国政府为提高本国产品的国际竞争

力，推动本国的出口贸易，保障出口商的收汇安全和银行的信贷安全，促进经济发展，以国家财政为后盾，为企业在出口贸易、对外投资和对外工程承包等经济活动中提供风险保障的一项政策性支持措施，属于非营利性的保险业务，是政府对市场经济的一种间接调控手段和补充，是世界贸易组织补贴和反补贴协议原则上允许的支持出口的政策手段。

中国于1988年创办信用保险制度，由中国人民保险公司设立出口信用保险部，专门负责出口信用保险的推广和管理。1994年，中国进出口银行成立，其业务中也包括了出口信用保险业务。2001年，在中国加入WTO的大背景下，国务院批准成立专门的国家信用保险机构——中国出口信用保险公司（简称中国信保），由中国人民保险公司和中国进出口银行各自代办的信用保险业务合并而成。

出口信用保险贸易融资是指出口商在信用保险公司投保信用保险并将赔款权益转让给银行后，银行向其提供贸易融资，在发生保险责任范围内的损失时，信用保险公司根据“赔款转让协议”的规定，将按照保险单规定理赔后应付给出口商的赔款直接全额支付给融资银行的业务。

（二）出口信用保险项下融资的作用

1.拓展企业融资渠道

出口信用保险项下的融资不同于传统意义上的抵押、质押和担保贷款，而是一种信用贷款。它以出口应收账款的权益作为贷款的基础，通过对出口商应收账款的全面分析，在出口商投保出口信用保险并将赔款权益转让给融资银行的前提下，银行针对出口企业的真实贸易背景、真实出口业绩和确定的国外应收账款提供信用贷款。这种全新的贷款模式使出口企业摆脱了因为抵押或担保能力不足而无法获得银行融资的尴尬局面，为其盘活资金、扩大出口规模、增强竞争能力创造了有利条件。

2.合理分散业务风险，有效降低贷款损失

通过出口信用保险项下的融资，银行将融资风险进行分散，在放贷时无须再担心来自出口商、进口商等多方的风险，而是出口信用保险公司、出口商和银行各司其职。出口商主要负责货物的质量，银行重点审核借款人（出口商）的资质条件，而国外买方的风险由出口信用保险公司承担。这种专业化的分工和相互配合，使收汇风险和贷款损失得到最大程度的降低。

（三）出口信用保险项下融资的操作流程

（1）进出口商签订贸易合同。

（2）出口商向出口信用保险公司投保短期出口信用保险，为买方申请信用额度。

（3）出口商凭保险单、信用限额审批单到银行申请融资，银行核定融资额度。

（4）出口商与银行、保险公司签订“赔款权益转让授权协议”。

（5）出口商发货出运，向出口信用保险公司申报、缴纳保费。

（6）出口商凭出口申报单、保费发票及银行所需的相关单证，如贸易合同、商业发票、货运单据、质检单、出口报关单等到银行申请贷款。

（7）银行根据出口商的信誉、采用的结算方式、货物的销售情况、提供的担保和抵押品等情况，决定是否办理融资。

（8）出口方银行向进口商寄单，进口商付款赎单，银行将所收货款抵偿其融资款项。

（9）如果进口商不付款，出口方银行督促出口商向保险公司索赔。

（10）保险公司按保单规定办理理赔后，赔款直接偿还银行的融资款项。

（四）银行办理出口信用保险项下融资应注意的事项

（1）应了解进口商的资信及出口商情况，对资信不佳的进口商或年出口量较小、业务往来较少的出口商，一般不办理出口信用保险项下的融资。

（2）了解保险公司的信用、保险合同的主要内容及除外责任。

（3）保留对出口商的追索权。

（4）加强对融资的后期管理，及时采取风险防范措施。

五、国际保理业务

（一）国际保理的含义及当事人

保理（factoring）是指销售商（出口商）将其现在或将来的、基于其与购货商（债务人）订立的货物销售与服务合同或因其他原因所产生的应收账款转让给银行，从而获得银行（保理商）为其提供的商业资信调查、贸易融资、应收账款管理及信用风险担保等方面的综合性金融服务（至少两项）。

应用于国际的保理业务被称为国际保理（international factoring）业务，即出口商以商业信用方式（O/A或D/A）出售商品，在货物装船后，将发票、汇票、提单等有关资料，卖断给经营保理业务的银行或其他机构，收回全部或部分货款的一种贸易融资方式。

根据国际保理联合会于2004年制定的《国际保理业务惯例规则》的规定，国际保理业务的当事人包括：销售商、出口保理商、进口保理商及债务人。[①]

1.销售商

销售商（seller）即出口商，是指出口商品或提供服务，提交相关单据，将其应收账款向保理商叙作保理业务的当事人。在国际保理业务中，销售商的主要权利和义务包括：

（1）按时、按质、按量向进口商或债务人销售商品或提供服务。

（2）将所有合格应收账款转让或出售给保理商。

（3）支付保理费用。

---

① 韩常青．国际结算［M］．2版．北京：中国商务出版社，2010：206-208.

2. 出口保理商

出口保理商（export factor）是指根据保理合同对销售商的应收账款叙作保理业务的一方，一般是出口商所在地的银行或其他金融机构。出口保理商的主要权利和义务包括：

（1）信用销售控制，即在出口商提出保理申请后，将出口商对进口商的信用额度申请传递给进口保理商，由进口保理商对进口商或债务人的信用状况进行评估，核定信用额度，然后将进口保理商核准的信用额度通知出口商。

（2）坏账担保。当进口保理商拒付时，对已核准的信用额度内的货款承担付款责任。

（3）贸易融资，即应出口商的要求，对出口商提供不超过发票净额80%的无追索权短期贸易融资，余下20%于货款收妥后再行清算。

（4）销售账户管理。出口保理商利用其完善的账务管理制度、先进的管理技术以及丰富的管理经验，向出口商提供优质高效的账务管理，降低了出口商的非生产性费用。

（5）无保留转让出口商的所有应收账款。出口保理商应将从出口商处受让的应收账款全部转让给进口保理商。

（6）向出口商收取保理业务下的费用及利息，并支付进口保理商的相关费用。

（7）对不合格的应收账款享有追索权。

3. 进口保理商

进口保理商（import factor）是指同意代收由出口商出具发票表示的并转让给出口保理商的应收账款，并对核准限额内的应收账款承担信用风险的一方。进口保理商的主要职责包括：

（1）资信调查与评估。进口保理商应对进口商的资信、经营状况等进行调查和评估，核定进口商的信用额度，并将核定的信用额度通知出口保理商。

（2）催收货款。进口保理商应及时向进口商或债务人催收货款，收妥账款后及时支付给出口保理商。

（3）承担坏账风险。如果进口商拒付货款，由进口保理商在付款到期日后90天无条件支付不超过其已核准信用额度的货款；但在发货前如有不利的资信报告，可选择撤销已核准的应收账款。

（4）享有留置权、停运权。在进口商拒付时，有权对货物进行处理，有权以自己的名义向进口商收款。

（5）对不合格的应收账款不承担付款责任。

4. 债务人

债务人（debtor）或进口商是指对由提供货物或服务而产生的应收账款负有付款责任的一方。债务人的主要义务就是及时支付货款。如果出口商未履行贸易合同下的责任，则债务人有权拒付，并在90天内提出贸易争议，要求出口商赔偿其损失。

（二）保理业务的种类

1.国内保理和国际保理

国内保理的各当事人均在一国境内。在国内保理业务中，销售商与其客户位于同一个国家，在语言、贸易习惯、司法管辖权和适用法律等方面没有障碍，便于保理商提供各种服务。

在国际保理中，出口商与其客户分布在不同的国家，这毫无疑问将增加保理商开展业务的难度。因此，国际保理业务比国内保理业务的收费标准高一些。

2.有追索权保理和无追索权保理

有追索权保理是指保理商不负责为客户核定信用额度和坏账担保，仅提供包括融资在内的其他服务。也就是说，出口商将应收账款的债权转让给保理商，出口商在得到款项之后，如果进口商拒绝付款或无力付款，则保理商有权向出口商进行追索，要求偿还预付的货币资金。当前银行出于谨慎性原则考虑，为了减少日后可能发生的损失，通常情况下会为客户提供有追索权的保理。

无追索权保理是指保理商负责为客户核定信用额度并提供坏账担保，承担进口商拒绝付款或无力付款的风险。出口商在与保理商签订保理服务协议之后就等于将全部的风险转嫁给了银行。

3.单保理和双保理

单保理是指仅涉及进口或出口一方的保理商，此方式适用于一方没有保理商的国家或地区。

双保理是指保理业务分别涉及出口保理商和进口保理商。欧美各国以及其他发达国家一般都采用双保理，这是目前世界上较为通行的做法。

（三）国际保理业务的特点①

1.保理商在核定的信用额度内承担坏账风险损失

出口商将单据卖断给保理商，如果海外进口商拒付货款或不按期付款等，保理商应在核定的信用额度内承担付款责任，且不能向出口商行使追索权，全部风险由其承担。保理商设有专门部门对进口商资信情况进行调查，并在此基础上决定是否承购出口商的票据，从而降低风险。但对因产品质量、服务水平、交货期等引起贸易纠纷所造成的呆坏账，保理商不承担赔偿责任，并拥有追索权。

2.保理商负责资信调查、托收和催收账款、应收账款管理

保理商可利用其广泛的分支机构和代理网络对进口商进行资信调查，了解进口国经济形势及政策的变化，帮助出口商制定相应的经营策略，并且承担托收货款、催收的任务。保理商还可为出口商提供优质高效的账务管理服务，使出口商能集中精力进行生产，减少账务开支。所以，保理业务是一种广泛的综合性金融服务。

① 彭文华. 国际金融［M］. 重庆：重庆大学出版社，2009：195-196.

3.贸易融资

典型的保理业务是出口商在出售单据后，可立即收到现款，得到资金融通。但是，如果出口商资金雄厚，则可在票据到期后再向保理商索要货款；有时保理商也在票据到期日以前，先向出口商支付80%的出口货款，其余20%的货款待进口商付款后再予以支付。

（四）国际保理业务的作用

1.国际保理业务对出口商的作用

（1）有利于提升出口商的竞争能力。在国际贸易中，结算方式的选择往往是决定交易能否达成的重要因素之一。保理服务在很大程度上调和了进出口双方在结算方式选择中的矛盾，使得出口商可以对新的或现有的客户提供更有竞争力的O/A、D/A结算方式，有利于贸易合同的达成及拓展海外市场，增加营业额，扩大利润。

（2）有利于出口商转嫁风险。在国际保理业务下，只要出口商的商品品质和交货条件符合贸易合同的规定，在保理商无追索权购买其应收账款后，出口商就可以将进口商的信用风险和汇率风险转嫁给保理商，大大降低了出口商的风险。

（3）有利于节约成本。通过国际保理服务，出口商可将资信调查、账务管理和账款追收等工作交给保理商负责，集中精力组织生产、经营和销售，减轻业务负担，节约管理成本。

（4）有利于尽快收回货款，加速资金周转。出口商在发货后可立即获得不超过发票金额80%的贸易融资，缩短了资金回收期限，加快了资金周转。

2.国际保理业务对进口商的作用

（1）避免资金占用。进口商可利用O/A、D/A优惠付款条件，以有限的资本购进更多货物，加快资金流动，而且免去了信用证结算方式下交付押金的资金负担，改善了资金占压情况，降低了进口成本。

（2）简化进口手续。利用国际保理服务，进口商可以省去开立信用证的烦琐程序及费用，迅速获得所需的进口物资，加快资金和货物流动。

拓展阅读7-2

（五）国际保理业务的操作流程

1.单保理的业务流程

单保理模式是指出口商与进口保理商签订保理合同，出口地银行只负责传递信息和划拨款项，不承担保理商的责任。这种保理业务只涉及出口商、进口商、进口保理商三方当事人。由于其业务存在诸多不便和缺点，目前已很少采用。

单保理的业务流程（如图7-1所示）如下：

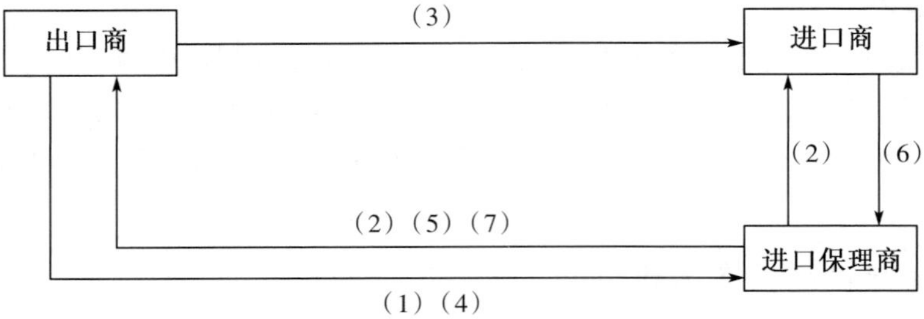

图 7-1　单保理业务流程图

（1）出口商与进口商经过谈判，决定采用保理结算方式以后，出口商即向进口国的保理商提出申请，保理商应在规定时间内决定是否同意接受并通知给出口商。如果接受，双方签订保理协议，由出口商提交需要确定信用额度的进口商名单。

（2）进口国的保理商对进口商进行资信调查，确定信用额度，并通知给进口商。

（3）出口商在信用额度内发货，并将发票和运输单据直接寄给进口商，或通过进口保理商转交给进口商。

（4）出口商将发票副本寄给进口保理商。

（5）出口商如要融资，则保理商在收到发票副本后以预付款的方式向出口商支付不超过发票金额 80% 的无追索的融资。保理商负责应收账款的管理及催收，并提供百分之百的风险担保。

（6）到期后，进口商将货款支付给保理商。

（7）保理商扣除有关费用及贴息后将剩余的 20% 的发票金额转入出口商的银行账户。

2. 双保理的业务流程

双保理的业务流程（如图 7-2 所示）如下：

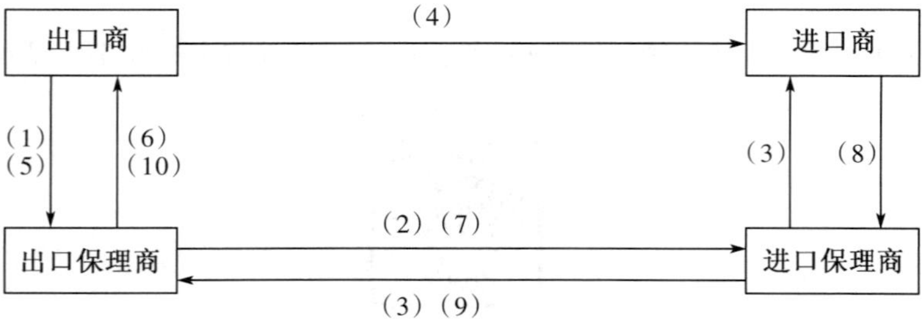

图 7-2　双保理业务流程图

（1）在买卖双方经过谈判决定采用保理作为结算方式后，出口商和出口保理商签订保理协议，并将需确定信用额度的进口商的名称、地址告知出口保理商。

（2）出口保理商将有关情况立即通知进口保理商，要求进口保理商对进口商进行信用评估。

（3）进口保理商对进口商进行资情调查，并核定其信用额度，通过出口保理商通知出口商。

（4）出口商与进口商签订合同，并在信用额度内发货，将发票和运输单据寄给进口商（也可交给出口保理商，出口保理商直接寄给进口商或通过进口保理商交给进口商）。

（5）出口商将发票副本送交出口保理商。

（6）出口商如需融资，出口保理商在收到发票副本后，即以预付款方式向出口商支付不超过发票金额80%的无追索权的融资。

（7）出口保理商将发票副本转给进口保理商，由进口保理商向进口商催收。

（8）在付款到期日，进口商将全部货款付给进口保理商。

（9）进口保理商将款项拨付给出口保理商。

（10）出口保理商扣除有关费用及贴息后，将剩余的20%货款付给出口商。

在双保理模式下，出口商只需和本国出口保理商打交道，收款安全方便，债权更能得到保障；同时，由进口保理商向进口商催收货款，并承担坏账风险担保，更有利于货款的及时回收。因此，双保理模式在实际中被广泛使用。

（六）国际保理业务的主要风险及防范①

1.银行开展国际保理业务面临的主要风险

国际保理业务既涉及进出口商之间的买卖关系，又涉及出口保理商和出口商之间的保理关系，还涉及出口保理商与进口保理商之间的法律关系，这些关系都可能影响到银行开展保理业务的风险大小及控制问题。从国际保理业务开展的实践来看，银行作为保理商面临的主要风险有以下几方面：

（1）所购买债权的合法性风险。债权本身的合法性不仅是合法转让债权的基础，而且是保理商依法实现债权的前提。因此，银行在接受债权转让前，应就债权的合法性进行分析。我国商业银行在从事针对国内企业的出口保理业务时更有必要注意该问题，诸如出口商是否有出口权、是否超越经营范围等，它们直接影响到债权的合法性，也制约着债权转让的合法性。

（2）债权的可转让性风险。债权的可转让性是保理商开展保理业务的前提条件。如果银行保理商接受的债权是不可转让的债权，那么它无法实现债权的有效索偿。

（3）债权转让中的权利瑕疵风险。如果债权本身存在瑕疵或者与转让债权相关的权利存在瑕疵，那么接受债权转让的银行保理商势必陷入债权瑕疵纠纷中。债权瑕疵通常有如下情形：

① 出口商已经将应收款抵押给第三人；

② 出口商将所转让债权的部分或全部已经通过保理协议转让给其他保理商；

③ 债权转让中，没有对实现债权所必需的强制收款权、起诉权、留置权、停运权、对流通票据的背书权利等进行转让。

（4）出口商履约瑕疵存在与否的风险。出口商履约瑕疵引发的纠纷在国际保理业务中极为普遍。通常国际保理协议往往都明确规定：在出口商存在履约瑕疵的情况下，保

① 高洁. 国际结算案例评析［M］. 北京：对外经济贸易大学出版社，2006：283-292.

理商可以不承担担保责任，即可以向出口商行使追索权，要求出口商偿还融资款项。但是保理商能否有效地行使追索权，有赖于履约瑕疵的证明。为此，保理商不得不花费大量时间和精力去核实是否存在质量瑕疵。

（5）对进口商强制求偿方面的风险。保理商在收取应收账款的过程中，如果遭进口商拒付，而且拒付并不是基于其与出口商之间的贸易纠纷，银行保理商则需要通过司法途径来强制执行进口商的财产。这种情况下，银行将需要支出诉讼成本，追索的成功很大程度上依赖进口商所在国法院的支持，以及进口商有足额的可清偿性财产。

（6）法律适用方面潜伏的风险。进出口商之间的债权、债务关系所适用的法律，可能不是保理商所熟悉的法律，那么保理商对应收账款适用的外国法律中涉及债权、债务有效性等因素的把握存在困难，这也直接影响到保理商对应收账款项下权益的维护。

❖ 案例 7-2

江苏某进出口公司向韩国 Matra 贸易公司出口女式全棉针织内衣。因为对进口商知之甚少，5月20日，江苏某进出口公司向中国银行江苏分行申请办理保理业务，中国银行江苏分行要求韩国 Industrial Bank of Korea 对进口商进行信用评估。发货前韩国 Industrial Bank of Korea 答复中国银行江苏分行：此进口商资信不佳，不能批准信用额度，也劝告出口商不要与之交易。但因听信韩商花言巧语，且货已备好，江苏某进出口公司在6月初发了20万美元的货，付款方式为 T/T 收货后15天。结果进口商到期不付货款，反而提出货物质量有问题，但货物被提走出售，出口商遭受很大损失。

【案例提示】保理商未批准信用额度，意味着进口商信用风险较大，此时不应采用 T/T 方式出口；即使出口，也应采取其他债权保障措施，如办理出口信用保险，要求进口商提供担保、抵押等。

2. 风险防范

鉴于国际保理业务中存在诸多的风险，为有效地控制和规避风险，银行在办理国际保理业务时应注意如下三点：

（1）严格审查出口商的资信。

① 要求出口商是合格的主体。这关系到银行确认账款的合法性，以及最终通过法律手段维护合法权益能否得到有效的实现。基于此，出口商应该是经营正当业务的合格法人，即出口商是根据所在国有关法律注册成立的公司，是独立法人，并享有在许可范围内正当经营的权利。

② 出口商应有良好信誉及较好的经营状况。出口商的信誉和经营状况的好坏，将直接反映其履约能力和履约状况，也关系到银行是否会卷入贸易纠纷中去。

（2）构筑有效的追索权和补偿机制。银行为了有效地控制保理风险，确保合法权益的实现，有必要在保理协议中规定保留追索权的条款。如果发生如下情形，则银行享有向出口商追索的权利：

① 债务人破产或者债务人未能在债务到期后的一个确定的时间内支付（在无追索

协议中被批准的债务除外）；

② 债务人采取未经许可的债款扣减或者折扣；

③ 债务人对货物或者发票存在争议；

④ 出口商违反了保理协议规定的某项担保承诺。

（3）银行应该注意排除一些比较特殊的债权。对一些特殊债权，出口商很难或者根本无法履行保理协议项下的承诺和保证，因此，银行应该拒绝接受这些应收账款。这些特殊债权主要有：

① 出口商向其自身供应商销售货物而产生的债权，使进口商与保理商之间的债务有可能被抵销；

② 货物销售不成进口商即可要求退货的合同所产生的名义上的债权；

③ 采用比保理商批准的更为灵活的方式进行销售而产生的债权；

④ 由卖方的联营单位或个人销售而产生的债权等。

在以授权转让为基础的保理业务中排除上述债权是比较方便的，但是对以全额转让为基础的保理服务协议就比较麻烦。为此，在后种情形下应该在通知进口保理商时，将上述特殊债权与其他债权分开来，注明这些债权出口方不承担任何担保，因此保理商也不提供预付款融资。

六、福费廷

（一）福费廷的含义

福费廷（forfeiting）又称包买票据业务，名称源于法语，意指放弃某种权利。国际贸易中，福费廷是指出口方把经进口方承兑和进口方银行担保的、期限在6个月至1年的远期汇票或本票，在无追索权的基础上出售给出口地银行或金融公司，提前取得现金的一种融资形式。在福费廷业务中提供融资的银行或金融公司被称为福费廷公司或包买商，常常是国际性大银行的附属银行。

现代福费廷业务出现于20世纪40年代中期。当时欧洲各国面临战争结束后的物资匮乏和外汇短缺状况，美国成为世界上最大的物资输出国，为了解决欧洲各国进口商品的外汇资金不足问题，富有国际贸易融资经验的瑞士金融机构率先开展福费廷业务。随着各国经济的恢复和发展、出口竞争的加剧以及买方市场的形成，人们发现，福费廷这项源于消费品货物的贸易融资更适合资本货物贸易的融资。福费廷业务在瑞士、英国、法国和德国与发展中国家间的资本货物贸易中得到了广泛的运用。

福费廷是担保业务的一种类型，是票据担保业务中最常见的形式。其当事人主要有四类：

（1）进口商，即福费廷交易的债务人，承担到期支付票据款项的主要责任。

（2）出口商，即福费廷汇票的卖主，为保护自己不受追索，将有关票据无追索权地售给包买商以提前取得现款。由于远期汇票的期限一般都较长，所以福费廷交易也被称为中长期出口票据贴现融资。

（3）担保人，一般是进口商所在地的银行，为进口商的按期支付提供不可撤销的、无条件的银行担保。

（4）包买商，即福费廷融资者，通常为出口地的银行或其附属机构，对出口商持有的、由进口商承诺支付并经过担保的远期汇票进行贴现，且对出口商无追索权。

（二）福费廷的特点

（1）福费廷融资中的债权凭证如汇票、本票等产生于合法的国际资本货物贸易。出口商或进口商应按规定的时间间隔出具债权凭证，按融资期限分成金额相等的若干票据，每半年有一张到期。

（2）出口方把远期应收账款债权一次性卖给包买商，同时把进口方信用风险、担保风险、进口国国家风险、利率和汇率风险、应收账款账户管理和收款等事宜转移给包买商。

（3）包买商对出口方的融资为无追索权融资，所以包买商要求购买的债权凭证须经进口国一家信誉卓著的银行或金融机构担保。

（4）福费廷融资是一种中长期融资，融资期限一般在半年以上，最长可达10年，且融资金额较大。

（三）申请福费廷的条件

（1）企业须具有法人资格和进出口经营权；

（2）在包买商处开立本币或外币账户，与包买商保持稳定的进出口结算业务往来，信誉良好，收付汇记录正常；

（3）融资申请具有真实的贸易背景，贸易合同必须符合贸易双方国家的有关法律规定，取得进口国外汇管理部门的同意；

（4）利用这一融资方式的出口商应同意进口商以分期付款的方式支付货款，以便汇票、本票或其他债权凭证按固定时间间隔依次出具，以满足福费廷业务需要；

（5）债权凭证必须由包买商接受的银行或其他机构无条件地、不可撤销地进行保付或提供独立的担保。

（四）福费廷业务的操作流程

1.出口商询价

出口商联系一家信誉较好的包买商，要求包买商提供福费廷融资报价。出口商在向包买商询价时，须提供下列有关信息或资料：

（1）合同金额、期限、币种；

（2）出口商简介、注册资本、资信材料、签名或印鉴以及其他有关情况；

（3）进口商详细情况，包括注册地点、财务状况、支付能力等；

（4）货款支付方式、结算票据种类；

（5）开证行/担保行名称、所在国家及其资信情况；

（6）出口商品名称、数量及发运情况；

（7）分期付款票据的面额和不同到期日；

（8）有关进口国的进口许可和支付许可；

（9）有关出口项目的批准和许可；

（10）票据付款地点。

2.包买商报价

包买商根据出口商提供的上述基本资料，了解整个合同的来龙去脉，调查进口国的国家风险以及进口国的银行是否属于包买商可接受银行的范围，其信用额度余额是否足够，其贴现率是多少等，这是包买商对外报价的主要依据。如果进口国的银行属于包买商可接受的范围内，包买商会很快把融资价格和条件通知出口商；如果不能接受，则出口商可以继续寻找其他的包买商，直至找到为止。

包买商的报价主要包括：

（1）贴现率。贴现率通常有两种报价方式：一是提供一个明确的固定利率；二是用融资协议签署日或交割日的银行同业拆借率LIBOR加上一个利差计算。

（2）承诺费。这是包买商在承诺期内根据贴现的面值及向出口商承诺的融资天数计算出来的费用。承诺期是指从包买商与出口商签订包买票据协议起至实际贴现付款日止的一段时间。

（3）宽限期贴息。这是指根据从票据到期日至实际收款日的估计延期天数计算出来的融资费用。

3.签订贸易合同

出口商根据包买商的报价将已确定的融资费用计入商品成本，向进口商报价；如果进口商接受，则双方签订合同。进口商应按照合同规定的日期向进口国的银行申请开立远期承兑信用证，出口商签发的远期汇票应由开证行承兑，并保证履行付款义务。

4.出口商发货、交单，开证行发出承兑/承付电

贸易合同签订之后，出口商即应在正常贸易条件下，严格按照货物买卖合同的规定按时、按质、按量向进口商发货，取得并备齐所需单据，向寄单银行提供所有信用证规定的单据。当单据被接纳后，开证银行便向寄单行发出承兑/承付电。

5.签订包买票据合同

寄单行（在这里即包买商）接到承兑/承付电后，与出口商按事先约好的条件签订包买票据合同。

6.包买商购进债权凭证

包买商根据开证行的有效承兑电文向出口商无追索权地贴现付款，完成包买票据业务。在购进债权凭证前，包买商会要求出口商提供信用证项下全套副本单据，以及出口商对其出口单据真实性的证明材料和保证书。审核无误后，包买商按包买票据合同规定支付折现的款项给出口商，并向其提供一份贴现清单。

7.进口商借单、提货

接到寄单银行寄来的单据后，开证行可在一定条件下，如通过信托收据将单据借给进口商，进口商即可凭单提货。

8.索偿

在开证行的承兑到期时，包买商将开证行的承兑电交给开证行，收取相关的款项。

开证行（承兑行）应按照包买商的付款指示将款项汇到包买商指定的账户上。如果开证行因为种种原因未能如期汇款，包买商只能委托律师起诉开证行，而不能向出口商追索。但是如果政治动荡、自然灾害等不可抗力因素导致开证行无法偿付，包买商只能独自承担由此产生的一切损失。

（五）福费廷业务对各当事人的作用

福费廷业务作为近些年来迅速发展起来的贸易支付及融资方式，有其独特的优势，对从事国际贸易的当事人各方有着不同的作用。

1.对出口商的作用

（1）福费廷业务对出口商的益处。

① 福费廷业务中债权凭证的卖断省去了出口商的众多麻烦。因为福费廷业务对出口商而言本质上是一种票据的卖断，包买商对其无追索权决定了其具有风险转嫁的功能，出口商将与出口贸易有关的国家风险、商业信用风险及可能出现的不可抗力导致的风险等全部转嫁给包买商。所以，福费廷使出口商敢于与来自风险较高国家的进口商进行贸易。

② 福费廷业务能有效消除出口商所承担的利率风险、汇率变动风险以及资金的转移风险。包买商在福费廷合同签订时就已经算出一个贴现率，这个贴现率对出口商来说就是一个确定的固定利率，因此可以将融资成本计入合同价款。这样，福费廷合同一经签订，业务成本即可固定。

③ 福费廷业务的程序比一般商业贷款要简化。从担保抵押手续看，商业银行的出口押汇一般要求借款人提供第三方担保或财产抵押，手续繁多；包买商只需进口方提供银行担保或承兑票据，也不像商业贷款那样要办理公开登记等手续，因而办理手续简单。

④ 福费廷业务的即期收汇能够缓解出口商资金占压情况，增强资金流动性。与此同时，出口商提供延期付款的贸易结算条件有助于其在竞争日益激烈的国际市场立足。

（2）福费廷业务对出口商的不利之处。

① 福费廷业务适用于成套设备、船舶、工程机械等资本货物贸易及其他大型项目交易，融资期限必须是中长期（一般为6个月到12年），成交金额一般也比较大（10万美元以上），所以其业务限制较多。

② 福费廷业务收费较高。这项成本最终也要加到商品的价格中去，无疑会抬高商品的价格，也会在一定程度上影响出口，有时甚至会抵消进口商延期付款所带来的好处。

2.对进口商的作用

（1）福费廷业务对进口商的有利之处。

① 可获得出口商提供的贸易项下100%合同价款的延期付款的便利。

② 还款计划可以视进口商和进口国家的规定而定，也可以按现金流量需要而定，能够灵活安排。

③ 获得中期固定利率的贸易融资，免受普通商业贷款的利率风险。

④ 所需文件及手续简便易行，不像利用买方信贷那样，必须进行多方联系、多方洽谈。

（2）福费廷业务对进口商的不利之处。

① 进口商必须支付由出口商转嫁的较高的融资费用。

② 由于必须提供包买商满意的担保行的担保，因此要在一定程度上长期占用授信额度或提供抵押品。

③ 进口商委托担保行承兑的汇票或签发的本票是一种独立、不可撤销的付款凭证，而且已被转让给包买商。虽然包买商放弃了对出口商的追索权，但仍是正当持票人，进口商不能以贸易纠纷为由拒绝或拖延付款。

3.对包买商的作用

办理福费廷业务对包买商最大的吸引力来自其高收益率。由于贴现期较长，即使贴现率并不高，有效收益率也会很大，而且具有固定的收益率，可以免受市场利率下跌的影响。福费廷业务中的远期票据可以在二级市场上流通转让，使包买商收回融出资金，规避风险。此外，融资文件较少，手续简单，管理费用较低。

但是，鉴于无追索权条款的限制，包买商承担的风险较大。所有的汇率、价格、利率、信用及国家风险都可能使包买商在业务中遭受不可预知的损失。

4.对担保行的作用

福费廷业务对担保行的有利之处主要是文件简单，责任明确，便于受理，而且由于交易金额一般较大，担保费收入相当可观。

不利之处是担保行对到期票据负有绝对的无条件付款责任，任何与货物或服务有关的贸易纠纷都不能解除或延缓担保人的付款责任。当然，在履行付款责任后，担保人可向进口商，即票据的付款人进行追索；但追索能否成功，取决于进口商的资信状况。在这一点上，担保行承担着一定的业务风险。

（六）福费廷业务的风险及防范措施

1.出口商面临的风险及防范措施

在出口商已与包买商签订包买协议，但未进行债权凭证实际出售之前的这段时间内，出口商仍承担着债权凭证的履约风险、币值风险或汇率风险。

（1）履约风险是指在包买合同签订之后的承诺期内，种种主客观原因使得贸易合同无法履行，进而导致出口商无法向包买商提供有效债权凭证的风险，即由于贸易合同不能执行而使包买合同不能履行，从而给包买商造成损失。因此，出口商必须弥补包买商的损失。

为了避免履约风险，在签订包买合同时可以制定相应的罚金条款，对由出口商给包买商造成的损失和费用，出口商应给予适当的补偿。但在实际业务中，出于维护与客户的长远关系，包买商一般都以宽容的态度对待此事，通常仅是象征性地收费或不收费。

（2）币种风险或汇率风险。币种风险是指出口商在承诺期内收到进口商交来票据的币种不是原来合同中规定的货币，出口商将面临由此而产生的汇率风险。汇率风险可以通过在贸易合同中添加特殊条款来消除，如商品价格随有关货币汇率的变化而变化；必要时还可购买有关货币的远期外汇买卖合同，这样也可以避免汇率变动给出口商带来的风险。

2.进口商面临的风险及防范措施

进口商主要面临汇率风险。如果贸易合同的计价货币是外币且升值，或计价货币为

本币且贬值，那么进口商都要多支付一定差额的货款，从而增加交易的成本。·

这种风险通常可以通过远期外汇买卖合同加以消除，但是，如果进口商所在国的法定货币在国际货币市场上不可自由兑换，这种汇率风险就难以消除。

3.担保行面临的风险及防范措施

担保行主要面临的是进口商违约、拒付或破产的风险。由于担保行对福费廷中的债权凭证所作的担保是独立的、不可撤销的，因而如果包买商得不到进口商的偿付，必然会从担保行处要求清偿。同时，如果进口商到时破产，则担保行为进口商垫支的票款也得不到偿还。

这种风险的有效控制办法是核定信用额度，要求进口商提供抵押品或反担保函。如果进口商与担保行不在一个国家，则担保行还要承担国家风险。防范的办法是核定该国的信用额度。

4.包买商面临的风险及防范措施

由于包买商无追索权地买断出口商的债权凭证，因而在选择期和承诺期，包买商一直承担着各种风险，主要包括以下几种：

（1）利率风险，主要是指在选择期和承诺期内，利率上升导致包买商融资成本上升的风险。在福费廷协议项下的票据买卖，是包买商以固定利率买进票据并承担利率变动的风险。当然，包买商可以通过运用适当的金融工具进行套期避险，或者在福费廷的二级市场上卖出票据以转移风险。

（2）担保行的信用风险，是指福费廷票据的担保行没有足够的清偿能力按期履行对外支付义务而引发的风险。几乎所有的福费廷票据都由进口国的商业银行担保，该银行的信用级别是构成信用风险的一个关键因素。如果该行信用级别低、清偿能力差，或发生票据到期前银行突然倒闭的意外事件，那么会给包买商带来票据不能被偿付的风险。

❖ 案例 7-3

C银行与丙公司签订了包买票据协议。某年2月，C银行收到W国A银行R国分行开来的180天远期信用证一份，受益人为该行客户丙公司，金额为USD413 000，信用证于3月25日到期，装运期为3月15日之前。3月4日，丙公司发货后，通过C银行将货运单据寄交开证行，以换取开证行W国A银行R国分行担保的远期承兑汇票。4月1日，丙公司将福费廷所需单据提交C银行卖断，包括“无追索权”背书的已由A银行担保的承兑汇票。6月5日，W国A银行总行突然倒闭，A银行R国分行于当年7月停止营业，全部资金被R国政府冻结，致使C银行垫款无法收回，利益严重受损。

【案例提示】此案例中，W国A银行R国分行是开证行，承担第一性付款责任，同时是C银行与丙公司进行包买票据交易的担保行，具有保证按期履行对外支付的义务，但突发事件——A银行总行倒闭，致使A银行R国分行停止营业，使C银行即将到期的票据款无法收回。C银行之所以遭受严重的银行担保风险，是因为C银行与丙公司签署福费廷协议前，没有认真评估担保行A银行的信用级别，没有掌握全面信息，从而未能为A银行核定一个合理的信用额度，最终引发风险。

（3）国家风险，是指因国家强制的因素使交易对方违约，给包买商的资产带来损失的可能性，主要体现在某些发展中国家长期外汇短缺、对外支付能力差，或由于政治、经济、军事等原因，暂时停止对外债的支付。福费廷实务中，国家风险通常指担保行所在国（常为进口国）风险。

国家风险产生的原因来自国家本身，不是交易对方的因素。如有些国家实施外汇管制，对外支付需经政府有关部门批准，交易对方出于外汇管制严格的考虑，可能未经本国政府批准而对外签约，这样到期就不能按时支付。如果进口商是一国政府机构，因政治制度或首脑变更，拒绝履行前政府所欠债务，那么包买商的票款也可能收不回来。此外，若该国以政治理由对出口国予以经济制裁或封锁，则包买商的损失会更大。

（4）票据风险，是指在福费廷业务中，进口商可能拒付或无力支付票款给包买商带来票据纠纷的风险。由于各国贸易法律各异，票据规定不同，故票据风险也有所不同。

①汇票风险。福费廷业务中的汇票是指出口商向进口商签发的，经进口方承兑、担保行担保的远期汇票，可以背书转让给下一个善意持有人。但出口商为使未来善意持有人不得向出口商行使追索权，所以采用无追索权背书，即出口商背书时加注“without recourse”字样。

英国《票据法》允许出票人、背书人在汇票中订立能减轻或免除责任的条款。当事人无追索权背书后，一旦退票，持票人不能向其追索，因为出票人或前手背书人的担保责任已被免除，但并不意味背书人能免去虚假说明的责任，如对票据项下贸易情况和对票据有效性的说明等。

根据我国《票据法》的规定，持票人享有付款请求权和追索权。付款请求权是第一位权利，追索权是第二位权利，在付款请求权遭拒绝后行使。故无追索权不能得到我国《票据法》的支持。我国《票据法》同时规定：背书不得附有条件；背书时附有条件的，所附条件不具有汇票上的效力。无追索权背书被看成附条件背书（也适用于本票）。出口商开具的汇票因出票地在国内，其出票行为应适用我国《票据法》。但承兑、保证和付款行为发生在境外的，根据我国《票据法》，应适用行为地法律，所以出现票据被拒付的纠纷，要适用进口商或担保行所在地法律，所有的这些都构成了汇票风险。

②本票风险。福费廷业务所用本票是进口商向出口商开具的、经担保行担保的远期本票。根据我国《票据法》，本票仅指银行本票。

对包买商而言，本票风险小于汇票风险。其原因是：

首先，本票本身就是请求权证据，本票持有人（包买商）不必提出其他证据证明其请求权。

其次，进口商对本票提出的抗辩有限，一般只能提出伪造本票、时效终止和已付款等理由。

最后，本票易于担保。为本票提供担保，手续简单，只要保证人在本票上作担保签名，即可产生法律效果。对保证人起诉援用简易诉讼程序。英美普通法系和《日内瓦公约》法系都规定，即使所担保的债务无效（形式原因除外），保证人与债务人也负同样责任。

（七）福费廷业务与国际保理业务的比较

福费廷业务与国际保理业务都属于贸易融资结算业务，都是通过对出口商应收账款的购买为出口商提供融资，只要交易正当、不受争议，交易中的信用和国家风险等由保理商和包买商承担。但两者还是有许多不同之处，这主要表现在以下几方面：

1.贸易领域和融资期限上具有互补性

在贸易领域上，保理业务主要适用于持续进行的日常消费品和服务的交易；福费廷业务主要针对金额较大的资本货物贸易。

在融资期限上，保理业务取决于赊销期限，多为1~6个月的短期融资；福费廷业务的融资期限在6个月以上，属于中长期融资。

2.风险承担的方式不同

福费廷与国际保理在提供无追索权融资时，都承担了出口商转嫁过来的交易风险。但保理商承接的仅仅是买方信用风险，即对由于买方资信方面的原因导致的坏账承担赔付责任。而包买商买断票据后，承接了与交易有关的所有风险，不仅有买方信用风险，还有买方国家风险、政策风险、市场风险等。从承担风险的种类上讲，福费廷业务中的风险转嫁也是较为彻底的。

3.融资金额不同

国际保理业务的融资金额一般是货款的80%，其余20%在进口商付款后再由保理商支付给出口商；福费廷业务可由包买商提供100%货款的融资。

4.信用基础不同

国际保理业务只适用于商业信用销售背景，实务中仅在O/A或D/A中运用，并不适用于付款交单或信用证结算的交易。保理商收款是基于进口商的商业信用，购买应收账款时，进口商的付款责任并未确认，日后存在较大的拒付风险。而在福费廷业务中，包买商购买的是经进口商承兑的汇票或进口商出具的本票，进口商的付款责任在应收账款购买时已经确定。此外，包买商通常只购买经进口地银行或其他担保机构担保的票据，因而福费廷包买商的票款兑现并不仅仅是基于进口商的信用。

5.有无追索权的规定不同

保理业务分为有追索权和无追索权两种融资方式。福费廷的本意就是权利的放弃，因而无追索权是福费廷的本质和特色。

第二节　进口贸易结算中的融资业务

进口商可以利用出口商提供的信贷，也可以利用银行提供的信贷进行贸易融资，前者如赊销、承兑交单，后者如进口押汇、开证额度、提货担保、信托收据等。

一、进口押汇

（一）进口押汇的含义与种类

进口押汇（import bill advance）是指进口贸易中，买方在单到付款行时，以货物或其他资产作为质押，由银行先行对外付汇，进口商在货到并售出后，再偿还银行贷款。这实际上是银行给进口商的一种融资形式。

进口押汇根据所使用的结算工具的不同分为进口信用证押汇和进口托收押汇。

1.进口信用证押汇

进口信用证押汇是开证行对作为开证申请人的进口商所提供的一种资金融通，是对进口信用证项下跟单汇票所进行的一种短期放款。当开证行收到信用证项下全套单据，审单相符后，进口商应立即付款赎单。若开证行收到单据审单相符后即先行付款，进口商凭信托收据取得单据提货并将货物销售后，再偿还银行先行垫付的进口货款本息，这就是进口信用证押汇。①

银行在开立信用证时要收取保证金，然而对那些已获得开证授信额度的客户，不仅可以免交或减交保证金，而且银行会进一步给予通融。也就是说，在收到信用证项下单证时，银行先行为进口商垫付货款对外支付，待进口商提货销售后，以回收的资金归还银行贷款。这对银行而言不仅收取了开证手续费，而且赚取了放款利差；对进口商而言，则以银行信用和银行资金完成了商品的进口贸易和国内销售。进口信用证押汇实质上是一种抵押贷款，开证行以信托收据作为抵押品，这种贷款只有在银行对进口商充分信任时才能使用。客户申请办理进口信用证押汇时，须向银行出具押汇申请书和信托收据，将货物的所有权转让给银行，银行凭此将货权凭证交予客户，并代客户付款。

银行在办理进口信用证押汇业务时应注意以下几点：

（1）专款专用，仅用于履行信用证项下的对外付款；

（2）进口信用证押汇是短期融资，期限一般不超过90天；

（3）进口信用证押汇利率按银行当期流动资金的贷款利率计收；

（4）押汇比例、押汇期限等根据实际情况与银行协商后决定；

（5）进口信用证押汇须逐笔申请，逐笔使用；

（6）银行应注意押汇后的管理，必要时监控开证申请人进口货物的货款回笼情况，并采取适当措施，减少损失。

2.进口托收押汇

进口托收押汇是代收银行向进口商提供的短期资金融通，使进口商能够凭信托收据在付款前提前取得单证，凭以提货、报关、存仓、保险和销售。

在进口贸易中，出口商为促成交易，有时会以采用对进口商有利的结算方式作为竞争手段。比如，出口商不要求进口商开立信用证，而是采用托收方式，由自己的银行将出口

---

① 张彦欣. 进口实务操作［M］. 2版. 北京：中国纺织出版社，2007：195.

单据寄往进口地银行，委托其在进口商付款或承兑条件下交单。代收银行接受委托后，通知进口商付款或承兑赎单；若进口商需要短期融资，则代收银行代进口商垫付资金赎单。

从某种意义上说，进口托收押汇比进口开证风险小。因为从概率论的角度看，市场不确定性的大小与时间跨度的长短是一个正相关关系，时间愈长，市场不确定性愈多，风险愈大。进口商在当前市场条件下，愿意接受单据，说明货物可以实现销售，银行此时为其提供押汇，最终收回贷款是有保障的。相比之下，进口商在签署商务合同后，申请开证之时，产品未来销售市场的不确定性较高。此时为进口商提供融资，一旦市场变化，产品销售不出去，银行贷款的偿还就会受到威胁。

（二）进口押汇的业务流程

1.申请与审查

如果需办理进口押汇，则进口商应首先向银行提出书面申请。银行要对进口押汇申请进行严格审查，并根据进口商的资信等情况确定押汇金额。

2.签订进口押汇协议

进口押汇协议是开证行与进口商之间签订的，确定双方权利、义务的书面契约，其基本内容包括：

（1）押汇金额及进口商的付款义务。进口商从银行得到的进口押汇资金应用于银行为其开立的信用证项下的对外付款；当信用证项下单据到达并经审查合格后，银行凭进口商的信托收据对外付款；待押汇期满后，进口商将押汇本息一并归还给银行。

（2）押汇期限及利率。进口押汇的时间较短，一般为1~3个月，押汇利率由双方协商确定。如果进口商未能在押汇协议规定的期限内偿还银行的押汇款项，则银行有权按一定的利率向进口商收取逾期的利息及相关费用。

（3）进口商的保证条款。进口商应保证在押汇到期前归还银行押汇本息；否则，银行有权对其收取罚息，或处理押汇项下的货物。

（4）货权及其转移条款。在进口商还清银行押汇本息之前，押汇项下的进口货物的货权属于银行。

（5）违约条款。如果进口商违约，则银行有权对其提出法律诉讼，或冻结其在银行的其他账户，或停止进口商在银行办理的一切融资业务。

3.开证行对外付款

开证行在收到出口方银行寄来的单据以后，应严格审单；如果单证相符，则可对外付款。

4.凭信托收据向进口商交付单据

在进口押汇业务中，信托收据是进口商在付款之前向银行出具的领取货权单据的凭证。银行根据进口押汇协议，凭信托收据将货权单据交付给进口商，进口商因此处于代为保管和销售货物的地位。

5.进口商凭单据提货及销售货物

进口商在向银行借出货权单据后，即可凭单据向承运人提货，并可销售货物或对货物作其他处理。

6.进口商归还贷款本息，换回信托收据

在约定的还款期到时，进口商应向银行偿还贷款及利息，于还清本息后收回信托收据，解除还款责任。

（三）进口押汇的对象及条件

1.进口押汇的对象

企业（开证申请人）如果使用银行授信额度开立信用证，由于单证相符而必须承担对外付款责任时，因资金临时周转困难等，确实无法在规定付款日前筹措到付款资金，则可在收到银行到期付款通知书后向银行申请叙作进口押汇。

2.进口押汇的条件

（1）企业应当具备独立法人资格，且经营作风良好，无违规、违法和违约等不良记录。

（2）企业必须在银行开立外汇或人民币基本账户或往来账户，保持经常结算往来，信誉良好。

（3）企业应有齐全的财务管理制度和生产销售网络，进口商品有正常合理的销售渠道和可靠的资金回笼来源，能够按期偿还银行的垫款资金。

（4）企业财务状况良好，具备短期偿债能力；如果需要，则企业应向银行提供经认可的贷款担保或抵押。

❖案例7-4

某年1月，大连A公司向某商业银行申请开立金额为800万美元的不可撤销即期信用证，进口氧化铝粉。因A公司筹集资金不足，银行同意以进口押汇方式开证，向其提供融资。7月1日，A公司与银行签订了进口押汇协议书。协议书规定：由银行向A公司提供押汇垫款，在A公司未还清银行押汇款之前，信用证项下货物单据所有权归属银行。A公司可凭信托收据预借单据提货，销货还款后单据所有权归属A公司。银行有权检查监督信用证项下货物的销售收款情况，应银行要求A公司必须随时以书面形式向银行提供信用证项下货物的有关情况。7月19日，A公司向银行出具了信托收据，由大连C公司向银行出具了不可撤销担保书，为A公司归还押汇垫款承担连带保证责任。银行依据信托收据将信用证项下货物的提单交给A公司。其后，A公司依据与B公司的代理进口协议及销售协议将信用证项下货物的提单交付给B公司，B公司又依据其与D公司的供货合同将其中部分货物的提单交付给D公司。10月，进口押汇到期，A公司未能按时还款。银行向法院起诉，追索为A公司垫付的货款，并要求C公司承担连带保证责任，同时申请查封了信用证项下的货物。

【案例提示】法院经审理后认为，被告A公司与银行签订的进口押汇协议书合法有效，A公司未依约向银行还清押汇款，属违约行为，应承担偿还欠款及利息的责任。但由于银行在签订押汇协议之后，自愿将抵押物的有关单证交回被告A公司处理，应视为原告已放弃了物的担保，被告C公司在原告放弃权利的范围内免除保证责任，同时解除查封。

二、开证额度

（一）开证额度的概念

开证额度（limit for issuing L/C）是指银行为帮助进口商融通资金而对一些资信较好、有一定清偿能力的进口商，根据其提供的质押品和担保情况核定的一个相应的额度。进口商在每次申请开证时可获得免收或减收开证保证金的优惠。

对外开立信用证后，对开证行来说就形成了一笔或有负债，只要出口商提交的单据满足信用证的规定和要求，开证行就要承担第一性付款责任。由于开证行代进口商承担了有条件的付款责任，因此，银行在受理进口方开证申请时，均把开立信用证视为一种授信业务；没有开证额度的进口商申请开立信用证时要收取100%的保证金。

（二）开证额度的分类

为了控制风险和支持进口商的业务发展，银行把开证额度又分为普通开证额度和一次性开证额度。[①]

1.普通开证额度

普通开证额度（general L/C limit）也称循环性额度或总额度，指开证行在确定申请人的额度后，申请人可无限次地在额度内委托银行对外开出信用证，额度可循环使用。银行根据客户的资信变化和业务需求变化随时对额度作必要的调整。有时客户向银行交来以自己为受益人的信用证即主证，要求银行以来证作为抵押对外开出背对背信用证，即子证。在这种情况下，尽管客户提交了主证作为抵押品，对其履行付款责任有一定的保证，但银行仍应将开出子证视为一种授信。在背对背信用证业务中，主证和子证是两份相互独立的信用文件，各自的开证行必须承担独立的付款责任，只要子证受益人提交的单据与信用证条款严格相符，子证开证行必须履行对外付款责任。但如果此时主证开证行倒闭，或主证受益人不能提供与主证条款相符的单据，那么银行的信用保证将自动丧失。因此，在为客户开出背对背信用证之前，必须同样做好客户的资信审查工作，并扣减相应的开证额度。

2.一次性开证额度

这种额度是为客户的一个或几个贸易合同核定的一次性开证额度（one time L/C limit），不得循环使用。如客户成交了一笔大额生意，普通开证额度不敷使用或普通额度的大量占用会影响其正常经营，银行可根据其资信状况和抵押品情况核定一次性开证额度，供此份合同项下开证使用。再如银行对客户批准的项目贷款，对贷款项下的进口也采用核定一次性开证额度的方式，供客户在该项目下对外开证使用。客户每次申请开证时都应向银行提交开证申请书。

---

① 梁远辉，刘丹．国际结算［M］．武汉：华中科技大学出版社，2007：140.

（三）开证额度操作的基本程序

开证额度操作的基本程序如下：

（1）需申请开证授信额度的进口商按银行规定格式填写授信额度申请书，提出申请的授信金额，表明其应承担的义务。

（2）银行根据进口商的申请书，审查其资信情况、经营状况、内部管理以及以往的有关业务记录，确定对该进口商的授信额度总数。

（3）银行与申请人签订进口开证授信额度协议书，列明双方的责任和义务。

（4）协议签订后，由银行建立业务档案，根据协议规定的总额度，对进口商的开证金额实行余额控制。

（5）当进口商使用授信额度开立信用证或信用证金额增额时，银行的授信额度自动递减；在使用授信额度开立的信用证单到付款后（或注销信用证时，或信用证减额时），授信额度自动恢复，以周转使用。

银行对开证额度的业务可视情况向申请人按授信总额的比率每年向申请人收取风险管理费。倘若进口商在使用授信额度一段时间后，感到总额度不足，还可以向银行提出增加额度的申请，批准与否由银行决定。

此外，按每笔信用证业务申请单项的授信额度只能一次用完，不能循环使用。对单项的授信额度，银行要审查进口商品的市场情况及国外出口商的资信情况。

（四）开证额度协议书的基本内容

开证额度协议书确定了银行与进口商之间的权利和义务，主要内容包括：

（1）银行开证义务。银行在申请人通过审核的情况下，应及时为申请人开立信用证。

（2）进口商付款义务。其主要内容有：

① 银行收到信用证项下单据，经审核无误后，立即通知进口商付款；若单证不符，应征求进口商意见，由进口商决定是否接受单据。

② 进口商在收到银行的付款通知书后，必须保证于付款日前将足够的款项拨入进口商在银行开立的账户，由银行对外付款。在进口商未将款项拨入该账户之前，全套单据所有权属银行。

③ 进口商在收到银行付款通知，并审核单据后，若发现明显的不符点，可将拒付理由书面通知银行并退回全套单据。如果经银行审核发现拒付理由不成立，或进口商未退回单据，则该拒付无效，进口商仍应承担付款义务。

④ 如果在付款日进口商的账户资金不足，则进口商保证承担银行为维护自身信誉所作的一切努力而产生的责任和风险。

⑤ 在进口商无正当理由而拒付信用证项下之应付款项的情况下，银行为维护自身信誉对外付款后，自付款日起，向进口商计收罚息，并追索因逾期付款产生的任何费用和任何其他损失。

（3）进口商的保证条款。其包括进口商保证不因贸易背景发生纠纷、索赔、欺诈而影响对银行的付款义务；保证不因汇率变化产生的汇兑损失而影响到对银行的还款等。

（4）抵押及担保条款，包括进口商同意提供进口开证项下的货物作为抵押品，并授权银行在进口商无法履行付款义务时有权处理抵押品等。

（5）费用条款。

（6）生效条款。

（五）银行办理开证额度授信面临的风险①

开证额度对进口商而言由于免去了保证金，所以缓解了资金压力，促进了资金的周转，实际上是对进口商的一种短期信用融资。然而，对开证行而言，其融资风险集中在对进口商的资信审查和财务状况评估上。

1.进口商的信用风险

当信用证的受益人通过议付行或被指定银行提交合格单据后，如果开证申请人出现资金周转困难、财务状况恶化、破产清盘等情况而无法按时支付信用证款项，或者申请人恶意拖欠款项，由于开证行在信用证下承担第一性付款责任，所以必须使用自有资金对外垫付，从而给银行带来风险。

2.欺诈风险

这是指进出口商串通伪造进出口买卖合同，通过信用证套取银行资金的行为。信用证是单据交易，通常银行并不理会实际的商品交易，受益人只要向议付行提交了合格单据，就可以提前获得信用证项下融资。开证行因不能对抗善意第三人（比如在对欺诈行为不知道的情况下对受益人付款的议付行），即使事后知道了进出口双方有欺诈嫌疑，也不得不对外垫付。

3.市场风险

一般说来，如果进口商品在信用证开出后价格大幅度下跌，申请人会遭受很大损失，很可能无法按时向开证行全额支付信用证项下的应付款项，就会导致开证行垫款。这时，部分申请人会千方百计找理由拒付甚至通过法院签发止付令，导致开证行面临违背国际惯例、信誉受到损害的危险。

因此，在进口商申请开证时，为维护银行信誉和资金安全，银行应重点审查以下三个方面：

（1）货物的性质及变现能力。如审查货物是鲜活易腐商品还是市场紧俏的生产资料，客户有无相应的信托收据额度；在客户无法付款赎单的情况下，银行能否较为方便地出售货物以减少损失等。

（2）货物保险。货物保险应由信誉良好的保险公司承保，承保险别必须能保障当事人的正当权益。

（3）对物权单据的控制。审查信用证中规定的运输单据是否是物权单据及是否要求受益人提交全套物权单据，因为对物权单据的控制有助于减少业务风险。如果发现申请

---

① 王晓平．国际结算［M］．北京：中国金融出版社，2002：97.

书中的开证条款对银行和客户利益形成了潜在的威胁，则银行有权要求客户加入一些保护性条款或拒绝受理开证申请。

三、提货担保

（一）提货担保的定义

提货担保（shipping guarantee）是当信用证或跟单托收下的货物早于运输单据抵达港口时，银行向进口商出具的用于进口商向船公司办理提货手续的、代替提单先行提货的书面担保。提货担保是银行进口保函中的一种，在实务中使用较广泛。提货担保申请书和提货担保书分别参见附样7-1和附样7-2。

附样7-1

提货担保申请书

APPLICATION TO LETTER OF GUARANTEE
FOR THE RELEASE OF GOODS

TO：____________________________________（ISSUING BANK）

DEAR SIRS：

WE ENCLOSE HEREWITH FOR COUNTERSIGNING THE LETTER OF GUARANTEE ADDRESSED TO_______________ CALLING FOR THE FOLLOWING CARGOS SHIPPED FROM PER S.S.____________________.

L/C NO.____________________

B/L NO.____________________

COMMODITY VALUE：________________

MARKS：____________________

THE BILLS OF LADING OF THESE CARGOS HAVE NOT ARRIVED.

IN CONSIDERATION OF YOUR COUNTERSIGNING THIS LETTER OF GUARANTEE，WE HEREBY AGREE TO HOLD YOU HARMLESS FOR ALL CONSEQUENCES THAT MAY ARISE FROM YOU SO DOING. WE FURTHER AGREE THAT ON RECEIPT OF THE ORIGINAL BILLS OF LADING FOR THE ABOVE SHIPMENT WE WILL DELIVER THE SAID LETTER OF GUARANTEE TO YOU FOR CANCELLATION，OR YOU MAY DELIVER THE ORIGINAL BILLS OF LADING DIRECT TO THE STEAMSHIP COMPANY ON OUR BEHALF TO RELEASE YOUR LETTER OF GUARANTEE MEANWHILE YOU ARE AUTHORIZED TO PAY UNCONDITIONALLY THE ABOVE MENTIONED AMOUNT AND/OR RELEASE ANY OTHER GUARANTEES，IF ANY.

YOURS FAITHFULLY

（NAME OF APPLICANT）

附样 7-2

提货担保书

BANK AGREEMENT FOR THE RELEASE OF GOODS
IN LIEU OF ORIGINAL NEGOTIABLE BILL OF LADING

DATE: ______________

TO: ______________ (SHIPPING COMPANY)

GENTLEMEN:

RE: ______________ S.S: ______________ VOYAGE NO.: ______________

PORT OF LOADING: ______________

PORT OF DISCHARGE: ______________

BILL OF LADING NO.: ______________ DATED: ______________

DESCRIPTION OF GOODS: ______________

CONTAINER/SEAL NO.: ______________

ESTIMATED VALUE: ______________ (OPTION FOR BANKING PURPOSED ONLY)

AS THE ORIGINAL BILL OF LADING IS UNAVALABLE, UPON PAYMENT OF ALL FREIGHT AND CHARGES, PLEASE DELIVER THE ABOVE MENTIONED GOODS.

TO: ______________

FOR ACCOUNT OF

IN CONSIDERATION OF YOUR RELEASING THE AFOREMENTIONED GOODS TO THE ABOVE, WE UNDERTAKE TO INDEMNITY AND HOLD HARMLESS YOU AND/OR THE ABOVE CARRIER, ITS OWNERS, CHARTERS, MASTERS AND AGENTS WITH RESPECT TO ANY CLAIMS, DAMAGES, COSTS AND EXPENSES OF ANY NATURE WHATSOEVER AND TO REIMBURSE YOU FOR CARGO VALUE AND ANY ADDITIONAL CLAIM, DEMAGES, COSTS AND EXPRESS IN CONNECTION THEREWITH.

WE FURTHER UNDERTAKE TO DELIVER TO YOU OR TO ARRANGE FOR OUR CUSTOMER TO DELIVER TO YOU, UPON RECEIPT OF THE ORIGINAL BILLS OF LADING PROPERLY ENDORSED, AND UPON DELIVERY TO YOU, THIS UNDERTAKING SHALL HAVE NO EFFECT. MEANWHILE PLEASE RETURN THIS INDEMNITY TO US ACCORDINGLY.

FOR______________ (ISSUING BANK)

______________ (SIGNATURE)

国际贸易正常的进口程序是，出口商按信用证要求发运货物后，将整套单据立即提交其往来行议付，议付行审核无误后即寄往开证行，开证行通知进口商单据已到，进口商审单付款后，凭提单去码头仓库提货。

在正常情况下，进口货物是由海轮运输，而代表货权的单据都是用航空快递，提单总是先于货物到港前到达进口商的手中。然而，有时由于出口地距进口地的海运航程较短，加上现代海运业发达，往往会出现信用证项下单据尚未到达开证行，单据所代表的货物却已到码头的情况。开证申请人先接获船公司的通知，必须在规定期限内凭单据提货。有时货物可能属于紧俏商品，需要立即投入市场；有时可能为鲜活商品，不宜过久存放。不论是否可以久存，货物存放在港口或码头仓库，收货人必须交付高额的仓储费用。这时进口商一方面急需提货，另一方面又未收到可凭以提货的单据，对这种困难，银行提供的提货担保业务可以解决进口商的燃眉之急。

在提货担保函中，银行向船公司保证：若船公司凭银行担保释放货物，进口商会在合理的时间内向船公司提交正本提单，因释放货物给船公司造成的任何可能的损失，由担保银行负责。对此，船公司往往乐意接受银行出具的提货担保，以便向进口商交货后早日清舱。而进口商提取货物后，可以尽早报关、存仓、保险、销售，以取得销售收入，并向银行交足货款后从银行取得后来收到的单据正本，再到船公司以正本提单换回银行提货担保书，退交银行办理提货担保注销手续。

以上是在货物先于提单到达的情况下，银行为进口商出具提货担保函的情况。在下述情况下，进口商也可以向银行申请办理提货担保：

（1）货物到港后，进口商委托船公司提取货物代办转运（多在背对背信用证项下发生），使用银行签发的担保书，指示船公司出具以开证行为抬头的提货单，由开证行在提货单上背书给运输公司，并要求其以书面保证代办转运后将提单交回银行。

（2）进口商无能力支付货款，需先将货物存仓，银行凭此担保书，指示船公司出具以自身为抬头的提货单，委托信任的运输公司代为存仓后，将仓单交回银行。

提货担保不仅解决了进口商的难题，也为船公司所接受，这是因为：

第一，货主尽快将货提走可减少对码头仓库的占用；

第二，进口商凭银行担保提货，以银行信用代替了商业信用，责任人是银行，出了问题更容易解决，为此船公司更为放心。

（二）提货担保的风险及防范

1.提货担保的风险

提货担保是银行对进口商的一种授信。信用证项下的提货担保，只要进口商办理提货，就没有任何理由再对外拒付（包括信用证有不符点等），银行就必须对外付款。这就意味着即使单据存在严重不符点，银行也必须无条件对外付款。因此，在办理此项业务时，银行应严格把关，注意风险。

银行在提货担保授信业务项下可能面临的风险主要包括：

（1）进口商不付款。开证申请人提货后，发现货物短装或其他质量问题，担心日后销售困难，虽然承诺放弃拒付，却不按时付款或承兑赎单，致使银行被迫垫款。

（2）申请人与受益人合谋诈骗开证行资金。开证申请人和受益人抓住开证行一旦出具提货担保，即必须接受不符点单证对外付款的原则，可能设计圈套，诱使银行上钩。

❖**案例7-5**

某年，中国香港某银行根据其客户克尼有限公司的指示开立一张金额为20 000美元的信用证。货物是从日本海运到中国香港的一批手表，允许分运。由于日本到中国香港的航程很短，在第一批货物的单据到开证行之前，申请人要求开证行出具提取第一批货物的提货担保，并附上相应的金额为10 000美元的赔款保证。申请人开证行有30 000美元的信用额度，所以该行经办人签了一张给船公司的提货担保，允许申请人提货。一星期后，第一批货物的单据尚未收到，申请人又要求出具提取价值为10 000美元的第二批货物的提货担保。由于在近洋贸易中，邮寄单据往往需要一星期以后才能到达开证行，而且申请人的信用额度也未突破，因此开证行开出了第二份提货担保。几天后，开证行获悉它的客户克尼有限公司倒闭了，它的董事们都不知去向。之后开证行收到了第二批单据，但金额是20 000美元，且信用证下只有这一批货物，根本没有第二批。一个月以后，凭开证行担保而被提走两批货物的船公司，声称开证行侵占了价值为20 000美元的宝石手表的第二批货物。原来该客户少报了第一批货物的金额，冒领了不是它的第二批货物。

【案例提示】这是一起以提货担保进行诈骗的案件。这类案件能够得手的主要原因在于：

（1）在未收到单据而出具提货担保时，银行不可能像在收到单据后出担保那样知道货物的详细情况，诸如货物的件数、唛头以及提单的编号等重要内容，银行往往不是十分清楚。

（2）行骗的进口商有一定金额的赔偿担保或信托收据，这样就容易给出具担保的开证行造成一个所借单据金额未突破赔偿担保金额的假象。

（3）行骗者往往还利用相同的货名以蒙蔽船方，从而提走别人的货物。

因此，银行在办理提货担保业务时，一定要严格审核进口商资信及有关合同情况。

2.提货担保的风险防范

银行为防范提货担保风险，应注意以下几个方面：

（1）只为熟悉的客户出具保函。对把握不大的客户应要求其提供高比例的保证金后再予以出具保函，必要时跟踪客户的提货、销货及货款回笼情况；如发现有问题苗头，尽快采取措施解决。

（2）在以银行授予的信用额度或根据客户提供的抵押物或第三方担保办理提货担保时，应进行严格审核，以免发生超额担保，或客户无能力对外付款而使银行垫款的情况。

（3）在客户提交的副本单据存在较多不符之处时，原则上银行不予办理提货担保。如果客户坚持办理，银行要让客户出具书面接受声明，特别是在货物的数量和价值严重超出信用证开证金额时，还需评估客户的资信和实力是否具有相应的承担能力。

（4）有许多船公司自己设立提货担保函的内容和格式，以致其中存在对银行方面不利的条款。因此，在对待此类提货担保函时，要严格审核其中的条款，以免到时发生纠纷时陷入被动境地。

（5）严格审核进口货物是否为需要许可证或配额或者属于国家严格控制的产品；如需要，应对许可证或配额进行审核，确认其与提货担保申请书上的内容一致，否则不予办理。

（三）托收项下的提货担保

托收结算方式下进口商也可向银行申请办理提货担保。由于此种提货担保只凭客户出具的副本提单、发票、包装单进行办理，存在欺诈的可能性较大，相对信用证项下的提货担保风险更大，因此，此种提货担保一般只对信誉卓越并且记录良好的客户才办理。

四、信托收据

（一）信托收据的概念

信托收据是进口商以信托方式向银行借出全套商业单据时出具的、同意将自己货物的所有权转让给银行的书面担保文件。信托收据下银行是信托人，代表委托人掌握物权；进口商是受托人，代表信托人处理单据。①

使用信托收据，进口商可以立即取得单据，及时报关和提货，减少了码头仓储费，避免或减少了不能及时提货所遭受的损失。在银行向进口商交单时，进口商应首先向银行提交信托收据；一旦进口商违约而拒绝付款，银行就可将信托收据作为依据诉诸法律。

信托收据的主要内容包括：

（1）确认已经收到代表货权的单据或实际货物；

（2）承认单据或货物所有权归银行；

（3）同意按银行的委托销售或处理货物，所得货款将全部交付银行；

（4）同意对货物全额办理保险，承认银行对货物的存仓费、保险费或其他费用不负责任；

（5）银行拥有随时注销这一收据，并收回货物或出售货物所得货款的权利，不能因进口商清盘、破产、分离、重组以及人员死亡等原因结束或减轻其应负的责任等。

此外，信托收据应注明每笔业务的船名、货名、唛头、金额、信用证号以及签署日期、签名等（见附样7-3）。

在进口结算中，信托收据除在信用证方式下使用外，还可用于托收方式。在远期付款交单条件下，进口商承兑汇票后，在未付款前是拿不到货运单据的。在这种情况下，进口商可以信托收据的方式预借单据提货并于汇票到期日付清货款。

（二）信托收据的业务流程

（1）进口商在付款或承兑前向银行开出信托收据，申请借单。信托收据中必须明确信托收据期限、申请人的责任、还款方式、还款责任及违约处理等，并注明货物名称、唛头、金额、船名等。

① 林晓慧，刘玲．国际贸易结算实验教程［M］．北京：经济科学出版社，2010：144.

附样 7-3

信托收据
TRUST RECEIPT

TO: ________________ Date: ____________

Received from the said Bank a full set of shipping documents evidencing the merchandise having an invoice value of______________say______________________as follows:

MARKS AND NUMBERS	QUANTITY	DESCRIPTION OF MERCHANDISE	STEAMER

And in consideration of such delivery in trust, the undersigned hereby undertakes to land, pay customs duty and/or other charges or expenses, store, hold and sell and deliver to purchasers the merchandise specified herein, and to receive the proceeds as Trustee for the said Bank, and the undersigned promises and agree not to sell the said merchandise or any part thereof on credit, but only for cash and for a total amount not less than the invoice value specified above unless otherwise authorized by the said Bank in writing.

The undersigned also undertakes to____

____

The undersigned further acknowledges assents and agrees that in the event the whole or any part of the merchandise specified herein is sold or delivered to a purchaser or purchasers any proceeds derived from such sale or delivery shall be considered the property of the said Bank and the undersigned hereby grants to the said Bank full authority to collect such proceeds directly from the purchaser or purchasers without reference to the undersigned.

The guarantor, as another undersigned, guarantees to the said Bank the faith and proper fulfillment of the terms and conditions of this Trust Receipt.

Guaranteed by: Signed by:

________________________ ________________________

________________________ ________________________

(2) 进口商以银行受托人身份办理提货、报关、存仓、保险等手续；如果货物售出，应将货款存入银行。

(3) 进口商在汇票到期后向银行偿付票款，收回汇票，赎回信托收据。

(三) 信托收据下银行的风险防范

在信托收据业务中，银行仅凭一纸收据将物权单据释放给进口商，并授权进口商处理货物。尽管从理论上讲，进口商处于受托人地位，货物所有权仍属银行所有，但实际上银行已经很难控制货物。如果进口商资信欠佳，则银行要承担很大的业务风险。因此，银行在办理信托收据业务时应注意以下三点：

（1）认真审核进口商的资信，根据进口商信誉、抵押物的情况，对进口商核准授信额度，并在核定的授信额度内办理此项业务。

（2）借出单据后应加强对货物存仓、保险、销售、收款等环节的监管，以降低风险。

（3）熟悉当地法律和法规。尽管大多数国家规定信托人在受托人破产清算时对货物或货款有优先权，但不同国家对此有不同做法，因此，银行应了解当地的法律惯例，以维护自身权益。

❖案例7-6

我国某外贸企业与某国进口商A达成一项出口合同，付款条件为远期付款交单，见票后45天付款。当汇票及所附单据通过托收行寄抵进口地代收行后，A进口商及时在汇票上履行了承兑手续。货物抵达目的港时，由于用货心切，A进口商出具信托收据向代收行借得单据，先行提货转售。汇票到期时，A进口商因经营不善，失去偿付能力。我国外贸企业以代收行未经授权，擅自凭信托收据将单据借给进口商为由，要求代收行承担付款责任。

【案例提示】本案例中，代收行凭信托收据将单据借给进口商，到期进口商无力付款，出口企业的损失应由代收行负责。本案例提示，银行在办理信托收据业务时，一定要认真审核进口商的资信，以降低风险。

第三节 国际结算方式的选择及综合使用

国际贸易中使用的各种结算方式和融资方式各有特点和利弊。对进出口商而言，根据不同国家和地区、不同客户、不同交易情况，正确、灵活地选择恰当的结算方式至关重要。

一、传统结算方式的比较

汇款、托收和信用证是三种基本的、传统的结算方式，它们各有自己的特点，对进出口商的利益和承担风险的影响也不同。

（一）结算基础

汇款和托收都是以商业信用为基础的结算方式，出口商（债权人）的收款取决于进口商（债务人）的资信，承担的风险比较大，出口商常常因为进口商无力付款或无理拒付而受损。因此，一般只有在对交易对手的资信比较了解、信任的情况下才采用。

信用证结算方式则以银行信用为基础。由于银行一般信用良好、资力雄厚，发生无力支付或无理拒付的可能性较小，所以出口商选择信用证结算方式可以大大降低结算风险，应尽量采取这种方式进行结算。

（二）买卖双方的资金占用

汇款方式下，资金负担极不平衡：在货到付款的情况下，卖方的资金负担很重；在预付货款方式下，买方资金占压比较严重。

托收方式下，资金负担不平衡的情况有所改变，但相对而言，卖方的资金负担依然较重。信用证结算方式下，买卖双方的资金负担比较平衡。

（三）结算手续及费用

汇款方式的手续简便、费用低廉且灵活方便。如果买卖双方彼此信任和了解，则汇款是一种理想的结算方式。

托收方式的手续比汇款相对复杂，费用也要高于汇款，对出口商来说依然要承担较大风险，因此在国际结算中较少采用。

信用证方式的手续繁杂，费用比汇款和托收要高，且要占用进口商的资金或信用额度，所以进口商一般不太愿意采用信用证结算方式。

（四）对进出口商的利弊

汇款方式下的预付货款方式对出口商十分有利，但对进口商不利；货到付款方式对进口商十分有利，对出口商不利。

托收方式下，付款交单对出口商比较有利，但仍可能需承担进口商不付款的风险。承兑交单方式对进口商有利，它可以在没有付款的情况下，先提货销售，货物售出后再付款，基本没有风险。对出口商来说，承兑交单方式风险很大，很可能遭遇钱货两空的损失。

信用证方式对出口商比较有利，货款无法收回的风险较小，但仍可能遭受开证行破产倒闭，无力付款或无理拒付的风险；对进口商来说，采用信用证结算方式要交纳保证金及信用证下的手续费，费用较高，手续烦琐，且只要单证相符就必须付款，有一定的风险。

（五）适用的国际规则

汇款方式目前还没有统一的国际规则或惯例；托收方式适用《托收统一规则》；信用证方式适用UCP600，UCP600已被世界各国所普遍接受和采用。

二、国际结算方式的选择

在国际贸易中，选择结算方式应考虑以下因素：

（一）交易对手的资信情况

交易对手的资信情况对货款的顺利收取或交易的顺利完成起着决定性的作用。进出口商在成交前都应仔细了解对方的资信状况，并根据对方的资信选择合适的结算方式。如果对方资信欠佳，则应采用信用证或结合银行保函等方式进行结算，以降低风险；如果双方资信良好，关系密切，则可以采用汇款、托收等手续简便、费用较低的结算方式。

（二）成交货物的市场销售情况

货物的市场销售情况对结算方式的选择也有较大的影响。通常对市场销路极好或货源紧张的货物，出口商往往占据主动。出口商不仅可适当提高货价，而且可以要求采用信用证、预付货款等对自己有利的结算方式；买方为了成交，一般也会接受。若交易的货物是市场竞争十分激烈或滞销商品，进口商就占据了主动权，进口商可以要求采用货到付款、承兑交单等结算方式，而出口商为销售商品，也只能作适当的让步。

（三）交货方式与运输方式

不同的贸易术语代表了不同的交货方式和运输方式。INCOTERMS 2020中介绍了11种贸易术语。买卖双方采用何种贸易术语，首先应考虑采用何种运输方式。在安排运输无困难而经济上又合算的情况下，可争取按由自身安排运输的条件成交（如按FCA、FAS或FOB进口，按CIP、CIF或CFR出口）；否则，应酌情争取按由对方安排运输的条件成交（如按FCA、FAS或FOB出口，按CIP、CIF或CFR进口）。

运输方式主要有海运、空运、铁路运输和邮政运输等。海运方式下的运输单据——提单，是物权凭证，卖方可以控制货权；空运、铁路运输和邮政运输方式下的运输单据不是物权凭证，卖方发货后无法控制货权，因此不宜采用托收方式结算。

此外，在选择结算方式时应考虑对方所在国的商业习惯、贸易管制、交易数额等情况，尽量采用对自己有利的结算方式，从而降低风险。

三、国际结算方式的综合使用

在国际贸易结算中，进出口双方既可选择单一的结算方式，也可将多种结算方式及融资方式结合使用。

（一）信用证与汇款相结合

在一笔交易中，买卖双方约定货款的一部分用信用证方式结算，其余用汇款方式结算。合同成立后，买方按合同规定，先以汇款的方式支付部分货款，这部分货款通常被视为定金或预付款，其余货款则在卖方发货后以信用证方式支付。对某些允许交货数量有一定增减幅度的初级产品，如矿砂等，因其数量和质量难以控制，买卖双方可以在合同中规定，在卖方发货后，先以信用证方式支付大部分货款，剩余部分根据到货后的实际数量和品质，由买方以汇款方式支付给卖方。

（二）信用证与托收相结合

这种方式也称“部分信用证，部分托收”，即在合同中规定，货款的一定比例以信用证方式支付，其余部分以托收中的付款交单方式结算。这种做法对进口商来说，可以减少开证押金和费用；对出口商来说，尽管托收部分有一定的风险，但因为开证行只有在进口商付清全部货款时才能把单据交给进口商，因此收汇还是比较安全的。在信用证中应写明信用证的种类和支付金额，以及跟单托收方式的种类，并注明“全部付清发票金额后才可交单”等条款，以保证收汇的安全。

（三）托收与汇款方式相结合

这种做法是为了使出口商的收款更有保障。其具体做法是：进出口商在合同中规定以托收方式进行结算，但要求进口商在出口商发货前，先以汇款的方式支付部分货款，这部分货款相当于定金，在货物发运后，出口商委托银行办理托收时，在全部货款中扣除。这样，如果进口商拒付，预付的定金可以抵偿出口商运费、利息等损失。预付款的比例可根据对方的资信、商品的特点等确定。

（四）托收与银行保函或备用信用证相结合

托收方式下，出口商要先发货后收款，因此要承担进口商收到货物后拒付货款的风险。为降低风险，出口商可以要求进口商提交银行保函或备用信用证；一旦进口商违约，没有在规定时间内付款，就可以向担保行（或开证行）要求赔偿。

（五）汇款与银行保函或备用信用证相结合

在货到付款方式下，出口商可以要求进口商提交银行保函或备用信用证。如果进口商收货后不履行付款责任，出口商可以向银行要求付款，从而降低风险。

在预付货款方式下，进口商也可以要求出口商提交银行保函或备用信用证。如果出口商收到预付款后，未如期发货，又不退还预付款，则进口商有权要求银行赔付。

（六）承兑交单和赊销与国际保理相结合

为扩大产品销路及适应激烈的市场竞争，出口商可以采用承兑交单和赊销方式，以促进交易的顺利达成。为了降低这两种结算方式下的风险，出口商也可以向保理商申请保理服务，将应收账款卖断给保理商，从而将坏账风险转移给保理商，还能获得保理商融资、应收账款管理、进口商资信调查等服务，有效地降低风险，提高经济效益。

❖ **案例 7-7**

中国台湾美利达工业股份有限公司是世界知名的自行车制造商之一。该公司成立于1972年，产品销售至世界很多国家和地区。由于自行车行业的技术发展已经比较成熟，业内的竞争非常激烈，客户的赊账需求不得不满足。赊账销售最让该公司担心的就是客户的坏账。该公司曾使用信用保险来解除坏账之忧。然而在发生坏账时，该公司仍然要承担至少20%的货款损失，而且办理的手续较烦琐。该公司可以采用什么方法来降低坏账风险？

【案例提示】该公司可以通过保理业务来降低风险。在保理业务中，保理公司承担信用额度内全部的坏账风险，而且索赔手续简单、便捷，保理公司的赔付期最长不超过90天。最重要的是，出口商利用保理服务，除了能够实现买方信用风险的有效转移，还能够获得诸如融资、账户管理、账款催收等其他服务，对出口商的业务发展极为有利。

（七）信用证与银行保函或备用信用证相结合

对一些期限较长的大型交易，如成套设备、工程承包等，为保证预付款或保留款的收取，在以信用证方式支付大部分货款的同时，对保留款的支付或预付款的归还可以要求对方提供银行保函或备用信用证进行担保，以减少风险。

学思践悟

国际商会可持续贸易和可持续贸易融资标准

虽然目前已存在许多可持续金融的标准和定义，包括国际资本市场协会（ICMA）和贷款市场协会（LMA）发布的准则等，但这些标准和定义并不完全符合贸易和供应链金融的特点。比如，国际资本市场协会的《绿色债券原则》《社会债券原则》侧重于资金的使用、项目的评估和选择、资金的管理以及报告，但这4个维度基本只考虑一个融资项目的最终目的，并不具体考虑买方、供应商、商品/服务以及运输方式是否符合可持续性要求，而这些对于判断贸易和供应链是否符合可持续性具有重要价值。考虑到一项贸易活动包含多个利益相关方和组成部分，有价值的可持续性评估应当是多维度和透明的，而不是简单给出一个“绿色”或“非绿色”的二元判断。

基于上述考虑，国际商会于2021年9月开始制定可持续贸易和可持续贸易融资标准。国际商会制定标准的目的是建立对可持续贸易及可持续贸易融资定义的共识，并建立一个可据此衡量和评估贸易是否具有可持续性的框架。该框架既评估一项贸易的环境可持续性（评价维度一），也评估该贸易如何支持社会经济的可持续发展（评价维度二）。国际商会本身并不重新设计标准，而是利用现有的公认的国际标准。国际商会评估框架包含5个组成部分：买方、供应商（卖方）、商品/服务、运输和最终目的。框架是一个5×2矩阵，显示了贸易的5个组成部分在两个评价维度上的可持续性。矩阵中的每个位置都包含从

"A"（对可持续性的积极贡献）到"N"（不符合可持续性最低标准）的等级；然后，可以汇总这些分数，从而在每一个维度上生成这项业务的总体分数。

思考题：

党的二十大报告提出："加快发展方式绿色转型。""完善支持绿色发展的财税、金融、投资、价格政策和标准体系。"结合所给资料分析商业银行应如何在进出口贸易融资中践行可持续发展理念。

资料来源　国际商会的《可持续贸易和可持续贸易金融标准》(国际商会出版物第DRS897E，2021)。

本章小结

进出口贸易融资是国际上商业银行常见的信贷业务，是银行为客户的进出口贸易活动提供的短期融资便利，一般分为进口贸易融资和出口贸易融资两大类。本章主要介绍进出口贸易融资的主要类型、结算方式选择应考虑的因素，以及各种结算方式和融资方式的综合使用。

关键概念

出口押汇（outward documentary bills purchased）；打包放款（packing finance）；保理（factoring）；福费廷（forfeiting）；开证额度（limit for issuing L/C）；提货担保（shipping guarantee）；信托收据（trust receipt，T/R）；出口信用保险（export credit insurance）

基本训练

第七章即测即评

❖ **简答题**

1. 什么是保理业务？

2. 保理业务有什么优势？

3. 福费廷业务对进出口商有何影响？

4. 福费廷业务与国际保理业务有哪些异同之处？

5. 什么是进口押汇？简述进口押汇的业务流程。

6. 简述开证额度的分类。

7. 什么是提货担保？试述提货担保的风险及防范。

❖ **案例分析**

1. 出口商A公司是B银行的客户。某日A公司收到了以其为受益人的信用证，在备货过程中因资金不足，向B银行申请信用证下的打包放款。B银行同意发放打包放款，贷款金额为信用证金额的80%，贷款期为30天。双方约定，当A公司发运货物后，即以全套单据向B银行议付，B银行从A公司应得的议付款中扣除打包放款本息。在贷款期内，A公司因经营不善倒闭，不再发运货物，因而无法提交单据，也无力以其他途径向B银行偿还打包放款，B银行因此遭受损失。

讨论：在打包放款业务中，银行承担的信用风险与银行在出口押汇业务中承担的信用风险有什么区别？哪个风险更大？为什么？

2. 生产电信设备的甲国的A公司与乙国的电信运营商B公司签订了电信设备供货协议。根据该协议，A公司向B公司出口电信设备，B公司付给A公司电信设备的货款。协议规定：10%为预付定金，在发货前支付；75%为货款，凭发票支付；15%为尾款，在设备正常运营6个月后支付。

讨论：怎样结合不同的结算方式，既保证A公司的收汇安全，又保证在B公司预付定金后A公司能履约发货？

第八章

国际结算中的单据

学习目标

了解国际贸易中商业发票、运输单据、保险单据、原产地证书、检验证书等商业单据的概念、特点和作用；熟悉商业发票、海运提单、保险单据等的主要内容；掌握商业发票、海运提单、保险单据及原产地证书的缮制方法。

❖导入案例

小李研究生毕业后，幸运地进入了中国银行某省分行国际结算部工作，他信心满满地准备好好在工作中表现一番。然而，当部门经理将厚厚一摞英文单据交给小李审核时，看着那一份份形式、内容各异的单据，小李有点犯晕，看来自己需要学习的东西还有很多。

第一节　商业发票

商业发票（commercial invoice）简称发票，是指由出口商向进口商开立的、对所装运货物作详细说明的发货凭证，即出口方给进口方开立的出口货物清单。

商业发票详细列明了装运货物的名称、规格、装运数量、价格条款、商品单价、商品总值等情况。进口商可以依据出口商提供的发票，核对签订合同的项目，了解和掌握合同的履约情况。商业发票也是进出口商记账、报关、纳税的凭证和依据。在不出具汇票的情况下，发票还可替代汇票作为付款的依据。一旦发生索赔，商业发票就是索赔的必要单证。商业发票是出口商必须提供的单据，在全部单据中起核心作用，其他单据均须参照它来缮制，在内容上不得与发票记载的内容相互矛盾。

一、商业发票的内容

商业发票通常由出口商自行拟制，并无统一格式。因此，商业发票的形式并不固定，但基本内容大致相同，一般包括首文（heading）、正文（body）和结文

（complementary clause）。①

（一）首文

首文部分应列明出票人名称和地址，发票抬头人，发票名称，发票、合同、订单或信用证的号码，发票的出票日期和地点，起讫地点，运输工具等内容。

1.出票人名称和地址

发票的出票人一般为出口商，但也可能是第三方（可转让信用证）。其名称和地址相对固定，出口商通常将此项内容事先印制在发票的上方。

2.发票抬头人

发票抬头人即收货人，一般为进口商或信用证的开证申请人（可转让信用证除外）。此栏一般印有“To”“Sold to Messrs”“For Account and Risk of Messrs”等字样。在这些字样后，一般注明买方的名称和地址（有时包括电传号码、传真号码等）。

3.发票名称

发票上一般标明“发票”（invoice）或“商业发票”（commercial invoice）字样，用粗体字印刷在发票的明显位置。一般情况下，应按信用证对发票的具体要求制作。例如，如果要求提供的是“commercial invoice”，则发票的名称必须有“commercial”字样；否则，发票与信用证的要求不符。

4.发票、合同、订单或信用证的号码

发票号码是出口商自行制作的编号，这是发票中不可缺少的内容之一。为了便于核对，发票中一般还注明有关合同号码或订单号码。采用信用证结算时，一般还注明信用证号码；使用的不是信用证方式或信用证无规定的，则可不填写。

5.发票的出票日期和地点

发票的出票日期就是发票的制作日期，也可理解为发票的签发日期。一般情况下，出具发票的日期不得迟于提单签发的日期，应略早于汇票日期，并在运输单据的出单日期之前；同时，不能迟于信用证的有效期或信用证规定的交单期。但UCP600规定，除非信用证另有规定，单据（包括发票）的出具日期可以早于信用证开出日期。

发票的制作地点一般是出口商所在地。

6.起讫地点（装运港或装运地、目的港或目的地）

一般情况下，要按货物运输的实际起讫地点填写，即发票上应列明货物的装运港（地）和目的港（地）名称。如果货物需转运，转运地点也要明确，应加注转运港名称；如有重名的港口或城市，应加列国名或地区名，转运港应与所标明的一致。

7.运输工具

如果采用直达船运输，则应在发票上加注船名；如果中途需要转船，则应注明二程船名。

---

① 韩常青．国际结算［M］．2版．北京：中国商务出版社，2010：247-248.

（二）正文

发票的正文部分是通过对货物和货价的描述来说明当事人履约的情况，主要包括唛头、货物描述，以及货物的包装、数量、单价和总价等内容。

1.唛头

唛头（shipping mark）即运输标志，是指印刷在货物外包装上的图形文字和数字，其作用是方便运输及保管过程中有关人员识别货物，避免发生发货和运输错误。若信用证中指定唛头，则发票上的唛头应与信用证中规定的唛头完全一致，发票的唛头和件号应与运输单据和其他单据所列的一致。若信用证未指定唛头，则出口商可自行设计；如果无唛头，则应填写“N/M”字样。

2.货物描述

货物的名称、品质、规格等应与信用证中的规定完全一致。如果信用证中的货物名称有错误并且未来得及修改，发票上的货物名称也应将错就错，以保证发票与信用证规定的完全一致。不过，可在错误的名称后面加注正确的名称。银行只负责审核单据表面上的一致性，因此，货物名称的表面性应与信用证的要求保持一致，不可使用货物名称的简写、繁写或同义名称等。其他单据的货名可用统称，但不能与信用证和发票相悖。

❖案例 8-1

某公司出口153型全棉劳动手套5 000打，客户开来信用证中注明货物的名称是“153型全棉劳动手套”。该公司发运货物后持单到银行议付，银行发现发票上写的是“153型全棉劳动手套”，而提单和保险单上仅写“劳动手套”，就以单单不一致为由拒绝付款。请分析银行的处理是否得当？为什么？

【案例提示】银行的处理不妥。根据UCP600的规定，商业发票中对货物的描述必须符合信用证中的描述，而在所有其他单据中，货物描述可以使用统称，但不得与信用证中货物的描述有抵触。故本案例中并不存在单单不一致的情形，银行不能以单单不一致为由拒绝付款。

3.货物的包装和数量

信用证中如果规定内外包装方式或其他明细条款，则在发票中也应填写完整。信用证中规定要注明毛重、净重的，发票中也应列明。发票中列明的货物的数量不仅应与信用证中货物描述的数量完全一致，并应与提单等基本单据中货物的数量一致，还要与唛头相符。

4.货物的单价和总价

发票的单价一般包括计量单位、单位金额、计价货币和贸易术语四部分内容。

发票的单价应与信用证中规定的货物单价相符。如果单价中含有佣金或折扣，发票上一般也会注明。发票的总价即货物总金额，也就是货物数量与货物单价之积。总价一般由大小写组成。单价和总价是发票的重要项目，必须准确计算，正确缮写，并应做到单价、数量、总价三者之间不能相互矛盾（除非信用证另有规定，发票的总金额一般不能超过开证的金额，并注意与有关汇票金额一致)。

另外，有时根据买方的要求，对按照CIF、CIP、CFR、CPT成交的，发票上还应分别列明运费、保险费、FOB和FCA价。

（三）结文

1.参考号

信用证条款常规定发票要注明进口许可证号（import license No.）等参考号，这些都应按照规定在发票的结尾部分注明。

2.声明文句

许多国家开出的信用证中要求加注特别条款或语句，如在发票上加注特定费用金额，分别列明货物的金额、运费及保险费、进口许可证号，注明货物的原产地名称等有关说明、文件号码与证实性语句。在缮制发票时，可将上述内容打印在发票的商品描述栏内。

现举几例仅供参考：

We hereby certify that the contents of the invoice herein are true and correct.

(兹证明发票中的内容真实和正确。)

We hereby certify that this invoice is true and correct in all particulars including value and origin.

(兹证明本发票的所有项目，包括价格和原产地是真实和正确的。)

It is hereby certified that this invoice shows the actual price of the goods described, that no other invoice has been or will be issued, and that all particulars are true and correct.

(兹证明本发票的价格系所述商品的真实价格，亦未签发其他发票，所有项目均真实和正确。)

3.出票依据

某些信用证（如凭单付款信用证）在不要求汇票时，为说明出票依据，常注明如“Payment received against Credit No.×× issued by ×× Bank”（根据××银行第××号信用证收款）等文字。

4.发票的份数

发票的份数应按信用证的规定提供。一般来说，发票没有正副本之分，但有些信用证把发票分成正本和副本。此时，在缮制发票时，放在最上面的一份被视为正本，要加盖“ORIGINAL”字样，其余的被当作副本。

5.出口商签章

发票的出票人签名一般在发票的右下角，包括两部分：

一是出口商的名称，必须与信用证规定的受益人名称一致。

二是出口商的经理或其他授权人的手签，有时也可用图章代替手签；但规定用手签的，必须加负责人的手签，否则会被视为无效发票。有些国家规定，写在签署人签名以下的文字内容无效。因此，应特别注意发票的各项内容要列在签署人签名之上。

UCP600规定，如果信用证没有特别要求，则发票可以没有签名。

附样 8-1 为某公司签发的商业发票。

附样 8-1

商业发票

<table>
<tr><td colspan="2">ISSUER
GREAT WALL TRADING CO., LTD.
RM201, HUASHENG BUILDING,
NINGBO, P.R. CHINA</td><td colspan="3" rowspan="2">商业发票
COMMERCIAL INVOICE</td></tr>
<tr><td colspan="2" rowspan="2">TO
F.T.C. CO.
AKEKSANTERINK AUTO P.O. BOX 9, FINLAND</td></tr>
<tr><td>NO.
GW2023M062</td><td colspan="2">DATE
MAY 22, 2023</td></tr>
<tr><td colspan="2" rowspan="2">TRANSPORT DETAILS
FROM NINGBO TO HELSINKI BY SEA
PARTIAL SHIPMENT: NOT ALLOWED
TRANSSHIPMENT: ALLOWED
SHIPMENT AT THE LATEST MAY 30, 2023</td><td>S/C NO.
GW2023M062</td><td colspan="2">L/C NO.
LRT2302457</td></tr>
<tr><td colspan="3">TERMS OF PAYMENT
L/C AT SIGHT</td></tr>
<tr><td>MARKS AND NUMBERS</td><td>NUMBER AND KIND OF PACKAGE; DESCRIPTION OF GOODS</td><td>QUANTITY</td><td>UNIT PRICE</td><td>AMOUNT</td></tr>
<tr><td>ROYAL
05AR225031
JEDDAH
C/N: 1-UP</td><td>OXYDEXA INJECTION
ZL0322+BC05 230 SETS
ZL0319+BC01 230 SETS
DETAILS AS PER SALES
CONTRACT GW2021M062
DATED APR.22, 2023
CIF HELSINKI

ZL0322+BC05
ZL0319+BC01</td><td>230 CTNS
230 CTNS</td><td>USD42.00
USD41.00</td><td>USD9,660.00
USD9,430.00</td></tr>
<tr><td colspan="5">TOTAL: 460 CTNS USD19,090.00
SAY TOTAL: NINETEEN THOUSAND AND NINETY ONLY.

THE NAME AND ADDRESS OF THE MANUFACTURER: GREAT WALL TRADING CO., LTD.

SIGNATURE: GREAT WALL TRADING CO., LTD.
RMRM201, HUASHENG BUILDING,
NINGBO, P.R. CHINA

SIGNED COMMERCIAL INVOICE 1 ORIGINAL AND 5 COPIES.</td></tr>
</table>

二、其他形式的发票

（一）形式发票

形式发票（proforma invoice）又称预开发票、估价发票，是在交易达成前卖方应买方的要求，将拟报价出售的货物名称、规格、单价、贸易术语、装运期及支付方式等一一列明的一种非正式发票，供买方向本国的进出口管理机构或外汇管理部门申请进口许可证或批汇之用。

形式发票在外表上与商业发票的唯一差别是有“形式”字样。它的作用是：

（1）形式发票是交易的卖方向可能的买方报价的一种形式，即充当交易的发盘，供进口商参考。

（2）在外汇管制较严的国家，买方要用形式发票来申请外汇及进口许可证。①

由于形式发票不是正式的发票，且票面上注明的价格亦是卖方根据当时市场行情的估计价，只供买方参考，对双方无约束力，因此不能作为托收和信用证项下议付或出口结汇的单据。但是若买方接受了形式发票，就不再是“形式”而是肯定的合约。形式发票一旦被买方接受，卖方就要另开正式发票，并将买方已接受的形式发票的详细内容照录于正式商业发票内。卖方通常被要求在商业发票上注明“所列货物按××号形式发票”，在信用证项下，卖方还要申明商业发票和形式发票的内容是相符的。

（二）证实发票

证实发票（certified invoice）是根据信用证要求，在发票上加注一个声明，证实该发票的真实性。它被人们称为“证实”发票的原因在于，发票上列明货物和产地这两项主要内容，其中货价部分须经卖方以个人名义签名予以证实。

证实发票需要证实以下某项内容：

（1）货物符合某项合同或形式发票。

（2）货物是或不是某特定国家所产。

（3）买方要求卖方在发票上加注其内容真实的证明。

一般来说，证明文句为：“We thereby certify the contents of this invoice true and correct.”即发票的内容是真实和正确的，并将“错误当查”划去。有的证实发票具有一定的格式，在向进口当局提供时，可作为货物清关时课征较低关税或免税时必需的证明。

（三）海关发票

海关发票（customs invoice）又称估价和原产地联合证书（combine certificate of value and origin）或根据××国海关法令的证实发票（certified invoice in accordance with ××

① 叶陈云，叶陈刚．国际结算［M］．上海：复旦大学出版社，2007：204.

customs regulation)，是进口国海关制定的一种固定格式的发票，要求卖方填制，供买方凭以报关。

进口国要求提供的这种发票，主要是作为估价完税或征收差别待遇关税、征收反倾销税的依据。此外，海关发票可用作编制统计资料。

（四）领事发票

领事发票（consular invoice）亦称领事签证发票，是一种进口国驻出口国领事馆制定的特定规格的发票，由出口商填写并经领事签名证实后，提供给进口商凭此办理报关手续。领事发票要求依据事实填写并交纳一定的费用。按某些国家的规定，货物从外国进口，须提供领事发票作为核对税款的根据，以防止买方进口时低报货价逃避进口关税，并审查该进口商品有无倾销的情况。

领事发票具有以下作用：

（1）证明进口货物的原产地。

（2）证明领事发票上所填写的货物名称、价格与数量属实。

（3）是进口商品征税的依据。

（4）防止出口国廉价倾销出口商品。

（五）厂商发票

厂商发票（manufacturer invoice）是厂商出具的以本国货币计算价格、用来证明出口国国内市场的出厂价格的发票。来证要求提供厂商发票，主要目的是核查出口交易中是否存在倾销，以便确定是否要征收反倾销税。

（六）银行发票

在交易比较复杂时，有时信用证对货物名称、规格、包装等的规定要比合同简单。为使单证相符，出口商按信用证的要求缮制一份简略的发票交银行议付，这种发票就叫银行发票（banker's invoice)，而将内容详尽的、与合同要求一致的发票径寄进口商。

（七）样品发票

样品发票（sample invoice）是出口商为推销商品，将样品寄给进口商而出具的发票，供进口商报关和采购参考。样品发票不同于商业发票，目的是说明自己所推销商品的品质、规格、价格，以方便客户了解商品的价值和费用、向市场推销、报关取样。

（八）联合发票

联合发票（combined invoice）是指将其他某种单据的内容或几种单据的内容都反映在其中的商业发票上。也就是说，联合发票不仅具有商业发票的作用，而且代替了它所联合的其他单据，如保险单、重量单、装箱单、原产地证书等。由于联合发票只能在信用证允许的范围内使用，因此，在国际贸易实务中，联合发票较少使用。

第二节　运输单据

运输单据（transport document）是国际贸易的基本单据之一，是指托运人将货物移交给承运人办理装运时，由承运人签发给托运人的书面文件。运输单据是货物已经付运的证明，是运输合同的证明，也是交接货物、处理索赔与理赔以及向银行结算货款的重要凭据。

运输单据种类繁多，名目不一，UCP600在第19条至第25条分别按照不同的运输方式将其概括为七大类，即多式运输单据，提单，不可转让海运提单，租船合同提单，空运单据，公路、铁路或内河运输单据，快递及邮政收据。需要指出的是，运输单据的副本并不是UCP600第19条到第25条所指的运输单据，UCP600关于运输单据的条款仅适用于有正本运输单据提交时。如果信用证允许提交副本而不是正本单据，则信用证必须明确规定应当显示哪些细节。当提交运输单据副本（不可转让的）单据时，无须显示签名、日期等。

一、海运提单

（一）海运提单的含义和作用

海运提单（ocean bill of lading，ocean B/L）也称提单，是承运人（船方或其代理）接管承运货物或货物装船后签发给托运人的货物收据，是承运人将货物运至特定目的地并交付收货人的书面凭证。提单也是一种货物所有权凭证，承运人据以交付货物，提单持有人可据以提取货物，也可凭此向银行押汇，还可在载货船舶到达目的港交货之前进行转让。提单是使用最多的运输单据。

提单的作用是：①

1.货物收据

提单是承运人签发给托运人的收据，确认承运人已收到提单所列货物并已装船，或者承运人已接管了货物，正等待装船。

2.运输合同证明

提单是托运人与承运人的运输合同证明。托运人向承运人办妥订舱或租船手续即表明双方运输合同关系成立。依照双方约定，托运人按时向承运人提交货物，承运人向托运人出具提单，这份提单就是双方运输合同的证明，双方应承担合同规定的各项责任。

3.物权凭证

提单是货物所有权的凭证。谁持有提单，谁就有权要求承运人交付货物，并且享有占有和处理货物的权利。提单代表了其所载明的货物。

① 梁远辉，刘丹．国际结算［M］．武汉：华中科技大学出版社，2007：140.

（二）海运提单的关系人

（1）承运人（carrier），即负责运输货物的当事人，可以是船方，也可以是租船人。

（2）托运人（shipper/consignor），也称发货人，根据成交的价格条件不同，可以是卖方，也可以是买方。若以FOB方式成交，托运人是买方；若以CFR、CIF等方式成交，托运人则为卖方。

（3）收货人（consignee），通常被称为提单的抬头人，可以是托运人本身，也可以是第三人。

（4）被通知人（notify party），是货物到达目的港后，船方发送到货通知的对象，一般是进口商或其代理人。

（三）海运提单的内容

提单由各船公司签发，没有统一的格式，但一般都包括以下内容（见附样8-2）：

1.提单种类及承运人名称、地址

提单应表明提单名称、承运人名称及地址，一般由船公司事先印定。

2.托运人

托运人应在提单“shipper”栏内写明其名称和地址。若信用证无特殊规定，应以受益人为托运人。如果受益人是中间商，货物是从产地直接装运的，则这时也可以实际供货人为发货人。

3.收货人

收货人在提单“consignee”栏内填写，可作成记名抬头、不记名抬头和指示抬头提单。

（1）记名抬头提单，即在收货人栏内载明托运给一个特定的收货人，如“delivery to ×× only”。这种提单只能由特定的收货人提货，不得转让流通，该收货人经证明其身份，即可提取货物。

（2）不记名抬头提单，也称为来人抬头提单，在收货人栏内不写明收货人名称，只注明“to bearer”（凭来人）字样，转让无须背书，谁持有提单谁就可以提货。

（3）指示抬头提单，是指在收货人栏内写明“to order”（凭指示）的提单。其又可分为不记名指示、发货人指示、银行指示及收货人指示提单。

① 不记名指示提单（to order B/L），即在收货人栏中填写“to order”，由发货人作空白背书转让。这种提单较常见。

② 发货人指示提单（to order of shipper B/L），即在收货人栏中填写“to order of shipper”，并由发货人作空白背书转让。

③ 银行指示提单（to order of ×× bank B/L），即在收货人栏中填写“to order of ×× bank”。其又分为“to order of negotiating bank”（收货人为议付行）、“to order of issuing bank”（收货人为开证行）、“to order of collecting bank”（收货人为代收行）三种，由银行作空白背书转让。

附样 8-2

海运提单

1.Shipper Insert Name, Address and Phone GREAT WALL TRADING CO., LTD. RM201, HUASHENG BUILDING, NINGBO, P.R. CHINA	B/L No. CSC020867 中远海运集装箱运输有限公司 COSCO SHIPPING LINES TLX:33057 COSCO CN FAX:+86(021)6545 8984 ORIGINAL Port-to-Port or Combined Transport **BILL OF LADING**
2.Consignee Insert Name, Address and Phone TO ORDER	
3.Notify Party Insert Name, Address and Phone (It is agreed that no responsibility shall attach to the Carrier or his agents for failure to notify) F.T.C. CO. AKEKSANTERINK AUTO P.O. BOX 9, FINLAND	RECEIVED in external apparent good order and condition except as otherwise noted. The total number of packages or unites stuffed in the container, the description of the goods and the weights shown in this Bill of Lading are furnished by the Merchants, and which the carrier has no reasonable means of checking and is not a part of this Bill of Lading contract. The carrier has issued the number of Bills of Lading stated below, all of this tenor and date, one of the original Bills of Lading must be surrendered and endorsed or signed against the delivery of the shipment and whereupon any other original Bills of Lading shall be void. The Merchants agree to be bound by the terms and conditions of this Bill of Lading as if each had personally signed this Bill of Lading. SEE Clause 4 on the back of this Bill of Lading (Terms continued on the back hereof, please read carefully). *Applicable Only When Document Used as a Combined Transport Bill of Lading.

4.Combined Transport* Pre-carriage by	5.Combined Transport* Place of Receipt
6.Ocean Vessel Voy. No. YANGFNA V.009W	7.Port of Loading NINGBO
8.Port of Discharge HELSINKI	9.Combined Transport* Place of Delivery

Marks & Nos. Container/Seal No.	No.of Containers or Packages	Description of Goods (If Dangerous Goods, See Clause 20)	Gross Weight	Measurement
ROYAL 05AR225031 JEDDAH C/N: 1-UP	CBHU 0611758/ 25783 CY / CY PACKED IN 460 CTNS	OXYDEXA INJECTION ZL0322+BC05 230 SETS ZL0319+BC01 230 SETS DETAILS AS PER SALES CONTRACT GW2021M062 DATED APR. 22, 2023 CIF HELSINKI L/C NO.LRT9802457 DATE APRIL 28, 2023 CY/CY CONTAINER NO.76589 ZL0322+BC05 ZL0319+BC01	 4,255 KGS 4,255 KGS	 34 M3 34 M3
TOTAL	460 CTNS	FREIGHT PREPAID	8,510 KGS	68 M3
Declared Cargo Value		Description of Contents for Shipper's Use Only (Not Part of This B/L Contract)		

10.Total Number of Containers and/or Packages (in words)
Subject to Clause 7 Limitation

11.Freight & Charges	Revenue Tons	Rate	Per	Prepaid	Collect

Ex. Rate:	Prepaid at CHINA	Payable at	Place and Date of Issue MAY 25,2023,NINGBO,P.R. CHINA
	Total Prepaid	No. of Original B(s)/L THREE	Signed for the Carrier COSCO SHIPPING LINES

LADEN ON BOARD THE VESSEL

DATE MAY 25, 2023 BY COSCO SHIPPING LINES

ENDORSED IN BLANK ON THE BACK

④ 收货人指示提单（to order of consignee B/L），即在收货人栏中填写“to order of ×× Co.”。这种提单应按照收货人的指示交货，发货人或银行失去对货物的控制，未经收货人背书，承运人不予交货。

4.被通知人

货到目的港时，由承运人通知被通知人办理报关提货等手续。

（1）如果信用证中有规定，则应严格按信用证规定填写，如详细地址、电话、电传、传真号码等，以便通知顺利。

（2）如果来证中没有具体说明被通知人，就应将开证申请人名称、地址填入提单副本的这一栏中，而正本的这一栏保持空白或填写买方亦可。副本提单必须填写被通知人，是为了方便目的港代理通知联系收货人提货。

（3）如果来证中规定“notify...only”，意指仅通知某某，则“only”一词不能漏掉。

5.前段运输、转船港

如果货物须转运，则在此两栏中分别填写前段运输（pre-carriage by）（第一程船）的船名和转船港（port of transshipment）的名称。

6.船名

如果货物须转运，则在这栏填写第二程船的船名（vessel）；如果货物不需转运，则在这栏填写第一程船的船名。是否填写第二程船的船名，主要是根据信用证的要求；如果信用证并无要求，即使须转船，也不必填写第二程船的船名。例如，来证要求：“In case transshipment is effected，name and sailing date of 2nd ocean vessel calling Rotterdam must be shown on B/L.”（如果转船，至鹿特丹的第二程船船名、日期必须在提单上表示）只有在这种条款或类似明确表示注明第二程船的船名的条款下，才应填写第二程船的船名。

7.装运港

装运港（port of loading）应严格按信用证规定填写。一些国外开来的信用证笼统规定装运港名称，如仅规定为“中国港口”（Chinese ports，shipment from China to...），这种规定对受益人来说比较灵活，如果需要由附近其他港口装运，可以由受益人自行选择。制单时应根据实际情况填写具体港口名称。若信用证规定“your port”，则受益人只能在本市港口装运；若本市没有港口，则事先须洽开证人改证。

8.卸货港及最终目的地

卸货港（port of discharge）及最终目的地（final destination）应按要求填写；如果货物的目的地就是卸货港，最终目的地可以空白。除FOB贸易术语外，卸货港不能是笼统的名称，必须列出具体的港口名称；如果国际上有重名港口，还应加列国名。

❖ 案例 8-2

信用证规定提交海运提单，货从上海运到丹麦AARHUS。我出口公司在提单上有关装卸各栏填制为“Port of Lading：SHANGHAI”“Port of Discharge：（空白）”“Final Destination：AARHUS”。单据寄到国外银行，开证行拒付，理由是AARHUS应为卸货港，而不是目的地。

【案例提示】信用证规定的是海运，属于港至港运输，AARHUS是一个港口，而不是内陆城市，因此，它只能是卸货港，而不是最后目的地。出口公司制单错误，从而导致开证行拒付。

9.正本提单的份数

正本提单份数应按信用证或合同规定出具，并用英文大写数字填写。UCP600第20条规定，当信用证要求一份以上正本提单时，受益人必须提交全套正本提单。正本提单应注明“original”字样。

常见的信用证对提单的要求有以下3种：

（1）full set of B/L：按惯例应提交全套3份正本提单，且全部提交给银行。

（2）full set of B/L in triplicate with two non-negotiable bills of lading：指应提交全套提单，包括3份正本提单、2份副本提单。

（3）2/3 original clean on board ocean bills of lading：指制作3份正本清洁已装船提单，其中2份向银行提交。

10.唛头和件号

唛头和件号是为了装卸、运输及存储过程中便于识别而刷在外包装上的装运标记。其是提单的一项重要内容，是提单与货物的主要联系要素，也是收货人提货的重要依据。提单上的唛头应与发票等其他单据以及实际货物保持一致，否则会给提货和结算带来困难。

（1）如果信用证上有具体规定，则缮制唛头应以信用证规定的唛头为准。如果信用证上没有具体规定，则以合同为准。如果合同上也没有规定，则可按买卖双方私下商定的方案或受益人自定。

（2）唛头内的每一个字母、数字、图形、排列位置等应与信用证规定完全一致，保持原形状，不得随便错位、增减等。

（3）散装货物没有唛头，可以表示“no mark”“N/M”。裸装货物常以不同的颜色区别，如钢材、钢条等刷上红色标志，提单上可以“red stripe”表示。

11.件数和包装种类

本栏填写包装数量和包装单位。如散装货物无件数，可表示为“in bulk”（散装）。包装种类一定要与信用证一致。

❖案例8-3

A公司出口一批大豆，合同规定“packed in used and repaired gunny bag”（以旧的修补麻袋包装）。信用证对包装条件却规定“packed in gunny bags”（以麻袋包装）。A公司按合同规定，货物以旧的修补麻袋包装，提单按信用证规定“以麻袋包装”缮制。承运人在签发提单时发现货物包装是旧袋且有修补，要求在提单上加注。A公司考虑提单加添批注造成不清洁提单则无法议付，以为既然合同规定允许货物以旧的修补麻袋包装，买方就不会有异议，所以改制单据为货物以旧的修补麻袋包装。单据交议付行议付时，议付行也疏忽未发现问题，单到开证行却被拒付。

【案例提示】信用证规定为“packed in gunny bags”，而发票与提单表示为“packed in used and repaired gunny bag”，单证不符，开证行拒付是正当的。因此，出口商一定要严格按信用证要求制单，以免因单证不符而被拒付。

12. 商品名称

商品名称应按信用证规定的品名以及其他单据如发票品名来填写，注意避免不必要的描述，也不能增加内容。若信用证上商品是“shoes”（鞋子），绝不能擅自详细描述成“men's canvas shoes”（男式帆布鞋）等。如果品名繁多、复杂，则银行接受品名描述用统称表示，但不得与信用证对货物的描述抵触。

13. 毛重及净重

毛重及净重应与发票或包装单相符。裸装货物没有毛重，只有净重，应先加“net weight”“N.W.”，再注具体的净重数量。

14. 尺码

尺码即货物的体积，应按规定填写。

15. 运费条款

运费条款应按信用证的规定注明；如果信用证未明确，则可根据贸易术语是否包含运费决定如何批注。运费条款主要有以下几种情况：

（1）如果是CIF、CFR等贸易术语，运费在提单签发之前支付，提单应注“freight paid”（运费已付）或“freight prepaid”（运费预付）。

（2）在FOB、FAS等贸易术语下，运费在目的港支付，提单应注明“freight collect”“freight to collect”“freight to be collected”（运费到付/运费待收），或“freight payable at destination”（运费在目的港支付）。

（3）如果信用证规定“charter party B/L acceptable”（租船合同提单可以接受），提单内可注明“freight as per charter party”，表示运费按租船合同支付。

（4）在卖方知道运费金额或船公司不愿意暴露运费费率的情况下，提单可注明“freight paid as arranged”（运费已照约定付讫），或者运费按照约定的时间或办法支付，提单可注明“freight as arranged”“freight payable as per arrangement”。

（5）对货物的装船费和装卸费等负担问题，船方经常要求在提单上注明有关条款，如“FI”（free in，船方不负担装船费）、“FO”（free out，船方不负担卸船费）、“FIO”（free in and out，船方不负担装船费和卸船费）、“FIOS”（free in，out and stowed，船方不负担装卸费和理舱费）、“FIOST”（free in，out，stowed and trimmed，船方不负担装卸费和理舱、平舱费）。

16. 提单签发地点和日期

提单签发地点通常是承运人收受货物或装船的地址，但有时也不一致。例如，收受或装运货物在连云港，而提单签发在天津，有的甚至不在同一个国家。提单签发日期不得晚于信用证规定的装运期，这对出口商能否安全收汇很重要。提单正面条款中已有装船条款，在这种情况下，提单签发日期即被视为装船日期。

17.提单签发人签名

有权签发提单的是承运人或作为承运人的具名代理或代表、船长或作为船长的具名代理或代表。如果是代理人签名，则代理人的名称和身份与被代理人的名称和身份都应该列明。

此外，在提单正面通常还有4项事先印就的契约条款，包括装船条款（表明承运人已收到外表状况良好的货物）、内容不知悉条款（说明承运人对提单所称的货物的名称、数量、质量等内容概不知悉）、承认接受条款（托运人接受提单就意味着接受提单背面的各项条款）和签署条款。

提单的背面一般是事先印定的运输契约条款，对提单有关当事人的责任、权利、索赔、诉讼等作出详细规定。

拓展阅读8-1

（四）海运提单的种类

海运提单可以从不同角度予以分类。

1.根据货物是否装船划分

（1）已装船提单（shipped B/L），是指同一批货物全部装进船舱或舱面后，由承运人签发的提单。信用证下要求受益人提交的提单一般都应是已装船提单。

（2）备运提单（received for shipment B/L），是指船公司收到货物，暂时存放在码头仓库或驳船中，等待承运船舶抵港时再行装运所签发的提单。此类提单虽列有船名，但该船能否如期到达，船公司并不负责。除非信用证另有规定，银行一般不接受备运提单。

2.根据提单上有无对货物外表状况不良的批注划分

（1）清洁提单（clean B/L），是指不带有宣称货物或包装有缺陷的附加条款或批注的提单。在国际贸易结算中，银行只接受清洁提单，即承运人未在提单上批注货物外表有任何不良情况。

（2）不清洁提单（unclean B/L），是指带有承运人关于货物外表状况不良或包装不当的批注的提单。此类提单银行一般不接受。

3.根据提单收货人栏内的书写内容划分

（1）记名提单（straight B/L），是指在收货人栏里记载特定收货人名称，只能由该收货人提货，不能转让。

（2）不记名提单（bearer B/L），是指在收货人栏中填写“to bearer”，不填写具体收货人的名称的提单。这类提单不需背书就可转让，谁持有提单谁就可以提货，对买卖双方风险很大，因此很少使用。

（3）指示提单（order B/L），是指在收货人栏内填写“to order”（凭指定）等字样的提单。指示提单又分不记名指示提单和记名指示提单。不记名指示提单仅填写“to order”，必须由托运人背书后才能转让，又称空白抬头。记名指示提单填写“to order of ××”（凭××指定），该××即具体的指示人，提单由其背书后可以转让。

4.根据船舶运营方式划分

（1）班轮提单（liner B/L），是指货物由班轮承运而签发的提单，提单上载明运输合同的条款，船货双方受其约束。

（2）租船提单（charter party B/L），是指租船运输方式下由承运人签发的提单，受另行制定的租船合同约束，故在使用该提单时，往往要提供租船合同副本。

5.根据提单签发日和交单日的关系划分

（1）正常提单（unstale B/L），是指不迟于信用证规定的最迟交单期限或不迟于载货船舶到达目的港的提单。银行接受的提单都是正常提单。

（2）过期提单（stale B/L），是指超过规定的交单日期或晚于货物到达目的港的提单。

（3）倒签提单（anti-dated B/L），是指承运人应托运人要求，在货物装船后以早于该批货物实际装船完毕的日期作为提单签发日期而签发的提单。

（4）预借提单（advanced B/L），是指承运人应托运人的要求，在货物尚未装船或装船尚未完毕的情况下预先签发的已装船提单，隐瞒了货物迟交的真相，是不合法的提单。

6.根据运输方式划分

（1）直达提单（direct B/L），是指承运人将货物由同一船舶直接从启运港运往目的港的提单。凡信用证规定不准转船者，必须出具直达提单。

（2）转船提单（transshipment B/L），是指货物至少经两艘船运输至目的港，由承运人在装运港签发的提单。如果信用证允许转船，则银行可接受转船提单。

（3）联运提单（trough B/L），是指货物从启运港到目的地由两个或两个以上承运人运送，托运人在办理托运手续并交纳全程运费后，由第一程承运人签发的提单。

二、其他运输单据

（一）铁路运单

铁路运输分为国际铁路联运和通往我国香港、澳门的国内铁路运输，分别使用国际铁路货物联运单和承运货物收据。

1.国际铁路货物联运单

该运单为铁路部门和发货人之间缔结的运输合同，运单签发即表示承运人已收到货物并受理托运，装车后加盖承运日戳，即为承运。运单正本随同货物送至终点站交收货人，是铁路同收货人交接货物、核收运杂费用的依据。运单副本加盖日戳后是卖方办理银行结算的凭证之一 。

2.承运货物收据

中国内地通过国内铁路运往中国香港、澳门地区的货物，一般都委托中国对外贸易运输公司承办。货物装车发运后，由中国对外贸易运输公司签发一份承运货物收据给托运人，托运人以此作为结汇凭证。承运货物收据既是承运人出具的货物收据，也是承运人与托运人签署的运输契约。

（二）航空运单

航空运单（airway bill）是作为承运人的航空公司与托运人之间签订的运输合同，也是承运人或其代理人签发的货物收据。航空运单不仅应由承运人或其代理人签名，还必须由托运人签名。航空运单与铁路运单一样，不是物权凭证，不能凭以提取货物，必须作成记名抬头，不能背书转让。收货人凭航空公司的到货通知单和有关证明提货。航空运单正本一式三份，分别交托运人、航空公司和随机带交收货人，副本若干份由航空公司按规定分发。

（三）多式联运单据

多式联运是指以至少两种不同运输方式由运输商将货物从接管地运至交货地的运输方式。多式联运单据（combined transport document）是由多式运输商收到货物后签发的文件。它既是货物收据，又是运输合同的证明；在单据作成指示抬头或不记名抬头时，可作为物权凭证，经背书可以转让。

多式联运单据表面上和联运提单相仿，都包括全程运输，但联运提单承运人只对自己执行的一段负责，而多式联运承运人对全程负责；联运提单由船公司签发，而多式联运单据由多式联运承运人签发。

❖案例 8-4

某出口公司收到进口方通过银行开具的信用证，其中规定受益人须提供一式两份正本多式联运单据。出口公司发运货物后备齐一式两份正本联运提单、商业发票、保险单等全套单据送议付行，其中保险单上载明：自中国上海经中国香港转运至荷兰鹿特丹。议付行审单后认为符合信用证有关规定而给予预付，然后将联运提单寄开证行索偿。开证行收到单据后5天内，以联运提单仅仅是海海联运，并非多式联运为由而拒付款。请问：开证行是否有权拒付？

【案例提示】本案例的关键是运输方式的组合，即究竟所签发的提单是海运转运提单还是多式联运单据。根据UCP600的规定，本案例中开证行有权拒付，因为保险单上表明货物在我国香港转他船运往国外，这就为海海联运提供了证明，从而不符合国际多式联运的条件。

（四）邮包收据

邮包收据（parcel post receipt）是邮局收到寄件人的邮件后所签发的凭证，也是收件人凭以提取邮件的凭证。邮包收据只是收据和合同证明，不是物权凭证，一律作成记名抬头，由经办邮局加盖日戳后成为有效凭证，寄件人可凭此交银行议付结汇。

第三节　保险单据

一、保险单据及种类

保险单据是保险人对被保险人的承保证明，是双方之间权利、义务关系的契约。在被保险货物遭受损失时，它是被保险人索赔的主要依据，也是保险人理赔的主要依据。保险单据的种类有保险单、保险凭证、联合凭证、保险声明和批单等。

1.保险单

保险单（insurance policy）是一种正规的保险合同，是完整独立的保险文件。保险单背面印有货物运输保险条款（一般表明承保的基本险别条款之内容），还列有保险人的责任范围及保险人与被保险人各自的权利、义务等方面的条款，俗称大保单。

2.保险凭证

保险凭证（insurance certificate）是表示保险公司已经接受保险的一种证明文件，这是一种比较简化的保险单据。它包括了保险单的基本内容，但不附有保险条款全文。保险凭证与保险单有同等的法律效力。

3.联合凭证

联合凭证（combined certificate）又称承保证明（risk note），是比保险凭证更简化的保险单据。保险公司仅将承保险别、保险金额及保险编号加注在我国进出口公司开具的出口货物发票上，经正式签章即作为已经保险的证据，是最简单的保险单据。

4.保险声明

预约保险单项下的货物一经确定装船，要求被保险人立即以保险声明（insurance declaration）的形式，将该批货物的名称、数量、保险金额、船名、起讫港口、航次、开航日期等通知保险人，银行可将保险声明当作一项单据予以接受。

5.批单

批单是指保险单出立后，如需变更其内容，可由保险公司另出的凭证注明更改或补充的内容。批单须粘贴在保险单上并加盖骑缝章，作为保险单不可分割的一部分。

二、保险单的内容及缮制

1.保险单号码（insurance policy No.）

由保险公司按要求编写保险单号码。

2.发票号码（invoice No.）

按发票号码填入。

3.被保险人（insured）

被保险人即保险单的抬头，按可保利益的实际有关人填写。由买方或卖方投保的，则分别填写其详细名称。如信用证另有规定，按来证要求办理。

在CIF或CIP贸易术语下，投保人就是卖方，所以被保险人栏填卖方名称。但发生货损时，实际索赔的权益在买方，所以保险单以卖方为被保险人时，卖方要将保险单背书转让给买方，以表示被保险索赔的权益转让给保险单的持有人，受让人则承担被保险人的义务。

4.唛头和件号（mark and No.）

按要求将货物实际的唛头和件号填入，并与提单、发票一致。

5.包装和数量（packing and quantity）

此处填最大包装件数，并与运输单据、发票所载件数一致。若是散装货物，则填"in bulk"。

6.保险货物（description of goods）

一般要求按发票品名填写。如果品种较多，则保险单本栏可填商品统称，但其统称不得与发票或信用证规定品名抵触。

7.保险金额（amount insured）

保险金额由金额数和币别两部分组成，金额数只取整数，投保币别应与信用证、发票所载币别一致。如果信用证不明确保险金额的加成，则保险单上的保险金额最低不得低于货物的CIF或CIP价总值的110%。

❖ 案例8-5

信用证要求保险单据对规定的风险提供CIF价之110%的保险。如果提交的保险单据未提供相同的保险百分比，而是提供了诸如115%或120%的保险加成，试问该保险单是否为合格交单？

【案例提示】该保险单应视为合格交单。这是因为，按照UCP600第28条的规定，信用证对投保金额为货物价值、发票金额或类似金额的某一比例的要求，将被视为对最低保额的要求。

8.总保险金额（total amount insured）

总保险金额为保险金额的英文大写，它与保险金额两者必须保持完全一致。大写金额末尾应加"only"字样。

9.保险费及保险费率（premium and premium rate）

保险单在印刷的时候就已经在本栏填入"as arranged"，不需要再填写。信用证要求标明保险费及保险费率时，则应填上具体保险费金额及费率。

10.装载运输工具（per conveyance S.S.）

按实际运输方式和运输工具名称填入。若需中途转船，应在第一程船船名后加填第二程船船名；其他运输方式填写相应名称。

11.开航日期（sailing on or abont）和起讫地点（from...to...）

开航日期即运输单据上所载明的实际装运日期。起讫地点应与提单记载一致，而且符合信用证要求。如需中途转船，则应加注转运港。

12.承保险别（conditions）

本栏是保险单的核心内容，是将来理赔责任范围的主要依据，所以必须慎重填制，且与信用证要求一致。通常填写承保险别的英文缩写，并注明所依据的保险条款及实施年份。

13.货损检验和理赔代理人（surveying and claim setting agents）

本栏由保险公司指定，应填上代理人的详细地址。

14.赔付地点（claim payable at ...）

如果信用证指定赔付地点，则应按信用证规定填写；如果信用证没有指定，则填目的港名称。

15.日期和地点（date and place）

保险单签发日期是保险公司责任开始日期，不得晚于运输单据所记载的装运日期。签发地点即办理投保所在的地点，一般保险公司在印制保险单时已印妥。

16.签章（authorized signature）

由签发保险单的保险公司签名盖章，其签章一般已事先印制在保险单的右下方。实际签发份数按信用证规定提供。

三、海上货物运输保险

海上货物运输保险又称水险，是以海上运输中的各种货物作为保险标的的保险。保险人根据保险合同的约定，对货物遭受承保责任范围内的风险所造成的损失提供风险保障。

（一）海上货物运输保险的保障范围

1.保障的风险

海上货物运输保险保障的风险主要包括海上风险和外来风险。

海上风险（perils of the sea）又称海难，是指在海洋运输过程中发生的自然灾害，如恶劣气候、雷电、海啸、洪水、火山爆发、浪击落海和海上意外事故，又如运输工具搁浅、触礁、沉没、与流冰或其他物体碰撞、失火、爆炸等。

外来风险（extraneous risk）是指除海上风险以外的其他外来原因所造成的风险。其可分为3种类型：

（1）一般外来风险，是指保险货物在运输途中由偷窃提货不着、雨淋、短量、玷污、破碎、受潮受热、串味、生锈、钩损等外来原因引起的风险。

（2）特别外来风险，是指交货不到、进口关税、黄曲霉素、舱面的货物损失、拒收等外来原因所引起的风险。

（3）特殊外来风险，是指运输过程中由于军事、政治、国家政策和法令及行政措施等外来原因造成的风险与损失。这些特殊原因包括战争、敌对行为以及罢工。

2.保障的损失

海上货物运输的损失又称海损（average），是指货物在海运过程中由于海上风险而造成的损失。

（1）按损失的程度，海损可以分成全部损失和部分损失。

全部损失又称全损（total loss），指被保险货物全部遭受损失。其有实际全损和推定全损之分。实际全损（actual total loss）是指货物全部灭失或全部变质而不再有任何商业价值。推定全损（constructive total loss）是指货物遭受风险后受损，尽管未达到实际全损的程度，但实际全损已不可避免，或者为避免实际全损所支付的费用和继续将货物运抵目的地的费用之和超过了保险价值。推定全损须经保险人核查后认定。

不属于实际全损和推定全损的损失，被称为部分损失。

（2）按照造成损失的原因，海损可分为共同海损和单独海损。

在海洋运输途中，船舶、货物或其他财产遭遇共同危险，为了解除共同危险，有意采取合理的救难措施所直接造成的特殊牺牲和支付的特殊费用，被称为共同海损。在船舶发生共同海损后，凡属共同海损范围内的牺牲和费用，均可通过共同海损清算，由有关获救受益方（船方、货方和运费收入方）根据获救价值按比例分摊，然后再向各自的保险人索赔。

不具有共同海损性质，且未达到全损程度的损失，被称为单独海损。该损失仅涉及船舶或货物所有人单方面的利益损失。

3.保障的费用

保险人承保的费用损失包括施救费用和救助费用。

施救费用（sue and labour charges）是指保险货物在遭受保险责任范围内的自然灾害和意外事故时，被保险人或其他代理人、雇用人员和受让人等为抢救被保险货物，防止损失继续扩大而采取措施所支付的费用。该费用由保险公司负责赔偿。

救助费用（salvage charge）是指保险标的在运输途中遇到承保范围内的灾害事故时，由保险人和被保险人以外的无契约关系的第三方采取救助措施而向第三方支付的报酬。它以救助成功与否为条件。

（二）海上货物运输保险的险别

1.基本险

（1）平安险（free from particular average，FPA）。其承保范围有以下几项：

① 在海运途中，运输工具遇到自然灾害造成的被保险货物的全部损失。

② 在海运途中，运输工具遭到意外事故造成的被保险货物的全部损失或部分损失。

③ 在运输工具已经发生意外事故的情况下，货物在此后又在海上遭受自然灾害所造成的部分损失。

④ 在装卸或转运时由一件或数件甚至整批货物落海所造成的全部或部分损失。

⑤ 被保险人对遭受承保责任范围内危险的货物采取抢救、防止或减少货损的措施所支付的合理费用，但以不超过该批被毁货物的保险金额为限。

⑥ 运输工具遭遇海难后，在避难港由卸货而引起的损失以及在中途港或避难港由卸货、存舱和运送货物所产生的特殊费用。

⑦ 共同海损的牺牲、分摊和救助费。

⑧ 运输合同中订有“船舶互撞条款”的，按规定应由货方偿还船方的损失。

（2）水渍险（with average，WA/WPA）。其承保范围包括平安险的承保范围，再加上被保险货物由于恶劣气候、雷电、海啸、地震等自然灾害所造成的部分损失。

（3）一切险（all risks）。其承保范围除包括水渍险范围外，还包括被保险货物在运输途中由一般外来风险造成的全部或部分损失。

2. 附加险

附加险不能单独投保，必须在投保基本险之后才可投保。附加险可以分为：

（1）一般附加险，包括偷窃提货不着险、雨淋险、串味险、碰损破碎险、短量险、混杂玷污险、受潮受热险、包装破裂险、锈损险、渗漏险、钩损险等11种。

（2）特别附加险，包括交货不到险、进口关税险、舱面险、拒收险、黄曲霉素险等。

（3）特殊附加险，包括战争险和罢工险。

（三）承保责任起讫

海运货物保险责任的起讫主要是遵循“仓至仓”条款，也就是保险责任自被保险货物运离保险单所载明的起讫地仓库或储存所开始，到该货物抵达保险单所载明的目的地收货人的最后仓库或储存所或被保险人用作分配、分派或非正常运输的其他储存所为止。假如货物迟迟不抵达保险所载明的目的地收货人的仓库或储存所，则承保责任以被保险货物在最后卸货港全部卸离海轮后60天为限。如果在上述60天内被保险货物需转运至非保险单所载明的目的地，则承保责任在该项货物开始转运时终止。

❖ 案例 8-6

一批被保险货物在保险单所载明的启运地发货人仓库内被装上卡车，由于货多，未来得及全部装完天就已经黑了。货主遂决定让卡车停留在仓库内，以便第二天继续装货，装完货再开去码头。不料夜间窃贼光临，卡车上的货物被偷。

试问：在已经投保一切险的情况下，保险公司是否负责赔偿有关损失？

【案例提示】被保险货物是在仓库内进行装车作业的，卡车又停留在仓库内过夜，未离开过仓库，运输过程也未开始，因此该保险责任尚未生效，保险人有权拒绝索赔要求。

四、其他运输货物保险

（一）陆上运输货物保险

陆上运输货物保险分为陆运险和陆运一切险。

1. 陆运险的责任范围

陆运险主要承保被保险货物在运输途中遭受暴风、雷电、地震、洪水等自然灾害，或由于陆上运输工具（主要是指火车、汽车）遭受碰撞、倾覆或出轨，如在驳运过程，包括驳运工具搁浅、触礁、沉没或由于遭受隧道坍塌、崖崩、火灾、爆炸等意外事故所造成的全部损失或部分损失。

2. 陆运一切险的责任范围

除包括上述陆运险的责任范围外，保险公司对被保险货物在运输途中由于外来原因造成的短少、短量、偷窃、渗漏、碰损、破碎、钩损、雨淋、生锈、受潮、霉变、串味、玷污等全部或部分损失，也负赔偿责任。

3. 陆上运输货物保险的除外责任

（1）被保险人的故意行为或过失所造成的损失。

（2）属于发货人所负责任或由被保险货物的自然消耗所引起的损失。

（3）由战争、工人罢工或运输延迟所造成的损失。

陆运险的保险责任从被保险货物运离保险单所载明的启运地发货人的仓库或储存处所开始运输时生效，直至该项货物送交保险单所载明的目的地收货人仓库或储存处所，或被保险人用作分配、分派或非正常运输的其他储存处所为止。如未运抵上述仓库或储存处所，则保险责任以被保险货物到达最后卸载的车站后的60天为限。

（二）航空运输货物保险

航空运输货物保险承保以飞机运载的航空运输货物，对其在空运中因自然灾害、意外事故或外来原因造成的货物损失负赔偿责任，包括航空运输险和航空运输一切险两种。

航空运输货物保险的责任起讫期限从被保险货物运离保险单所载明启运地仓库或储存处所开始运输时生效，直至该项货物运抵保险单所载明目的地交到收货人仓库或储存处所，或被保险人用作分配、分派或非正常运输的其他储存处所为止。被保险货物在投保航空运输险和航空运输一切险后，还可经协商加保航空运输货物战争险等附加险。

（三）邮包保险

邮包保险承保邮包在邮递过程中发生保险事故所致的损失。邮包保险按其保险责任分为邮包险（parcel post risks）和邮包一切险（parcel post all risks）两种。

邮包保险的责任起讫为自被保险邮包离开保险单所载启运地点寄件人的处所运往邮局时开始生效，直至该项邮包运达本保险单所载目的地邮局，自邮局签发到货通知书当日午夜起算满15天终止。但是在此期限内邮包一经交至收件人的处所，保险责任即行终止。

附样8-3是货物运输保险单。

附样 8-3

货物运输保险单

中国人民保险公司
The People's Insurance Company of China
总公司设于北京　　一九四九年创立
Head Office Beijing　　Established in 1949

PICC

货物运输保险单
CARGO TRANSPORTATION INSURANCE POLICY

发票号（INVOICE NO.）：GW2023M062　　保单号次　KC5698321036
合同号（CONTRACT NO.）：GW2023M062　　POLICY NO.
信用证号（L/C NO.）：LRT9802457
被保险人（INSURED）：TO ORDER OF GREAT WALL TRADING CO.，LTD.
RM201，HUASHENG BUILDING，NINGBO，P.R. CHINA

中国人民保险公司（以下简称本公司）根据被保险人的要求，由被保险人向本公司缴付约定的保险费，按照本保险单承保险别和背面所载条款与下列条款承保下述货物运输保险，特立本保险单。

THIS POLICY OF INSURANCE WITNESSES THAT THE PEOPLE'S INSURANCE COMPANY OF CHINA （HEREINAFTER CALLED "THE COMPANY"）AT THE REQUEST OF THE INSURED AND IN CONSIDERATION OF THE AGREED PREMIUM PAID TO THE COMPANY BY THE INSURED， UNDERTAKES TO INSURE THE UNDERMENTIONED GOODS IN TRANSPORTATION SUBJECT TO THE CONDITIONS OF THIS OF THIS POLICY AS PER THE CLAUSES PRINTED OVERLEAF AND OTHER SPECIAL CLAUSES ATTACHED HEREON.

唛头及件号 MARKS & NOS	包装及数量 PACKING & QUANTITY	保险货物 DESCRIPTION OF GOODS	保险金额 AMOUNT INSURED
ROYAL 05AR225031 JEDDAH C/N：1-UP	ZL0322+BC05 230 CTNS ZL0319+BC01 230 CTNS	OXYDEXA INJECTION ZL0322+BC05 230 SETS ZL0319+BC01 230 SETS DETAILS AS PER SALES CONTRACT GW2023M062 DATED APR.22, 2023 ZL0322+BC05 ZL0319+BC01	USD10,626.00 USD10,373.00
	TOTAL		USD20,999.00

总保险金额
TOTAL AMOUNT INSURED：SAY TWENTY THOUSAND NINE HUNDRED AND NINETY-NINE ONLY

保费：AS　　启运日期　　装载运输工具：
PERMIUM：ARRANGED DATE OF COMMENCEMENT：MAY 25，2023 PER CONVEYANCE：YANGFNA V.009W

自　　经　　至
FROM：NINGBO VIA ***** TO HELSINKI

承保险别：
CONDITIONS： COVERING ALL RISKS AND WAR RISKS

所保货物，如发生保险单项下可能引起索赔的损失或损坏，应立即通知本公司下述代理人查勘。如有索赔，应向本公司提交保单正本（本保险单共有____份正本）及有关文件。如一份正本已用于索赔，其余正本自动失效。

IN THE EVENT OF LOSS OR DAMAGE WITCH MAY RESULT IN A CLAIM UNDER THIS POLICY， IMMEDIATE NOTICE MUST BE GIVEN TO THE COMPANY'S AGENT AS MENTIONED HEREUNDER.CLAIMS， IF ANY， ONE OF THE ORIGINAL POLICIES WHICH HAS BEEN ISSUED IN____ ORIGINAL(S) TOGETHER WITH THE RELEVANT DOCUMENTS SHALL BE SURRENDERED TO THE COMPANY. IF ONE OF THE ORIGINAL POLICIES HAS BEEN ACCOMPLISHED，THE OTHERS TO BE VOID.

中国人民保险公司浙江省分公司
The People's Insurance Company of China Zhejiang Provincial Branch

赔款偿付地点
CLAIM PAYABLE AT HELSINKI

出单日期
ISSUING DATE MAY 25，2023　　Authorized Signature ***

第四节　检验证书

检验证书是由政府商检机构或公证机构或制造厂商等对商品进行检验后出具的关于商品品质、规格、重量、数量、包装、检疫等各方面或某方面鉴定的书面证明文件。

一、检验证书的作用

1.检验证书是议付货款的单据

如果检验证明中所列的项目或检验结果与信用证规定不符，或者与出口商提交的其他单据不符，有关银行可以拒绝议付货款。

2.检验证书是衡量交货是否与合同相符的依据

检验证书可作为证明出口商交货的品质、数量、包装、卫生条件等是否符合合同规定的依据。

3.检验证书是处理争议的依据

如果交货品质、数量、包装及卫生条件等不符合合同规定，则检验证书是买卖双方拒收、索赔或理赔时具有法律效力的有效依据。

4.检验证书是进口当局和海关申报及清关的必要文件

检验证书为出口商品的品质规格、物理和技术指标、交货数量及重量等提供科学的依据，是海关通关验收、征收关税的必要证明。在发生各种疫情时，海关可根据商品检验结果决定是否通关放行，从而有效防止人类、牲畜病毒或传染疾病扩大传播。

二、检验证书的签发机构及证书种类

国际贸易中商品检验证书的签发者一般是专业性的检验机构，也有由进出口双方自己检验出具证书的。

检验证书的签发者一般有以下几类：

（1）政府设立的检验机构，如我国海关总署下设的卫生检疫司、商品检验司、动植物检验司等部门；

（2）非官方检验机构，如公证鉴定人（authentic surveyor）、宣誓衡量人（sworn measurer）、瑞士通用公证行（SGS）、中国检验认证（集团）有限公司（CCIC）等；

（3）生产制造商；

（4）用货单位和进口商。

在我国，由政府检验机构签发的商检证书有：

（1）品质检验证书（inspection certificate of quality）；

（2）数量/重量检验证书（inspection certificate of quantity/weight）；

（3）价值证明书（certificate of value）；

（4）原产地证书（certificate of origin）；

（5）健康证书（certificate of health）；
（6）消毒检验证书（inspection certificate of disinfection）；
（7）温度检验证书（inspection certificate of temperature）；
（8）熏蒸检验证书（inspection certificate of fumigation）；
（9）植物检疫证书（phytosanitary certificate）；
（10）动物检疫证书（veterinary certificate）等。

少数检验证书是由非官方检验机构签发的。

三、检验证书的内容

检验证书因其本身所需证明的内容不同以及各国标准不一而有所区别，然而各种检验证书一般都有以下内容：

1. 出证机关、地点及证书的名称

如果信用证并未规定出具检验证书的具体单位，则由出口商决定。如果信用证规定了“有权机构”（competent authority）出证，则应根据具体情况由有关的商检机构出具。除非信用证另有规定，检验证书的出证地点一般在货物装船口岸或装货地，检验证书的名称应与合同或信用证规定相符。

2. 发货人名称及地址

这一般指出口商的名称和地址。该栏内容应符合合同或信用证的规定，并与其他单据保持一致。

3. 收货人名称及地址

这一般指进口商的名称和地址，应与合同、信用证及其他单据保持一致。

4. 品名、报验数量和重量、包装种类和数量、到达口岸、运输工具与唛头等

这些项目应与商业发票及提单等单据所描述的内容完全一致，货物名称可以用统称。

5. 检验结果

此栏是检验证书中最重要的一项，在此栏中记载报验货物经检验的现状。货物现状是衡量货物是否符合合同或信用证规定的凭证，亦是交接货物或索赔、理赔的具有法律效力的证明文件。

6. 签发日期

检验证书的签发日期应不迟于提单日期，但也不得过早于提单日期，最好在提单日期之前一两天或与提单日期相同。

❖ 案例 8-7

国内A公司向德国B公司出口化工原料。单据提交议付行审核后未发现不符，于是议付行将单据寄给德国某开证行。开证行审单后，发现检验证书没有注明检验日期，遂提出拒付。

【案例提示】由于检验证书没有注明检验日期，进口商无法确定货物是在装运之前还是在装运之后进行的检验。如果是在装运之后进行的检验，许多商品的检验过程实际上是无法进行的；即使能够进行检验，其结果也很难合乎要求。因此，检验证书一定要注明检验日期。

7. 签名及盖章

盖章与签名一样有效。但是有的国家要求出具的检验证书一定要经过手签，在这种情况下，只有盖章而无签名的检验证书被视作无效的检验证书。

第五节 装箱单和重量单

装箱单和重量单均是卖方应买方要求出具的、用以说明货物某方面细节的一类辅助性单据，其主要作用是补充商业发票内容的不足，供进口商报关查验、核对货物之用。

一、装箱单

（一）装箱单的定义

装箱单（packing list/packing specification）亦称包装单、花色码单、码单，是用以说明货物包装细节的清单。除散装货物外，一般信用证均要求提供装箱单，以便在货物到达目的港后，供海关验货和收货人核对货物。装箱单主要载明货物装箱的详细情况，包括所装货物的名称、规格、数量、花色搭配等。不定量包装的商品要逐件列出每件（箱）包装情况。装箱单有时也与重量单以联合方式出具。[①]

（二）装箱单的内容

缮制装箱单的主要依据是商业发票。此外，装箱单的内容还应与信用证、托运单以及其他结汇单据相一致；否则，将影响结汇。出口商制作的装箱单格式不尽相同，但基本栏目内容相似，主要包括如下项目：

1. 单据名称

单据名称一般用“packing list”，也有用“packing specification”“packing note”等不同写法的，视信用证要求而定，通常已印刷在单证上方。

2. 编号

一般填发票号码，有时也可填写合同编号。

3. 出单日期

出单日期应与发票日期一致或略迟于发票日期，但不应早于发票日期，也不能迟于提单日期及信用证有效期。

① 顾建清，姚海明，袁建新. 国际结算 [M]. 2版. 上海：复旦大学出版社，2008：252.

4.买方名称

信用证方式下，应填开证申请人名称，可不列详细地址。

5.信用证号及合同号

如果信用证无特殊规定，则可以不填。

6.唛头

唛头应符合信用证要求，且与发票、提单一致。有时填实际唛头，有时只注明“as per invoice No.×××”（根据第×××号发票）。

7.品名和规格

品名只填统称，通常可对货物包装情况作简要说明。若来证要求提供详细装箱单（detailed packing list），如要求“详细说明每件货物的内部包装情况和内容的装箱单一式三份”，则应在此基础上尽可能详细地列出有关的包装细节，如规格、型号、色泽、内装量等。

8.数量

注明每种货物的包装件数，同时注明合计数。

9.毛重及净重

货物重量的填写应与托运单一致，一般只列总毛重和总净重。若来证要求列明货物的单件毛量、净重或皮重，则应照办。

10.尺码或体积

按照货物实际尺码或体积缮制，并与信用证规定相符。

11.包装材料

有些来证要求对包装材料作特殊说明，应照办。

12.出单人签章

装箱单的出单人应与发票一致。装箱单的份数由买方提出，出口商按要求填制提交。有些来证未规定议付时提交装箱单，则在向银行交单议付时可不出示。

二、重量单

重量单（weight list/weight note/weight memo）又称磅码单，是用以说明货物重量细节的清单。其在信用证中也有“certificate of weight”等不同的表示法。

重量单也是发票的补充单据，其作用在于作为买方计价、计数或计算运费的依据，多见于以重量计价的货物。重量单应列明每件货物的毛重、净重或皮重。重量单无固定格式，由出口商自行拟制。其主要栏目有：①重量单名称；②编号及日期；③商品名称；④唛头；⑤毛重；⑥净重；⑦皮重；⑧总件数。

缮制重量单的主要依据是商业发票，重量单的内容也应与其他结汇单据一致。除重量栏目外，其余重量单的栏目缮制要点与装箱单基本一致。若采用托盘装运，除了注明货物装上托盘后的总毛重与总净重外，还应注明托盘本身的重量。

三、尺码单

尺码单（measurement list）是用以说明货物尺码细节的清单。其作用在于便于买方安排运输、装卸和仓储，也是计算运费的最重要依据。尺码单上一般要求列明每件货物的尺码和总尺码，并提供货物的包件体积。货物的包件体积可以按信用证的要求，用长×宽×高来表示，也可用立方米来表示。

尺码单无固定格式，由出口商自行拟制。其主要栏目包括单据名称、编号、日期、货物名称、货物数量、尺码及签名等。缮制时应将不同货物的尺码及长、宽、高的尺寸作重点说明。除尺码栏外，尺码单的缮制要求与装箱单基本一致。若采用托盘装运，除了注明货物装上托盘后的总尺码外，还应注明托盘本身的尺码。

四、规格单

规格单（specification list）是用以说明包装规格细节的清单。规格单的内容与装箱单相似，但偏重每件货物的包装规格，一般要求列明包装的方式及内含量，例如：纸箱装，每箱60听，每听1 000片；每包90套等。

总而言之，装箱单、重量单、尺码单及规格单均作为发票的补充单据，其说明的重点各有不同，但内容不能互相矛盾。货物的名称、件数、毛重、净重、尺码等都要与发票、提单、保险单、原产地证书等其他结汇单据完全一致，制单日期可以与发票日期相同。

在实际出口业务中，出口商需提供全部4种单据，或仅提供其中一种或几种单据，主要由国外来证的规定及商品性质决定。装箱单、重量单、尺码单及规格单原则上应单独缮制。如果信用证无特殊规定或单据名称无特殊表示，则银行不接受联合单据。如果信用证要求“packing/weight/measurement list in 2 copies”，则意为同一种单据或联合单据。

有时来证未提“combined documents not acceptable”（联合单据不予接受）的条款，且习惯上已经为买方所接受，则可以将装箱单、重量单、尺码单与发票放在一起，并标明“packing list”“weight list”“measurement list”等字样，制单日期可以与发票日期相同。

附样8-4是装箱单。

❖**案例 8-8**

一禁止分批装运的信用证规定货物数量为10 000包，受益人仅装运9 997包，有3包在国内运输过程中遭受水渍损坏。为此，受益人提供的信用证所需的提单中注明数量为9 997包。请问单证是否相符？

【案例提示】因为信用证明确以包装单位（包）计数，UCP600规定的5%增减幅度不适用；又因信用证禁止分批装运，在单据上表示短装，虽然数量少，亦会构成不符。为了避免此类问题，卖方应与买方约定，在信用证上订明一个预先同意的数量变化范围。如果信用证允许分批装运或在数量前写明“up to”（直到）、“maximum”（最大）、“not exceeding”（不超过），那么不符将不会发生。另外，也可在信用证规定的数量前添加“about”（大约）或“approximately”（近似）。

附样 8-4

装箱单

ISSUER SHANGHAI HERO IMP & EXP CORP. ROOM 4413, 47, JIANG NING RD. SHANGHAI, CHINA	**PACKING LIST**	
TO AL ABRA HOME APPLIANCES TRADING EST P.O. BOX 21352 DUBAI, UAE	**INVOICE NO.** 96RE232	**DATE** JAN. 5, 2023

MARKS AND NUMBERS	NUMBER AND KIND OF PACKAGE; DESCRIPTION OF GOODS	QUANTITY	PACKAGE	G.W. (KGS)	N.W. (KGS)	MEAS. (CBM)
AL ABRA/DUBAI/ TEL: 266632	PORTABLE TYPEWRITER, ART. NO.TP200 ART. NO.TP900 ALL OTHER DETAILS AS PER INDENT NO.SSTE96/429/CN-10 OF AL ABRA HOME APPLIANCES TRADING EST, DUBAI, UAE AND BENEFICIARY'S S/C NO.96GSS-003 AND INVOICE TO CERTIFY THE SAME					
	TP200	1,160 SETS	CTNS	21	23	0.6×0.4×0.4
	TP900	1,200 SETS	CTNS	22	24	0.6×0.4×0.4
	TOTAL:	2,360 SETS		43	47	

SAY TOTAL: TWO THOUSAND THREE HUNDRED AND SIXTY SETS ONLY

THE NAME AND ADDRESS OF THE MANUFACTURER: SHANGHAI HERO CO., LTD.

SIGNATURE: SHANGHAI HERO IMP & EXP CORP.
ROOM 4413, 47, JIANG NING RD.
SHANGHAI, CHINA

第六节　原产地证书

一、原产地证书的分类

目前我国出口商提交的原产地证书包括一般原产地证书（也称非优惠原产地证书）和优惠原产地证书。优惠原产地证书又分为普惠制原产地证书和区域性优惠原产地证书。

（一）普惠制原产地证书

普惠制原产地证书是发展中国家向发达国家出口货物时，按照联合国贸易和发展会议规定的统一格式而填制的一种证明货物原产地的文件，通常根据普惠制给惠国原产地规则和有关要求进行签发。它是受惠国货物出口到给惠国时享受普惠制关税优惠待遇的官方凭证。凡享受普惠制规定的关税减免者，必须提供普惠制原产地证书。

普惠制是发达国家对发展中国家或地区出口的制成品和半制成品给予普遍的、非歧视的、非互惠的关税制度；当受惠国产品在国际市场上显示较强竞争力时，其优惠资格即取消。随着中国经济的快速增长，自2015年起，欧盟、加拿大等相继把中国排除出受惠国行列；自2019年4月1日起，日本也全面终结对我国的普惠制政策。目前给予中国普惠制优惠的国家仅有俄罗斯、白俄罗斯、乌克兰、哈萨克斯坦等。

随着世界经济一体化的加快，区域间自由贸易快速增长。为了营造和维护更为良好、可持续的经贸发展环境，我国加快实施自由贸易区战略，努力加强双边和多边经贸合作。自由贸易区是在WTO最惠国待遇基础上，相互进一步开放市场，分阶段取消绝大部分货物的关税和非关税壁垒，在服务领域改善市场准入条件，从而形成实现贸易和投资自由化的“特定区域”。我国进出口企业可从众多自贸协定中获得重大商机，在符合原产地规则前提下，享受关税减让或免除的优惠。

（二）区域性优惠原产地证书

区域性优惠原产地证书是我国的原产货物出口到自贸协定缔约方进口方海关通关时，国外客户享受关税减免待遇的必要凭证。近年来，欧盟、日本等发达国家和地区相继调整了普惠制方案，普惠制优惠逐渐弱化，各种技术性壁垒层出不穷。而与普惠制优惠相比，区域性贸易协定的关税优惠是对等互惠的，企业受到的技术性贸易壁垒非常少，区域性优惠原产地证书项下产品所享有的优惠幅度和范围更为深广。目前中国国际贸易促进委员会（以下简称中国贸促会）签发的区域性优惠原产地证书主要有《亚太贸易协定》《中国-东盟全面经济合作框架协议》《中国-新加坡自由贸易协定》《中国-新西兰自由贸易协定》《中国-秘鲁自由贸易协定》《中国-哥斯达黎加自由贸易协定》《中国-韩国自由贸易协定》《中国-巴基斯坦自由贸易协定》《中国-瑞士自由贸易协定》

《中国-澳大利亚自由贸易协定》《中国-智利自由贸易协定》《海峡两岸经济合作框架协议》等项下的优惠原产地证书。

党的二十大报告指出："推动货物贸易优化升级，创新服务贸易发展机制，发展数字贸易，加快建设贸易强国。"面对外需减弱和国际贸易保护的双重压力，我国外贸企业应充分利用区域性优惠原产地规则，积极申办区域性优惠原产地证书，从而享受实实在在的关税减免政策，降低交易成本，强化产品价格优势，提升产品国际竞争力，主动抓住机遇，开拓新兴市场，谋求更广阔的国际贸易发展空间。

二、原产地证书的办理流程

（一）一般原产地证书的办理流程

1.在中国贸促会原产地证申报系统提交原产地证书申请

未注册的单位首先根据注册程序申请注册登记，已在中国贸促会注册登记的申请单位，应在中国贸促会原产地证申报系统中提交原产地证书申请。

2.审核

签证机构依据中华人民共和国原产地规则、法规和有关规定，通过中国贸促会原产地证申报系统中国贸促会端对申请单位提交的原产地证书相关数据进行审核，审核通过方可予以签发。

经审核，含有进口成分的货物未达到原产地标准的，应申请"加工装配证明书""转口证明书"。

3.签发

审核通过后，申请单位持商业发票、装箱单、第十一栏盖章签字的空白原产地证书以及签证机构要求的其他文件前往签证机构领取纸质证书。签证机构对申请人提交的文件审核无误后，即在原产地证书第十二栏加盖由中国贸促会统一刻制的"中国贸促会单据证明专用章"，并由授权签证员签字。

签证机构只签发原产地证书正本一份、副本三份，其中一正二副交申请企业；另一副本、商业发票等有关文件，由签证机构存档。

4.原产地证书的更改、补充及重新签发

申请单位要求更改或补充已签发原产地证书的内容，必须申明更改理由并提供依据，经签证机构审查符合要求后，重新办理申请手续，收回原发原产地证书，换发新原产地证书。

如果已签发的原产地证书遗失或毁损，从签发之日起半年内，申请单位必须向签证机构说明理由并提供确实的依据，经签证机构审查同意后重新办理申请手续。签证机构在新签证书第五栏内加注英文"Certificate No. Dated is Cancelled"，证书第十一栏和第十二栏的日期应为重发证书的实际申请日期和签发日。

（二）优惠原产地证书的办理流程

1.优惠税率查询

登录中国贸促会税率优惠商品查询系统，查看商品是否属于优惠范围。

2.新增商品备案

在中国贸促会原产地证申报系统企业端，进入基础资料—制单资料—商品备案信息，新建商品备案信息，填写出口商品、生产企业等相关信息，并提交签证机构审核。

3.提交优惠原产地证书申请

商品备案审核通过后，在中国贸促会原产地证书申报系统中提交优惠原产地证书申请，由中国贸促会审核。

4.签发

审核通过后，企业持商业发票、装箱单等单据前往签证机构领取优惠原产地证书。

自2020年12月10日起，海关总署在全国全面推广原产地证书智能审单，对普惠制原产地证书、非优惠原产地证书、自贸协定原产地证书等16种证书进行智能审核，旨在进一步优化营商环境，推进原产地证书签证智能化、标准化、规范化。

智能审核基于风险分析，通过制定证书审单规则，实现系统自动审核。企业发送申请后，系统即刻审核并将审核结果反馈企业，实现了企业7×24小时申报、海关不间断审核，证书随报随审，大幅提升审核效率，缩短审核时长。申报内容准确、规范的证书可以实现“秒审”“秒签”。智能审核运行后，结合海关之前实施的原产地证书自助打印，形成了“申报—审核—出证”的“自助+智能”一体化，企业从发送证书申请到向客户寄出证书的时间，可由原来平均半个工作日缩减至几分钟，时间成本大幅降低。

三、原产地证书的作用

原产地证书是出口商应进口商的要求而提供、由公证机构等出具的、证明货物原产地和制造地的一种证明文件。原产地证书是进口报关、出口结汇的单证之一。其主要作用有：

（1）证明有关出口货物符合原产地规则；

（2）供进口国海关掌握进口货物的原产地国别，从而采取不同的国别政策，决定进口税率和确定税别待遇；

（3）是对某些国家或某种商品采取控制进口额度和进口数量的依据；

（4）是进出口通关、结汇和贸易统计的依据。

四、一般原产地证书的内容及缮制要点

一般原产地证书由中国海关总署及各地分支机构、中国国际贸易促进委员会及其分会负责签发。其格式基本相同，通常包括以下内容（见附样8-5）：

第1栏：出口商（exporter）

此栏应填写出口商的详细名称、地址、国别，应与信用证下的受益人名称、地址一致。

第2栏：收货人（consignee）

一般应填写最终收货人（提单通知人或信用证上特别声明的收货人）的名称、地址和国别；如果最终收货人不明确或为中间商，则可填“to order”字样。

附样8-5

原产地证书

<table>
<tr><td colspan="2">1.Exporter
GREAT WALL TRADING CO., LTD.
RM201, HUASHENG BUILDING,
NINGBO, P.R. CHINA</td><td colspan="3" rowspan="2">Certificate No.

CERTIFICATE OF ORIGIN
OF
THE PEOPLE'S REPUBLIC
OF CHINA</td></tr>
<tr><td colspan="2">2.Consignee
F.T.C. CO.
AKEKSANTERINK AUTO P.O. BOX 9, FINLAND</td></tr>
<tr><td colspan="2">3.Means of transport and route
FROM NINGBO, P.R. CHINA TO HELSINKI BY SEA</td><td colspan="3" rowspan="2">5.For certifying authority use only</td></tr>
<tr><td colspan="2">4.Country/region of destination
HELSINKI</td></tr>
<tr><td>6.Marks and numbers

ROYAL
05AR225031
JEDDAH
C/N: 1-UP</td><td>7.Number and kind of packages; description of goods

OXYDEXA INJECTION
ZL0322+BC05 230 SETS
ZL0319+BC01 230 SETS
DETAILS AS PER SALES
CONTRACT GW2021M062
DATED APR. 22, 2023
CIF HELSINKI</td><td>8.HS code

3004209090</td><td>9.Quantity

230 CTNS
230 CTNS</td><td>10.Number and date of invoices
GW2021M062
MAY 22, 2023</td></tr>
<tr><td colspan="2">11.Declaration by the exporter
The undersigned hereby declares that the above details and statements are correct, that all the goods were produced in China and that they comply with the Rules of Origin of the People's Republic of China.
GREAT WALL TRADING CO., LTD.
RM201, HUASHENG BUILDING, NINGBO,
P.R. CHINA
NINGBO, CHINA, MAY 20, 2023
- - - - - - - - - - - - - - - -
Place and date, signature and stamp of authorized signatory
IN 2 COPIES</td><td colspan="3">12.Certification
It is hereby certified that the declaration by the exporter is correct.

- - - - - - - - - - - - - - - -
Place and date, signature and stamp of certifying authority</td></tr>
</table>

第3栏：运输方式和路线（means of transport and route）

填写装货港、目的港名称及运输方式（海运、空运或陆运）；经转运的，应注明转运地。

第4栏：目的地（country/region of destination）

这是指货物最终运抵港。

第5栏：签证机构专用栏（for certifying authority use only）

此栏留空。签证机构在签发后发证书、补发证书或加注其他声明时才使用。

第6栏：唛头和件号（marks and numbers）

此栏应照实填写完整的图案、文字标记及件号。如果图案、文字无法缮制，可附复印件，但须加盖签证机构印章；如果无唛头，应填“N/M”字样。

第7栏：包装件数及种类（number and kind of packages）和货物描述（description of goods）

此栏应填写商品总称和具体名称，且应符合信用证规定。如同批货物有不同品种，则要有总包装箱数。最后应加上截止线，以防止填写伪造内容。国外信用证有时要求加注合同、信用证号码等，可加在截止线下方空白处。

第8栏：商品编码（HS code）

此栏要求填写4位数的HS（Harmonized Commodity Description and Coding System，商品名称及编码协调制度，简称协调制度（HS））税目号；若同一证书含有多种商品，应将相应的税目号全部填写。

第9栏：数量和重量（quantity）

此栏应填写商品的计量单位。

第10栏：发票号与日期（number and date of invoices）

此栏必须按商业发票填制，不得留空，日期一律用英文缩写。

第11栏：出口商声明（declaration by exporter）

该栏由申领单位已在签证机构注册的人员签名并加盖企业中英文印章，同时填写申领地点和日期，该栏日期不得早于发票日期，且不得迟于提单日期。

第12栏：签证机构证明和签名盖章（certification）

申请单位在此栏填写签证日期和地点，然后由签证机构已授权的签证人签名、盖章。签发日期不得早于发票日期（第10栏）和申请日期（第11栏）。

五、普惠制原产地证书的内容及缮制要点

普惠制原产地证书是根据发达国家给予发展中国家的一种关税优惠制度——普遍优惠制签发的一种优惠性原产地证书，采用的是格式A，证明书颜色为绿色，可简称FORM A或GSP FORM A。普惠制的给惠国有法国、英国、爱尔兰、德国、丹麦、意大利、比利时、荷兰、卢森堡、希腊、西班牙、葡萄牙、奥地利、芬兰、瑞典、爱沙尼亚、立陶宛、塞浦路斯、拉脱维亚、波兰、匈牙利、斯洛文尼亚、捷克、斯洛伐克、马耳他、保加利亚、罗马尼亚、克罗地亚、瑞士、挪威、日本、加拿大、澳大利亚、新西

兰、俄罗斯、白俄罗斯、哈萨克斯坦、乌克兰、土耳其、美国、列支敦士登公国等。[①]

普惠制原产地证书的填制方法与一般原产地证书基本相同，主要区别是“原产地标准”一栏。此栏是海关审查的核心项目，一般填法有：

（1）填“P”，表示完全国产，无进口成分。

（2）含进口成分，但符合原产地标准，出口到挪威、瑞士、欧盟及日本时，均填“W”，且须标上该产品的HS税目号。

（3）填“F”，表示对加拿大出口产品，含进口成分不超过产品出厂价的40%。

（4）含进口成分，但进口成分的价值不超过产品FOB价的50%，出口到俄罗斯、乌克兰、白俄罗斯、哈萨克斯坦时，填“Y”，并加注进口成分占该产品FOB价的百分比。

六、区域性优惠原产地证书的内容及缮制要点

区域性优惠原产地证书是具有法律效力的在协定成员方之间就特定产品享受互惠减免关税待遇的官方凭证。区域性优惠原产地证书的内容和填制方法与一般原产地证书基本相同，区别主要在“原产地标准”一栏。

大部分区域性优惠原产地证书的原产地标准分为三类：

（1）在境内完全生产或获得的产品，填“WO”；

（2）完全在缔约一方或双方境内由符合规定的原材料生产的货物，填“WP”；

（3）符合产品特定原产地规则的货物，填“PSR”。

某些区域性优惠原产地证书的原产地标准填法则有所不同。例如：

中国-东盟自贸协定优惠原产地证书中的原产地标准分为五类：

（1）完全生产或获得的产品，填“WO”；

（2）仅由一个或多个成员的原产材料生产的产品，填“PE”；

（3）区域价值成分大于等于40%的产品，填“RVC”；

（4）税则归类改变的产品，填“CTH”；

（5）符合产品特定原产地规则的货物，填“PSR”。

中国-新加坡自贸区的原产地证书分为三类：

（1）完全原产的产品，填“P”；

（2）区域价值成分大于等于40%的产品，填“RVC”；

（3）符合产品特定原产地规则的货物，填“PSR”。

第七节　船公司证明

船公司证明（shipping company’s certificate）是船公司出具的单据，是进口商为满足

① 顾建清，姚海明，袁建新．国际结算［M］．2版．上海：复旦大学出版社，2008：279.

政府要求或了解运输情况而要出口商提交的单据。其常用的有船龄证明、船籍证明、船级证明和航程证明等。

一、船舶本身的证明文件

1.集装箱船只证明（certificate of container vessel）

进口商或银行在合同/信用证中规定货物需装集装箱船并出具相应证明的，可由受益人自行制作并加盖有关签发人的图章，也可在运输单据上加以注明。

2.船龄证明

有些国家和地区来证规定，装载货物的船舶船龄不得超过15年，受益人必须要求船代或船公司出具载货船只的船龄证明，如“certificate to evidence the ship is not over 15 years old”（兹证明该船船龄未超过15年），又如“certificate to evidence the ship is under 15 years of age”（兹证明该船船龄在15年之内）。这样做的主要目的在于禁止使用老龄船，保护货物运输安全。

3.船籍证明（certificate of registry）

其用于证明船舶所属国籍。

4.船级证明（confirmation of class）

有的信用证要求提供英国劳合社船级证明，如“class certificate certifying that the shipment is made by a seaworthy vessel which are classified 100 A1 issued by Lloyds or equivalent classification society”。劳合社的船级符号为LR，标志100A1，100A表示该船的船体和机器设备是根据劳氏规范和规定建造的，1表示船舶的装备如船锚、锚链和绳索等处于良好和有效的状态。对这样的要求我们通常应予以满足。国际著名的船级社有英国劳合社、德国劳氏船级社（GL）、挪威船级社（DNV）、法国船级社（BV）、日本海事协会（NK）、美国船级社（ABS）等。

二、运输和航行证明

1.航程证明（certificate of itinerary）

它主要说明航程中船舶停靠的港口。一些阿拉伯国家开来的信用证中往往要求在提单上随附声明一份，明确船籍、船名、船东及途中所经港口顺序，出口商须按要求签发此类证明并按证明中所述行驶、操作船舶。

2.转运证明（certificate of transshipment）

出口商出具转运证明，说明出口货物将在中途转运且已联系妥当，并由托运人负责将有关转运事项通知收货人。

3.货装具名船舶证明

如信用证要求“a certificate from the shipping company or its agent stating that goods are shipped by APL”，意思是要求出口商提供由船公司或其代理出具的货装美国总统轮船公司的证明。

4.船长收据（captain's receipt）

有的信用证规定，样品或单据副本交载货船只的船长代交进口商，并提供船长收据。如果委托船长带去而未取得船长收据，将影响出口商收汇，常见于近洋运输。

此外，船公司证明还包括进港证明、运费已交收据、港口费用单（port charges document）、装卸准备就绪通知书（NOR）和装卸时间事实记录等。

三、航运组织和公约证明

1.班轮公会证明（Conference Line Certificate）

信用证规定货物需装班轮公会船只时，向银行所交单据中应包括船公司或船代出具的证明。

2.黑名单证明（Black List Certificate）

黑名单证明中典型的是阿拉伯国家所要求的抵制以色列证明（Certificate of Boycott Israel）。通常规定为："The vessel carrying the goods is not Israeli and will not call at any Israeli ports while carrying the goods and that the vessel is not banned entry to ports of the Arab States for any reasons whatever under the laws and regulations of such Sates allowed"（船上所装货物为非以色列原产，船不经停任何以色列港口，船只可依法自由进入阿拉伯国家法律和规则所容许进出的港口。）

拓展阅读8-2

3.SMC、DOC和SOLAS

这几个缩略语近些年来常出现在信用证的要求中。

SMC（safety management certificate，安全管理证书）和DOC（document of compliance，安全符合证书，也有人称其为船/港保安符合证书）是按照《国际安全管理规则》（ISM）的规定载货船舶应在船上拥有的必要证书。我国海事局按ISM的规章发给船公司DOC，船舶则可获SMC。如果船公司没有相应的证书，那么就没有办法按信用证要求来出具此类证明。

SOLAS指的是《1974年国际海上人命安全公约》。"9·11"事件后，国际海事组织于2002年12月召开缔约成员大会，通过对SOLAS的修正案，并自2004年7月1日起开始实施。

按上述有关规定，船舶应持有SMC正本，其船名与船籍证书一致，所载公司名称与DOC中的公司名称相一致。

学思践悟

“丝路海运”越行越宽

2018年年底，我国首个以航运为主题的“一带一路”国际综合物流服务品牌和平台“丝路海运”设立。自启动建设以来，“丝路海运”命名航线已达116条，通达43个国家的131座港口；截至2023年8月，已累计完成12 096艘次、1 412.68万标箱吞吐量。

“丝路海运”着力推进整合港航资源、提升服务标准、拓展物流通道、创新航贸政策，重塑陆海内外联动、东西双向互济的国际物流新格局和运贸协同发展新模式。

“丝路海运”联盟于2019年成立，目前全球已有317家企业和机构加入联盟。乘着共建“一带一路”的东风，“丝路海运”展现出强大吸引力，成为全球业界共商港航合作、共建丝路通道、共享经贸繁荣的重要平台。

通过与高校和研究机构合作，“丝路海运”联盟先后发布了港口、航运、通关、中转等贯穿物流链多个环节的服务标准，逐步建设完善“丝路海运”服务标准体系，助力物流效率提升。同时，“丝路海运”还联手铁路部门拓展航线服务，畅通多式联运，加强与中欧班列、西部陆海新通道联动发展。

利用区块链、大数据、云计算等新技术，福建省建设“丝路海运”国际航运综合服务平台，为传统港航物流业转型升级注入新动能。通过服务平台，只需输入提单号，船舶行进路线、车辆运输状况、码头作业进度等信息一目了然，可实时查看海运物流进度。

“丝路海运”联盟不断催生、培育新业态。2022年6月18日，国内首条“丝路海运”厦门–马尼拉电商快线开通。快线海运时间仅2天，门到门总体物流时间不超过一周，在运力、效率、成本方面超越了传统空运模式。截至2023年9月，该线集装箱吞吐量累计逾3万标箱，货值总额超110亿元。

思考题：

国际物流运输的创新发展将对国际结算方式和结算单据产生哪些影响？

资料来源　付文. 命名航线一百一十六条——“丝路海运”越行越宽［N］. 人民日报，2023-10-21（6）.

本章小结

现代国际结算是跟单结算，单据是不可或缺的，单据对进出口商和银行都具有重要意义。本章主要介绍国际贸易中常用的商业发票、运输单据、保险单据、原产地证书等单据的内容与缮制。它们是出口商应提示的，也是银行和进口商审核的主要单据。这些单据的缮制直接影响到货款的结算，其要求标准极高。

关键概念

商业发票（commercial invoice）；运输单据（transport document）；海运提单（ocean bill of lading）；保险单（insurance policy）；装箱单（packing list）；重量单（weight list）；原产地证书（certificate of origin）

基本训练

第八章即测即评

❖ 简答题

1. 商业发票的作用是什么？
2. 什么是清洁提单？根据收货人的不同，提单有几种转让方式？
3. 商品检验证书有哪些种类？
4. 原产地证书的种类及作用分别是什么？
5. 保险单据有哪些种类？

❖ 案例分析

1. 我国某公司向韩国出口一批大豆，双方签订的合同中规定：数量2 000吨，单价150美元/吨，允许10%的数量增减。对方如期开来了信用证，证中规定：总金额300 000美元，数量2 000吨。我方未要求改证，直接发货2 100吨。

讨论：我方是否能安全收汇？为什么？

2. 某年3月我国工艺品公司向巴基斯坦B.C.公司出口一批货物。6月5日对方开来信用证有下列条款：“...350 SETS OF DINNER SET，PRICE: USD35.00 PER SET，CPT KARACHI，SHIPMENT FROM QINGDAO TO KARACHI，SHIPPING MARK TO BE ‘B.C./381 AND 451/KARACHI.’ ONLY.”（350套西餐具，价格每套35美元，CPT卡拉奇。从青岛装运至卡拉奇，运输标志仅为“B.C./381 AND 451/KARACHI”。）

我国工艺品公司装运后即议付交单，议付行遂寄单索汇。单到开证行审单后被指出有下列不符点而被拒付：

（1）提单及发票等单据上表示的运输标志与信用证不符。信用证规定：“B.C./381 AND 451/KARACHI”，寄来的发票等单据的运输标志为“B.C./381 & 451/KARACHI”。

（2）信用证规定价格条款为“USD35.00 PER SET，CPT KARACHI”，而发票上表示的价格条款为“USD35.00 per set，CFR Karachi”。

（3）包装单上运输标志栏为“As per invoice”，漏列发票号码。

讨论：开证行拒付是否合理？为什么？

主要参考文献

［1］交通银行国际结算中心．国际结算：实务、前沿与案例［M］．上海：上海三联书店，2022．

［2］苏宗祥，徐捷．国际结算［M］．北京：中国金融出版社，2020．

［3］袁亚丽．国际贸易结算与融资［M］．上海：上海交通大学出版社，2016．

［4］曹红辉，田海山．支付结算理论与实务［M］．北京：中国市场出版社，2014．

［5］徐进亮，张炜，孟璇，等．最新国际结算与案例分析［M］．北京：对外经济贸易大学出版社，2014．

［6］张炜．银行业务法律合规风险分析与控制［M］．北京：法律出版社，2011．

［7］韩常青．国际结算［M］．北京：中国商务出版社，2010．

［8］林晓慧，刘玲．国际贸易结算实验教程［M］．北京：经济科学出版社，2010．

［9］潘天芹，杨加琤，潘冬青．新编国际结算教程［M］．杭州：浙江大学出版社，2010．

［10］熊晴海．国际结算［M］．北京：北京大学出版社，2010．

［11］姚新超．国际结算与贸易融资［M］．北京：北京大学出版社，2010．

［12］黄霜林．国际金融简明教程［M］．武汉：武汉理工大学出版社，2009．

［13］顾民．UCP600详解［M］．北京：对外经济贸易大学出版社，2009．

［14］顾建清，姚海明，袁建新．国际结算［M］．2版．上海：复旦大学出版社，2008．

［15］姚新超．国际结算——实务与操作［M］．北京：对外经济贸易大学出版社，2008．

［16］张继玲．国际金融与结算［M］．北京：对外经济贸易大学出版社，2008．

［17］梁远辉，刘丹．国际结算［M］．武汉：华中科技大学出版社，2007．

［18］徐胜．国际贸易结算与信贷［M］．青岛：中国海洋大学出版社，2007．

［19］叶陈云，叶陈刚．国际结算［M］．上海：复旦大学出版社，2007．

［20］高洁．国际结算案例评析［M］．北京：对外经济贸易大学出版社，2006．

［21］蒋先玲．国际贸易结算实务与案例［M］．北京：对外经济贸易大学出版社，2005．

［22］张东祥．国际结算［M］．北京：首都经济贸易大学出版社，2005．

［23］苏宗祥，景乃权，张林森．国际结算［M］．北京：中国金融出版社，2004．

［24］吴艳霞．跨境贸易人民币结算存在的问题及对策［J］．当代金融家，2020（11）：

134-135.
［25］刘玉杰．BPO国际结算方式在中国的应用现状及拓展途径［J］．对外经贸实务，2017（2）：61-63.
［26］赵一蔚，陈继红，杨娟．银行付款责任（BPO）国际贸易结算方式研究［J］．内蒙古电大学刊，2015（6）：2-5.
［27］韩冰．跨境贸易人民币结算的发展及影响分析［J］．金融经济，2011（8）：38-39.
［28］陈莘．跨境人民币结算业务初探［J］．经济师，2011（6）：191.
［29］贡勉．人民币跨境结算面临的问题及对策［J］．金融与经济，2011（2）：39-40.
［30］陈红泉．扩大跨境贸易人民币结算——意义、问题与对策［J］．深圳大学学报（人文社会科学版），2011（1）：59-60.
［31］周纪云，李结华．当前金融票据诈骗犯罪的特点及防范对策分析［J］．现代商贸工业，2009（16）：251.
［32］张艳君，邓湘莲．增强国际结算业务竞争力［J］．商情·科学教育家，2008（5）：184；186.
［33］卜强．票据市场发展中票据诈骗的成因及其防范对策［J］．甘肃金融，2008（3）：41-42.
［34］丛民．济南拟推农民工工资银行保函防欠薪［N］．工人日报，2019-12-26（5）.
［35］中国人民银行．2021年人民币国际化报告［R］．北京：中国人民银行，2021.
［36］中国人民银行．2020年人民币国际化报告［R］．北京：中国人民银行，2020.
［37］中国服务贸易协会商业保理专业委员会．中国商业保理行业发展报告2019［R］．北京：中国服务贸易协会商业保理专业委员会，2020.
［38］中国人民银行．2023年人民币国际化报告［R］．北京：中国人民银行，2023.
［39］中国支付清算协会．中国支付产业年报2022［R］．北京：中国支付清算协会，2022.
［40］中国银行业协会．中国保理产业发展报告（2021—2022）［R］．北京：中国银行业协会，2022.
［41］孙海波，陈菲，吴赟．大国重器！人民币国际化［EB/OL］．（2022-05-22）［2022-05-31］．https://weibo. com/ttarticle/p/show? id=2309404772033983807983#_loginLayer_1654050451256.
［42］佚名．中信银行首笔区块链跨境人民币进口信用证业务落地［EB/OL］．（2020-10-15）［2020-12-17］．https://finance. sina. com. cn/blockchain/roll/2020-10-15/doc-iiznctkc5744835.shtml.